Sunrise & Crescent Moon *(Amanecer & luna creciente)*
□ *Gloria Campuzano 2011*

LUZ DE ESPERANZA

42ª EDICIÓN DE WE'MOON
Publicado por
Mother Tongue Ink

1

WE'MOON 2023: GAIA RITMOS PARA LAS MUJERES
EDICIÓN EN ESPAÑOL, PASTA DURA, PASTA BLANDA Y CON ESPIRAL
© MOTHER TONGUE INK 2022

Mother Tongue Ink
Estacada, OR 97023
Dirección Postal:
P.O. Box 187, Wolf Creek, OR 97497
www.wemoon.ws

Fundadora de We'Moon / Editora en jefe: Musawa. *Editora especial:* Bethroot Gwynn
Gerentes: Sue Burns, Barb Dickinson. *Diseño gráfico:* Sequoia Watterson
We'Moon Creatrix/Equipo editorial: Bethroot Gwynn, Sequoia Watterson, Sue Burns, Leah Markman, Barb Dickinson. *Coordinadora de producción:* Barb Dickinson.
Asistente de producción, publicidad y venta minorista: Leah Markman.
Correctoras: EagleHawk, Sandra Pastorius, Becky Bee, Amber Fragione, Kathryn Henderson. *Gerente de cuentas:* Sue Burns.
Gestión de pedidos: Susie Schmidt. *Asistente de envíos:* Erin Ryon.
Traductoras al español: Asier, Alina, Migdalia, Natalia, Rosa, Verónica

© Los derechos de autor para la mayoría de las obras publicadas en We'Moon pertenecen a cada colaboradora. Contacten a mothertongue@wemoon.ws o a las colaboradoras directamente.

Esta eco-auditoría se aplica a todos los productos:

Como un calendario lunar, este libro es reutilizable: cada 19 años la luna completa un ciclo metónico, volviendo a la misma fase, signo y grado del zodíaco.

Hansol Paper — Environmental Benefits Statement:

We'Moon 2023 está impreso en papel Hansol con un 60% de contenido reciclado: 50% de residuos preconsumo, 50% de residuos postconsumo, con tintas a base de soya sin disolventes y vegetales con niveles de COV inferiores al 1%.
Usando fibras recicladas en lugar de fibras vírgenes, ahorramos:
116 árboles
46,600 galones de agua
32 millones de BTU de energía
2,747 kgs. de residuos sólidos
8,222 kgs. de gases de efecto invernadero

We'Moon ha sido impreso en Corea del Sur por SungIn Printing America en papel reciclado utilizando tintas basadas en soya COV.

Pídela directamente desde Mother Tongue Ink
Para pedir, ver página 233.
877-693-6666 o 541-956-6052

We'Moon 2023 agendas: • $22.95
Espiral ISBN: 978-1-942775-38-6
Libro de bolsillo ISBN: 978-1-942775-39-3
Sin encuadernar ISBN: 978-1-942775-40-9
Español ISBN: 978-1-942775-41-6
In the Spirit of We'Moon • $26.95
Libro de bolsillo ISBN: 978-1-890931-75-9
Preacher Woman for the Goddess • $16
Libro de bolsillo ISBN: 978-1-890931-12-6

The Last Wild Witch • $9.95
Libro de bolsillo ISBN: 978-1-890931-94-0
Otros productos *We'Moon 2023*:
We'Moon on the Wall • $17.95
ISBN: 978-1-942775-42-3
Tarjetas de felicitación (6-paquete)
$13.95 ISBN: 978-1-942775-43-0
Bolsas de mano • $13 & $15
We'Moon cartel de la portada • $10

2023

Chakra Flow
(Flujo de chakra)
© *Mandalamy Arts 2020*

ENERO

D	L	M	M	J	V	S
1	2	3	4	5	6	7
8	9	10	11	12	13	14
15	16	17	18	19	20	21
22	23	24	25	26	27	28
29	30	31				

FEBRERO

D	L	M	M	J	V	S
			1	2	3	4
5	6	7	8	9	10	11
12	13	14	15	16	17	18
19	20	21	22	23	24	25
26	27	28				

MARZO

D	L	M	M	J	V	S
			1	2	3	4
5	6	7	8	9	10	11
12	13	14	15	16	17	18
19	20	21	22	23	24	25
26	27	28	29	30	31	

ABRIL

D	L	M	M	J	V	S
						1
2	3	4	5	6	7	8
9	10	11	12	13	14	15
16	17	18	19	20	21	22
23	24	25	26	27	28	29
30						

MAYO

D	L	M	M	J	V	S
	1	2	3	4	5	6
7	8	9	10	11	12	13
14	15	16	17	18	19	20
21	22	23	24	25	26	27
28	29	30	31			

JUNIO

D	L	M	M	J	V	S
				1	2	3
4	5	6	7	8	9	10
11	12	13	14	15	16	17
18	19	20	21	22	23	24
25	26	27	28	29	30	

JULIO

D	L	M	M	J	V	S
						1
2	3	4	5	6	7	8
9	10	11	12	13	14	15
16	17	18	19	20	21	22
23	24	25	26	27	28	29
30	31					

AUGOSTO

D	L	M	M	J	V	S
		1	2	3	4	5
6	7	8	9	10	11	12
13	14	15	16	17	18	19
20	21	22	23	24	25	26
27	28	29	30	31		

SEPTIEMBRE

D	L	M	M	J	V	S
					1	2
3	4	5	6	7	8	9
10	11	12	13	14	15	16
17	18	19	20	21	22	23
24	25	26	27	28	29	30

OCTUBRE

D	L	M	M	J	V	S
1	2	3	4	5	6	7
8	9	10	11	12	13	14
15	16	17	18	19	20	21
22	23	24	25	26	27	28
29	30	31				

NOVIEMBRE

D	L	M	M	J	V	S
			1	2	3	4
5	6	7	8	9	10	11
2	13	14	15	16	17	18
9	20	21	22	23	24	25
26	27	28	29	30		

DICIEMBRE

D	L	M	M	J	V	S
					1	2
3	4	5	6	7	8	9
10	11	12	13	14	15	16
17	18	19	20	21	22	23
24	25	26	27	28	29	30
31						

⚫ = LUNA NUEVA, PST/PDT

⚪ = LUNA LLENA, PST/PDT

3

NOTAS SOBRE LAS PORTADAS

Ancient Angel *(Ángel Antiguo)* © *Cathy McClelland 2020*
"*Ángel Antiguo*", medita ante el cuenco de infinitas posibilidades y descubrimientos. Guarda el espacio para que uno entre a la oscuridad del cuenco. El cuenco llama al alma a explorar horizontes desconocidos del yo y el más allá. La luna creciente mágica arroja la primera luz sobre el portal del descubrimiento. Las estrellas brillan con sabiduría ancestral. Los laberintos y espirales hablan del viaje de profundizar al interior, comunicándose con el yo divino y regresando con nuevas percepciones y profundidad de memoria. Todes somos el *Ángel Antiguo* conectades a las estrellas y al universo, siempre creando y explorando y reconociendo los seres estelares que somos.

After the Storm *(Después de la Tormenta)* © *Jeanette M. French 2015*
"*Después de la Tormenta*" es una pintura al óleo original. La oscuridad de la tormenta, con toda su furia salvaje, ha pasado. Las olas todavía se agitan, surcadas de espuma, mientras la Madre Naturaleza comienza a asentarse en un nuevo ritmo. El resplandor del sol poniente hace brillar las aguas, recordándonos que la Luz siempre regresa y que los ritmos de la Naturaleza están en constante cambio. Ella nos llama a montar las olas del cambio con Gracia.

DEDICACIÓN

Cada año donamos una parte de nuestras ganancias a una organización que hace buen trabajo y cuyo compromiso resuena con nuestra temática. Este año colaboramos con "Bring Back the Blue" (BBB) (Traigamos de Nuevo el Azul), una organización que crea una luz de esperanza convirtiendo la basura del océano en un tesoro.

BBB surgió en 2009 por Andrea Neal y Megan Havrda durante una expedición científica. Durante esta misión se dieron cuenta de que el trabajo de limpiar el océano podría ser un proyecto autosuficiente. Así nació la pasión de André y Megan que durará para toda la vida.

BBB crea soluciones económicas sostenibles y renovables para las personas y el océano. La organización tiene como objetivo convertir el plástico que se sacan del océano en dinero, mediante la nueva industria "Mining for Plastic" (La Extracción de Plástico). La organización cumple con su promesa de crear puestos de trabajo, generar productos reciclados, e motivar a las personas a que no arrojen plástico de nuevo en el océano y además de educar compañías sobre

la reducción de plástico y alternativas sostenibles. Es una corporación benéfica mayoritariamente dirigida por mujeres, y sus socios afiliados son negocios que también son dirigidos por mujeres. Para aprender más sobre de cómo BBB está creando un cambio positivo para nuestros océanos y cómo contrarrestan el consumo del plástico, visiten: bringbacktheblue.blue

Bodies of Water *(Cuerpos de agua)*
© *Van Lefan 2020*

Leah Markman © Mother Tongue Ink 2022

TABLA DE CONTENIDO

INTRODUCCIÓN

CALENDARIO LUNAR: LUZ DE ESPERANZA

APÉNDICE

ESCRITORAS ESPECIALES DE WE'MOON 2023:

Sabiduría de We'Moon: Musawa; **Astrólogas**: Astrologer Six; Gretchen Lawlor; Heather Roan Robbins; Sandra Pastorius; Susan Levitt; Melissa Kae Mason, Mooncat!; Beate Metz **Introducción al tema:** Bethroot Gwynn; **Días sagrados**: Molly Remer; **Tarjeta de las fases lunares**: Susan Baylies; **Hierbas**: Karen L. Culpepper; **Tarot:** Leah Markman

¿Qué es We'Moon? Un manual de ciclos naturales

We'Moon: ritmos de Gaia para mujeres es más que una agenda, es una forma de vida. We'Moon es un calendario lunar, un manual sobre los ciclos naturales y una colaboración internacional entre culturas femeninas. Las imágenes y la escritura proceden de mujeres de muchos lugares y nos permiten visualizar la gran diversidad y autenticidad del mundo que creamos con nuestras propias imágenes. We'Moon trata sobre la espiritualidad de las mujeres (realidad espiritual). Compartimos la manera en que vivimos nuestra verdad, lo que nos inspira y nuestra conexión con la Tierra en su conjunto y todas nuestras relaciones.

Wemoon significa "nosotras las de la luna". La Luna, cuyos ciclos corren por nuestras venas, es el calendario femenino original. Utilizamos la palabra "wemoon" para definirnos por nuestra relación primaria con los ciclos cósmicos en vez de hacerlo en relación a los hombres (como sucede con wo*man* o fe*male*, que son derivaciones de *man* y *male*, dos formas de denominar a los hombres). We'Moon es un espacio sagrado para explorar y celebrar la diversidad de la feminidad en la Tierra. We'Moon es creada por y para mujeres y trata sobre ellas, está hecha a nuestra imagen.

Tenemos formas de vida muy diversas. Como mujeres *wemoon* compartimos una misma raíz. We'Moon celebra la práctica de honrar a la Tierra, la Luna y el Sol como nuestro círculo interno de parentesco en el universo. Las fases lunares reflejan su danza con el Sol y la Tierra, sus parientes más cercanos en el cielo. Unidos, estos tres cuerpos celestes tejen la red de luz y oscuridad que baña nuestras vidas. La astrología mide los ciclos en relación con el Sol, la Luna y el resto de planetas de nuestro universo con los signos de las constelaciones (el zodíaco) como trasfondo, ayudándonos a situarnos en los más amplios ciclos del universo. Los días festivos nos introducen en el ciclo solar, más largo, mientras que las fases lunares impregnan nuestra vida día a día.

We'Moon se dedica a amplificar las imágenes y las voces de mujeres procedentes de muchas perspectivas y culturas. Invitamos a todas las mujeres a compartir su trabajo con respeto tanto por la integridad cultural como por la inspiración creativa. Somos plenamente conscientes de que vivimos en una sociedad racista y patriarcal. Su influencia ha permeado todos los aspectos de la sociedad incluyendo a los propios movimientos de liberación cuyo objetivo es acabar con la opresión. El feminismo no es una excepción; históricamente como en el presente ha estado dominado por las prioridades y las experiencias de mujeres blancas. No publicamos conscientemente contenido opresivo de ninguna clase. La mayoría de nuestro equipo son lesbianas o *queer* (vivimos fuera de la norma). Al mismo tiempo la mayoría somos mujeres que se benefician del privilegio de ser blancas. Tratamos de hacer de We'Moon un lugar seguro y acogedor para todas las mujeres, especialmente para las mujeres de color y otras marginadas por la cultura predominante. Deseamos publicar más escritos e imágenes que muestren a gente de color *creadas por* mujeres de color. Animamos a TODAS la mujeres a que envíen a We'Moon sus creaciones para alcanzar una mayor inclusión y visibilidad (ver página 234).

Musawa © Mother Tongue Ink 2019

¿CÓMO UTILIZAR ESTE LIBRO?
Información útil sobre We'Moon

Consulte la **Tabla de contenido** para encontrar recursos más detallados, que incluyen: zonas horarias mundiales, efemérides planetarias y de asteroides, signos y símbolos, resumen del año y calendarios del mes.

Zonas horarias: las zonas horarias estándar del Pacífico con el ajuste para GMT y EDT en la parte inferior de cada página.

Una mirada a los signos y símbolos es una guía fácilmente accesible que da definiciones breves de símbolos astrológicos usados comúnmente (pag. 201).

Los nombres y el día de la semana y los meses están en inglés con cuatro traducciones de idiomas adicionales: bengalí, inglés, gaélico irlandés y croata.

Páginas temáticas del calendario lunar marcan el principio de cada ciclo lunar con un despliegue de dos páginas cerca de la luna nueva. Cada página contiene las fechas de la luna nueva y llena así como el ingreso solar.

La carta de fases lunares de Susan Baylies presenta las fases lunares para todo el año en las pag. 226–227.

Días sagrados: hay un despliegue de dos páginas de los días sagrados para todos los equinoccios, solsticios y otras celebraciones. Estos incluyen escritos enviados por una escritora nueva cada año.

Descripción astrológica ofrece una sinopsis de los acontecimientos astrales a lo largo del año por una de nuestras destacadas astrólogas, Heather Roan Robins, en las páginas 8–9.

Retratos astro anuales: lee las predicciones para cada signo en las páginas que se indican a la derecha. —>

Descripción astrológica 2023

Este año, los planetas nos piden que participemos en un dinámico cambio social y que creemos y alimentemos nuevos círculos, redes y espacios. Pero debemos explorar humildemente lo que esto significa antes de pasar a la acción.

Saturno, estructurado y responsable, comienza el año en Acuario y entra en Piscis el 7 de marzo. El transformador Plutón ingresa en Acuario del 23 de marzo al 11 de junio y luego retrocede a Capricornio hasta febrero de 2024. El nuevo capítulo de Plutón en Acuario ofrece esperanza, pero no esperes que todo sea dulzura y luz.

Acuario, el signo de aire fijo, ofrece una imagen de iguales sentados en círculo, de la mano y trabajando juntos. Plutón tarda 247 años en recorrer el zodíaco y pasó por Acuario por última vez entre 1778 y 1797, anunciando una era de revolución—la abolición de las monarquías y la creación de democracias. Una vez más nos adentramos en unas pocas décadas que podrían revolucionar la forma en que nos conectamos con, educamos y gobernamos en nuestro mundo.

Plutón en Acuario nos llama a asegurarnos de que se escuchen todas las voces y se cuenten todos los votos. Pero la sabiduría de la mente de las personas depende de lo que saben, las preguntas que hacen y cómo se conectan el corazón y la mente. La mentalidad de manada puede ser poco fiable e imprecisa. Somos responsables de hacer las preguntas difíciles, de educarnos a nosotres mismes y a los demás para ayudar a los políticos (suponiendo que Demos se refiera a demócratas, ¿no?) a mirar más profundamente y mantener las mentes y los corazones conectados. En 2023 se avanza en salir del aislamiento y la ruptura de nuestros viejos grupos, y conservar nuestro pensamiento individual. Ahora es el momento de unirse y colaborar en nuevas comunidades.

Neptuno permanece en Piscis y alienta nuestra práctica espiritual, nuestra empatía e intuición, pero puede nublar la verdad y dejar a las personas aferrándose a filosofías espirituales sin cuestionar realmente si siguen siendo beneficiosas o si se están utilizando para esconderse de alguna verdad incómoda.

Saturno se une a Neptuno en Piscis el 7 de marzo, lo que puede traer sabiduría antigua, disciplina y practicidad (Saturno) a nuestra búsqueda espiritual (Neptuno) y puede ayudarnos a controlar nuestras adicciones personales y culturales. Los problemas del agua mantendrán en un primer plano la urgencia del cambio climático.

El año puede tener un comienzo lento con Mercurio, Marte y Urano retrógrados, así que usemos las primeras semanas de enero para revisar y prepararnos en vez de seguir empujando. Marte se vuelve directo el 12 de enero, Mercurio el 18 de enero, Urano el 22 de enero y a partir de ese momento nos ponemos en marcha. Espera un hechizo directo y combatiente cuando Venus ingrese a Aries el 19 de febrero e mi sugerencia fomenta la valentía emocional y artística; las mujeres toman la iniciativa cuando Venus esté en conjunción con Júpiter en Aries alrededor del 2 de marzo. Alza la voz, pero no quemes el puente, a menos que tengas la intención de hacerlo.

Organízate y aborda cualquier agenda urgente a corto plazo, a través de un eclipse solar en cuadratura con Plutón el 19 de abril y según retroceda Mercurio del 21 de abril al 14 de mayo. Procesa las emociones, pero mantente enfocade en el futuro y proactive. No podemos cambiar el pasado, pero podemos influir el futuro.

La historia le echa leña al fuego y nos llama a vivir plenamente. Está atente a las acciones creativas y la fanfarronería política cuando Marte ingrese en Leo y se oponga a Plutón el 20 de mayo a través de Marte en cuadratura con Urano el 26 de junio. Venus y Marte estarán en conjunción con Leo hasta principios de julio, lo que puede traer romance y alimentar proyectos creativos en todas partes, o puede ser una excusa para crear dramas personales; busca la mejor manera posible de compartir el corazón y dejar el melodrama hacia un lado.

Las estrellas muestran atención hacia nuestras obras de vida cuando Mercurio ingresa en Virgo el 28 de julio y nos permite la oportunidad de organizarnos y colaborar. Pero antes de que el impulso pueda despegar, Mercurio retrocede del 23 de agosto–15 de septiembre, y nos ayuda a respirar hondo y a mantener nuestro futuro integrado con nuestro pasado. Contempla cómo seguir siendo responsables en cuanto a nuestra visión y salud mientras lo equilibramos con nuestras responsabilidades hacia el colectivo.

Necesitamos pelear una buena batalla, pero no desperdiciar energía discutiendo, ya que Marte entra en cuadratura con Plutón a principios de octubre y luego ingresa en Escorpio el 11 de octubre. Un eclipse solar el 14 de octubre y un eclipse lunar el 28 de octubre actúan como acupuntura astrológica para sacudir y aclarar nuestras emociones y nos llaman a ser conscientes de los extremos de la codependencia o el egoísmo para que podamos encontrar una forma más equilibrada para movernos hacia adelante, avanzar. Hasta principios de noviembre, un quintil Marte-Plutón nos anima a cuestionar viejos patrones de aprendizaje, formación o autoridad; podemos ir más allá de nuestres maestres, pero no podemos desechar lo que nos han enseñado.

Heather Roan Robbins © Mother Tongue Ink 2022

ECLIPSES: 2023

Los eclipses solares y lunares ocurren cuando la Tierra, el Sol y la Luna se alinean en el eje nodal de la Luna. Esto sucede generalmente cuatro veces al año, durante las Lunas nuevas y llenas, respectivamente. Los nodos sur (pasado) y norte (futuro) simbolizan nuestro camino evolutivo. Los eclipses catalizan el llamado de nuestros destinos. Utiliza los grados de un eclipse en tu carta natal para identificar posibles puntos de liberación.

19 de abril: Eclipse total del sol a 29° Aries oscurece nuestra vista y nuestra fuerza de voluntad decae. Utiliza este tiempo de inactividad para obtener nuevas nociones de dónde poner tu energía y qué vale la pena seguir. El regreso de la luz ofrece promesa.

5 de mayo: Eclipse de penumbra lunar a 14° Escorpio nos abre de maneras reveladoras. Pueden surgir viejas heridas emocionales. Deja que la luz que regresa traiga un cierre final y ábrete a la curación de tu corazón nuevamente.

14 de octubre: Eclipse solar anular a 21° Libra revela cómo otros puntos de vista amplían nuestros horizontes. Dale algo de espacio a otros puntos de vista. En la luz que regresa imagina las posibilidades. Comparte la recompensa.

28 de octubre: Eclipse parcial lunar a 5° Tauro despierta nuestras necesidades de seguridad. Busca profundamente lo que es significativo para ti. Deja que la luz que regresa amplíe tus zonas de confort. Invita apoyo que alimente tu sentido de pertenencia

MERCURIO RETRÓGRADO: 2023

Mercurio, musa planetaria y mentora de nuestros aspectos mentales y comunicativos, aparece para revertir su curso tres o cuatro veces al año. Es posible que tengamos menos estrés durante estos períodos, tomándonos el tiempo para detenernos y volver hacia un territorio familiar y además darnos segundas oportunidades para reflexionar sobre proyectos descartados o aquello relacionado con algún malentendido en la comunicación. Las averías pueden ayudarnos a prestar atención a aspectos de seguridad mecánica y movilidad. Es hora de "recordar el ahora" relativo al pasado y lidiar con problemas subyacentes. Deja a un lado los compromisos futuros que se vean bloqueados hasta que Mercurio vuelva a avanzar.

Mercurio tiene cuatro periodos retrógrados este año en los signos de Tierra.

29 de diciembre, 2022–18 de enero, 2023: cuando Mercurio retroceda en Capricornio, prepara el terreno para el salto anual desde el borde de 2022 hasta el borde de 2023. Usa precaución. Alimenta a los ancestros con tus apreciaciones.

21 de abril–14 de mayo: A medida que Mercurio retrocede en Tauro, descarta lo que no funciona en tus comunicaciones. Aprende a articular vocabularios subterráneos que te importan y luego di tu verdad mejorada.

23 de agosto–15 de septiembre: Durante el período retrógrado de Mercurio en Virgo, nuestro viaje de sanación puede dar algunos giros inesperados. Cultiva a tu curandera interior y adivina los medicamentos que necesitas para que el bienestar se arraigue.

12 de diciembre–1 de enero de 2024: Mercurio en Capricornio retrocede nuevamente al final del año y destaca la reestructuración entre bastidores. Toma los siguientes pasos en tu camino santo con determinación. Pueden estar en camino bendiciones desconocidas.

Sandra Pastorius © Mother Tongue Ink 2022

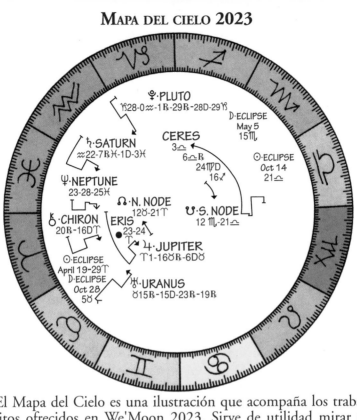

El Mapa del Cielo es una ilustración que acompaña los trabajos escritos ofrecidos en We'Moon 2023. Sirve de utilidad mirar este diagrama cuando nos sentimos perdides o abrumades por los desafíos que presentan el estar vives mientras navegamos en estos tiempos.

We'Moon es en realidad un currículo de la escuela de conocimiento, creado por una facultad de escritores, oráculos, videntes, pitias y sibilas brillantes y devotes—supervisades por la Luna, el Sol y las Estrellas.

Por muchos años y todos los años, un grupo de mujeres se ha reunido en el bosque para juntar en una olla grande todas las contribuciones de We'Moon. Los cocinan hasta que el sabor de cada ofrenda comienza a coquetear unas con otras. Remueven los abultamientos y enredos, luego lo cuelgan para que se seque. Luego lo hilan y tejen todo dentro de un manual, cátedra en la escuela de sabiduría. Este trabajo se realiza dentro de un trance ceremonial sagrado.

Si estás leyendo esto, ¡Bienvenide! Ya has comenzado los cursos de la escuela de sabiduría. Estos duran durante 13 Ciclos Lunares, y son de mejor uso al estudiar, utilizar y aplicar este almanaque a tu vida diariamente. Miles han ido antes de ti; muchos repiten los cursos una y otra vez—Estudiantes se convierten en les maestres, les maestres en ancestres, les ancestres en estrellas.

Gretchen Lawlor © Mother Tongue Ink 2022

EXPLORAR VIDAS PASADAS
PARA RESOLVER LOS DESAFÍOS DE LA VIDA PRESENTE

Tu carta astrológica contiene potentes pistas sobre vidas pasadas, arrojando luz sobre los desafíos que enfrentas en esta vida. Los asuntos que no se han resuelto pueden inmiscuirse y repetirse, causando confusión/caos. Los contratos, las promesas y los viejos juramentos pueden continuar atándote. Las relaciones significativas adquieren el sabor de otras vidas y entornos, con personas a las que has conocido anteriormente, una y otra vez.

¿Qué sucede si esta vez se te ha dado otra oportunidad? ¿Qué pasa si tu carta astral revela algo que te hizo tropezar durante una encarnación pasada? Y cuando regresas, te enfrentas con otro conjunto de circunstancias, a menudo con las mismas almas familiares. Te lanzas a otra vida para aprender, para hacer lo correcto, para aceptar o perdonar, liberar, resolver. Los viejos guiones, los traumas ancestrales pueden ser reconocidos—y liberados.

¿Dónde comenzar? Empieza con tu Luna. Tu signo lunar describe dónde instintivamente te sientes como en tu casa. Es familiar, reconforta, es inconscientemente tu respuesta predeterminada a la vida. ¿Por qué? Porque ha sido un componente dominante de al menos otra vida. Tu signo Lunar fue probablemente tu signo Solar en otra vida y, por tanto, relevante en esta.

Las lunas con signos de Agua (Cáncer, Escorpio, Piscis),

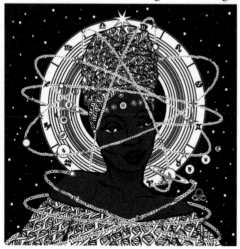

Center of the Universe Cosmic Dark Goddess
(Centro del universo diosa oscura cósmica)

llevan legados de sintonía y habilidades en los reinos sutiles: brujas mágicas, hechiceras y videntes. Las lunas con signo de Fuego (Aries, Leo, Sagitario), llevan legados de audacia o grandeza, líderes con magia capaces de encender y animar a otros. Los lunas con signos de Aire (Géminis, Libra, Acuario), llevan legados de conocimiento, usando mágicamente sus lenguas plateadas para iluminar e inspirar. Las lunas con signo de Tierra (Tauro, Virgo, Capricornio), acceden fácilmente a un legado de magia de manifestación, rico en conexiones innatas con plantas, animales y los ritmos de la naturaleza.

Si la Luna describe un grupo familiar de almas—terreno familiar o perspectivas pasadas hacia trasladadas de otra vida—los Nodos de la Luna agregan detalles sobre roles o experiencias específicas. La casa astrológica donde se encuentra tu Nodo Sur (más aún que el signo del Nodo) apunta hacia dónde probablemente una vez apareció un desafío y dónde podría nuevamente aparecer durante esta encarnación.

El Nodo Norte, debido a su casa, sugiere un camino a seguir, una reformulación evolutiva de la vieja historia. A menudo, oscilamos de un lado a otro entre los nodos Sur y Norte mientras intentamos integrar el pasado y el futuro. Busca allí pistas sobre cómo utilizar viejos dones en nuevas vidas, nuevas formas.

¿Dónde encontrar tus nodos? La mayoría de las cartas natales de astrología muestran tu Nodo Norte. Tu Nodo Sur siempre está exactamente opuesto al Nodo Norte en ese diagrama de 12 radios (es decir, el Nodo Norte en 17 ° Aries en la casa 7 siempre está opuesto al Nodo Sur en 17 ° Libra, en la casa 1).

A Claudia, una clienta con su Luna en Cáncer y el Nodo Sur en la casa 5, se le preguntó acerca de cualquier trauma emocional persistente proveniente de su linaje femenino; recordó a su madre y a su abuela, ambas con almas muy sensibles, diciendo, "No puedo vivir sin mi gran amor. Prefiero morir que ser abandonada". Ambas habían sido abandonadas y nunca se recuperaron.

Claudia se dedicó a vivir su profunda pasión y sensibilidad heredadas de una manera positiva—especialmente en cómo crió a su hija. Los ecos de su línea matriarcal comenzaron a aparecer cuando su hija (el Nodo Sur en la 5ª casa rige a les niñes) comenzó a explorar opciones de vida muy diferentes, que Claudia interpretó como rechazo/abandono—Claudia cayó enferma de gravedad.

La astrología la ayudó a reconocer los patrones que se encontraban en juego aquí, y su equipo de amiges la ayudó a ver la situación de su hija dentro de un contexto más amplio y progresista (todos los regalos del Nodo Norte en la casa 11). Esta introspección la llevó a su recuperación después de darse cuenta de, a su manera, su hija estaba haciendo evolucionar el historia de la familia. Regresó a la vida con una pasión por las causas asociadas con su hija, y una devoción por perseguir sus propias pasiones.

Busca aquellas cosas que tengas pendiente, y las lecciones que están aún por aprender y que podrían estar causando fricción o dolor en tu vida. Mantente creativamente alerta a las historias recurrentes que se desarrollan en tu vida y la de tus ancestros. El Nodo Norte muestra dónde puede ocurrir el crecimiento evolutivo; el Nodo Sur es "aquello de lo que nos impulsamos en la dirección del crecimiento" (Caroline Casey). No es necesario que descubras toda la historia—es suficiente con capturar vislumbres, insinuaciones, un tema esencial o un recuerdo fundamental. Haz uso de la asociación libre de palabras; comparte las historias de tu familia. Pon atención a aquello que te resulta familiar de una cultura, un rol o una situación.

A menudo, los intereses de la infancia surgen de estos recuerdos de antes. Cuando yo era niña, tenía una fascinación poco usual con el arte rupestre de Lascaux. Más tarde, cuando me puse a explorar a través del lente de mi Luna en Escorpio, me di cuenta con deleite de que estaba reconociendo y recordando a mujeres antiguas chamanas/vidente de los oráculos en ceremonia, que sin duda alguna, me ayudan a guiarme hoy como ceremonialista, vidente del oráculo y chamana.

Sé juguetón/a. Sal de tu caja. Considera fantasías imposibles—sigue

las obsesiones, especialmente aquellas relacionadas con culturas, personajes y épocas históricas particulares. No te limites a las palabras—usa arte, escucha música, toma clases de baile de una cultura o época que amas. Usa Halloween—cuando los velos entre vidas son muy delgados—para explorar otros personajes, otros roles. Libera las viejas historias que te retienen y reclama la fuerza y la sabiduría ancestral que hoy podrá ayudarte en tu camino.

Gretchen Lawlor
© Mother Tongue Ink 2022

Soluna © Mandalamy Arts 2017

Introducción a las miradas astrológicas para el año 2023

Comenzamos el 2023 con el continuo deseo de estabilidad y seguridad. El Nodo Norte en Tauro simboliza la capacidad de poder reconocer el valor de nuestras posesiones materiales. Hacer un balance de tus aspectos positivos es una práctica invaluable que te servirá cuando negocies con tus deseos. El comienzo del año puede sentirse un poco lento y frustrante. Trata de no insistir en lo que no se puede comunicar fácilmente; esas palabras vendrán con el tiempo. Moverse lentamente no simboliza idiotez o tontería; la velocidad cuidadosa es el discernimiento sabio de las consecuencias. Con Saturno en Acuario durante el resto del año, es posible que no podamos expresarnos tan libremente como antes. Esta energía se sentirá con mayor fuerza a principios de año hasta que Saturno ingrese a Piscis en marzo. Luego, se llamará al colectivo para hacer realidad sus sueños. No hay éxito sin trabajo duro y voluntad de sacrificio. Cuando nuestra determinación es construir cimientos sólidos, las realidades idealizadas pueden hacerse realidad.

Este año nos dará a todos mucho en que pensar; en ciertos escenarios no podremos contar con la experiencia de vida previa para informarnos sobre nuestras acciones actuales. Es imperativo que seas rápide y estés dispueste a confiar en tus instintos. La inteligencia fluida se define como nuestra capacidad para adaptarnos a situaciones con las que no estamos familiarizades. Cuando Júpiter, el planeta del conocimiento y la sabiduría, ingrese a Tauro, todos los conocimientos prácticos que se adquirieron a principios de año serán de utilidad. En agosto, se nos pedirá que dejemos ir la cabeza y resolvamos cualquier indicio de parálisis por análisis—más fácil decirlo que hacerlo. Parte de las lecciones de Saturno en Piscis son aprender a obtener la ayuda que necesitamos cuando nuestra mente la requiere. A medida que finaliza el año, reflexiona sobre la persona en la que te has convertido este año. Evita avergonzarte por los errores del pasado: suceden y estás creciendo. Encontrarás tu equilibrio cuando puedas hacer las paces con la oscuridad y la luz; ninguna de dos tiene una connotación inherentemente buena o mala. Que tengas un año maravilloso.

Astrologer Six © Mother Tongue Ink 2022

Para saber más sobre las influencias astrológicas de tu signo,
mira tus signos Sol y Ascendente en las páginas indicadas a la derecha.

OBSERVACIONES A PRIMERA LUZ: PLUTÓN INGRESA A ACUARIO

Al inicio, fuimos soñades...

El 2023 nos encuentra a todes en un borde precario y profundo de descubrimiento interior y exterior. A partir de este año y hasta el 2043, Plutón, el planeta del poder y la transformación personal y colectiva, ingresa al signo visionario de complejidad y creatividad colectiva, Acuario. Este hecho refleja

Creative Energy *(Energía creativa)*
□ *Joan Zehnder 2001*

una liberación de nuestro alcance limitado y representa un momento simbólico potente, a medida que se ilumina el firmamento de la Era de Acuario: Era de la Nueva Humanidad.

Estamos en una era correspondiente a poderosos telescopios que reflejan viendo los confines más profundos de los cielos, incluyendo el Telescopio Espacial James Webb, el próximamente Telescopio Espacial Nancy Grace Roman y el Telescopio Extremadamente Largo (ELT, por sus siglas en inglés) ubicado en Chile, que después de tomar la "primera luz", traerá a la visión humana imágenes del nacimiento de las primeras estrellas, conocido como el amanecer cósmico.

A medida que esta liberación de la luz ancestral abre una brecha en nuestra oscuridad, podemos reflexionar sobre nuestro mundo interior con nuestro propio instrumento humano, el observatorio interior desde el cual nos sintonizamos. Es en los dominios de nuestra meditación, ensoñación o recuerdo profundo y emoción donde podemos desarrollar nuevas perspectivas de nosotres mismes y de nuestro mundo. Mientras escudriñamos los horizontes internos en busca del despertar de nuestro ser más verdadero, nos convertimos en testigos de la primera luz de la conciencia en nuestro interior. Entonces podremos reconocer la primera luz que amanece en otres, en asombro de los despertares mutuos que revelan nuestro verdadero Ser.

Plutón en Acuario refleja los flujos y patrones perturbadores aquí en el plano terrestre durante los próximos 20 años. Los efectos de la pandemia global que heredamos del florecimiento final de Plutón del tránsito de Capricornio (2007–2023) nos dejan en una crisis de sanación planetaria, con el dolor colectivo y la disfunción de sociedades enfermas, estancadas, explotadas y traumatizadas. La energía de Plutón ayuda a limpiar nuestros sistemas a través de la liberación de presiones acumuladas, como erupciones volcánicas, liberación de impulsos de dominio y control y crea impulsos de liberación. Entonces podemos convertir los eventos repentinos de los múltiples ajustes de cuentas que enfrentamos en oportunidades que pueden proporcionar las piezas que faltan para un rediseño funcional que estimule las innovaciones creativas necesarias para amplias adaptaciones sociales y culturales.

Inherentes al mundo herido están las semillas de sanación y renovación. A medida que surgen los espíritus revolucionarios y toman forma las nuevas constelaciones de reparación, avanza la inteligencia evolutiva que se requiere de nosotres para avanzar. ¿Qué podemos traer a la luz?

Estamos invitades a reconocer los regalos que cada próxima generación de la humanidad contribuye al lado positivo de nuestro desarrollo evolutivo. Estas generaciones expresan los impulsos inconscientes y los comportamientos de supervivencia necesarios para cambiar el enfoque y liberar los potenciales para que nuestra especie prospere. A medida que aparezcan más portales hacia el espacio-tiempo y el espacio mental, ¿qué soñarán estas generaciones para la Nueva Humanidad?

Acuario: La portadora de la visión

Somos les portadores de la visión,
mensajeres en el espacio mental.

Sobre nuestros hombros descansa
el recipiente de Acuario—

Vertiendo vibraciones de cambio
con cantos, finamente entonados,
llevando el llamado de la libertad.

Una nueva visión ondula a través
la mente colectiva—
¡Expectativa cargándose en el aire!

Somos les portadores de la visión,
sembrando semillas del tiempo—
en la creación del mañana,
sólo a un pensamiento de distancia.

Sandra Pastorius © Mother Tongue Ink 2022

Semillas de ensueño

Hacedores de caminos. Luchadores por la libertad. Amantes de la tierra. Quienes traen los cambios. Unámonos para honrar las antiguas redes de interconexión. Somos generaciones, linajes, traumas, secretos, sombras y magia. Inhala vida renovada en tus sueños. Exhala formas de ser que ya no sirven. Por nuestras vidas, estamos agradecides. El amanecer de luz está entrando.

De la oscuridad, las semillas de nuestros sueños están floreciendo. Han pasado al otro lado. Por todos los medios necesarios, fortalecimos nuestras semillas en medio de la plaga colectiva y el pivoteo de los últimos años. Habla en nuestra comunidad al escuchar. ¿En qué está fija tu mirada? ¿Cuál es el mundo que estás soñando en esta continuidad, por el bien de las generaciones futuras y pasadas? Que la llama del espíritu dentro de nosotres continúe guiándonos y abriéndonos el camino.

Rendimos homenaje a les antepasades con nuestres manojos de hierbas de romero para el recuerdo y bígaro para la resiliencia. Les honramos. Les recordamos. Les agradecemos por todos los caminos que ha hecho. Pedimos su continuo favor, protección y brillantez. Llevaremos hacia adelante y sin miedo nuestro trabajo de liberación individual y colectiva. Bendigan los sueños creados a partir de nuestra gran imaginación. Que su sabiduría nos enraíze firmemente para que podamos realizar una experiencia vivida de vitalidad, alegría, justicia y victoria.

Llamamos a la energía de la gracia, la curiosidad y los caminos abiertos. Qué cada sueño se haga realidad. Nuestros plantancestres crearán una infusión comunitaria que fortalecerá nuestra sinergia. Llamamos a las ortigas para nutrirnos; al bálsamo de limón para elevarnos a las alturas; al tulsi para sostener nuestros espíritus; a la rosa para recordarnos la belleza y las espinas de nuestros viajes; y a la caléndula para curar nuestras heridas y ayudarnos a ver con claridad. Que podamos responder al llamado del

servicio, al cuidado comunitario, la colaboración colectiva y los destinos que hacen cantar nuestros corazones.

Un regreso a la luz. Un regreso a la vida. Vivir la vida en su máxima capacidad. Enfócate en tu libertad AHORA. Nosotres somos quienes la creamos.

Karen L. Culpepper
© Mother Tongue Ink 2022

New Life Rose *(Rosa de vida nueva)*
© Alexa Sunshine Rose 2009

2023: EL AÑO DE LA LIEBRE

El año nuevo chino es la segunda luna nueva después del solsticio de invierno, cuando la luna nueva y el sol están en conjunción en Acuario. El año de la liebre comienza el 21 de enero del 2023 (22 de enero en china). En la mitología china, la liebre representa la longevidad tomando la imagen de un chamán y alquimista que vive en la luna con la diosa Luna Chang'e.

Hare *(Liebre)* ¤ *Robin Lea Quinlivan 2017*

El año de la liebre puede ser un tiempo de paz, calma y sanación después del año dinámico del tigre. Las liebres son gentiles almas pacíficas que sobresalen en las artes, entonces en su año disfruta de una vida artística, rodeada de la belleza que creas y compartes con los demás. Bellas artes y artesanías, buena comida y un hogar acogedor serán muy apreciados. Se puede hacer y gastar dinero fácilmente. A nivel global, se anticipan acuerdos políticos y diplomacia pacífica.

Wemoons nacidos en los años de la liebre (1927, 1939, 1951, 1963, 1975, 1987, 1999, 2011, 2023) son amigables, sensibles, apacibles, atentas, agradables y artísticas por naturaleza. La energía armonizadora de la liebre y sus habilidades diplomáticas le hace ser bienvenida en círculos sociales. La liebre es intensamente perceptiva y puede sentir el peligro en una situación dada. Ella actúa rápidamente para protegerse cuando un predador está cerca. La liebre no es combativa, ella prefiere huir que enfrentarse en conflictos. Ella es feliz disfrutando de la paz y la tranquilidad de los ambientes encantadores que crea.

En materia del corazón, wemoon liebres son extremadamente románticas y disfrutan de las cosas refinadas de la vida. Las liebres son más compatibles con otras liebres, ovejas o cerdas. Las caninas también son compatibles.

De los cinco elementos taoístas fuego, tierra, metal, agua y madera, el 2023 es el año de la liebre de agua. El agua provee la profundidad de los sentimientos, la intuición, emociones fuertes, empatía y bondad. El agua es el más femenino de los cinco elementos y, por ende, es muy yin. La feminidad no es considerada como una debilidad; por el contrario, el agua es el elemento más poderoso. Se puede mover alrededor de cualquier obstáculo sin perder su esencia natural. Con el tiempo, el agua puede disolver la montaña más dura. En la medicina china, el agua gobierna los riñones y la vejiga, entonces cuida de tu aparato urinario. Enfócate en el feng shui del baño y conviértelo en tu santuario de sanación este año. La liebre corresponde al signo de Piscis en la astrología occidental.

Susan Levitt © Mother Tongue Ink 2022

Promise of Spring
(Promesa de primavera)
© Lindy Kehoe 2020

INTRODUCCIÓN A LOS DÍAS SAGRADOS

A menudo descubrimos la rueda del año reflejada en nuestras propias vidas interiores. A fines del otoño, podemos sentirnos generoses y abundantes, con una rica cosecha de ofrendas para compartir. En invierno, es posible que tengamos ganas de retirarnos a nuestras cuevas, compenetrándonos para incubar y hacer planes. En primavera, podemos estar listes para emanar nuevamente, llenes de entusiasmo y sembrando semillas de nuevas ideas. En verano, después de presenciar el florecimiento y la abundancia, podemos ver lo que está creciendo bien y lo que debemos podar. Y luego, volvemos, y encontramos que el otoño ha regresado.

Este año, buscamos destellos plateados, que nacen de las sombras con luz de luna en nuestros ojos y rosas en nuestras manos, buscando el bien que aún habita entre nosotres, el corazón que late bajo la piel del mundo. Hemos llegado cargando semillas de posibilidad, legados de anhelo, con nuestro propio poder enrollado libremente alrededor de nuestras caderas y resaltando en nuestros huesos.

A veces nos quedamos aquí, con miedo. A veces, con alegría. A veces nos quedamos sin saber cómo resolveremos. A veces recordamos que no es necesario.

Escuchamos la llamada, el aullido, la canción, y nos unimos en todas partes del mundo, reuniéndonos en espíritu a través de millas, recordando que nuestro más confiable texto sagrado es el que escribimos cada día, hueso por hueso, fragmento por fragmento, lado a lado.

Recuerda que tu atención es tu más poderosa y preciosa oración, y tu más poderoso acto de resistencia dentro de una cultura de distracción. Recoléctalo, dirígelo a tu centro, presiónalo contra tu corazón y déjalo empaparte debajo de la piel, suavizando tus bordes y abriendo tus ojos. Una vez que creamos un hogar para nuestra atención adentro de nuestros cuerpos y huesos, podremos extendernos hacia afuera con cuidado y compasión, acercándonos a otras personas ante sus alegrías y preocupaciones, tristezas y temores, y así, genuinamente, ofrecerles una mano. Creamos oraciones basadas en testimonio, justicia y el despertar. Manifestando oraciones de la presencia en donde nos encontramos cada día.

Molly Remer © Mother Tongue Ink 2022

LA RUEDA DEL AÑO: DÍAS FESTIVOS

El ciclo de las estaciones del año tiene su origen en la órbita anual de la Tierra alrededor del Sol. Los solsticios son los extremos que alcanza la Tierra mientras su eje se inclina hacia el Sol o se aleja del mismo (cuando los días y las noches son más largos o más cortos). En los equinoccios el día y la noche son iguales en todos los lugares del mundo. Cuatro días marcan los puntos intermedios entre los solsticios y los equinoccios. Conmemoramos estos puntos de inflexión naturales en el ciclo de la Tierra. Las celebraciones relacionadas con las estaciones de la mayoría de culturas orbitan alrededor de estos puntos de inflexión:

2 de febrero, Imbolc/mitad del invierno: celebración, profecía, purificación, iniciación: fiesta de la Candelaria (cristiana), año nuevo (tibetano, chino, iroqués), Tu Bi-Shevat (judío). Festivales de las diosas: Brighid (celta), Yemanjá (brasileña).

20 de marzo, equinoccio/primavera: renacimiento, fertilidad, huevos: pascua judía, semana santa (cristiana). Festivales de la diosa: Eostare, Ostara, Oestre (alemán), Astarte (semita), Perséfone (griego), Flora (romano) Norooz/Año Nuevo (persa).

1 de mayo, Beltane/mitad de la primavera: plantación, fertilidad, sexualidad: festividad de primavera del primero de mayo (euroamericana), Walpurgisnacht/Valborg (alemana y escandinava), festival Root (Yakima), Ching Ming (china), Whitsuntide (holandesa). Festivales de la diosa: Afrodita (griego), Venus (romano), Lada (eslavo).

21 de junio, solsticio/verano: festivales del Sol y del fuego: Niman Kachina (hopi), Tirgan (Persa). Fetivales de la diosa: Isis (egipcio), Litha (norteafricano), Madre del maíz amarillo (taino), Ishtar (babilonio), Hestia (griego), Sunna (noruego).

2 de agosto, Lammas/mitad del verano: primera cosecha, reparto del pan, abundancia: ceremonia del maíz verde (creek), Sundance (lakota). Festivales de la diosa: Madre del maíz (hopi), Amaterasu (japonés), día de Hatshepsut (egipcio), Ziva (ucraniano), Habondia (celta).

22 de septiembre, equinoccio/otoño: cosecha y almacenamiento, madurez: Mabon (euroamericano), Mehregan (Persa), Sukkoth (judía). Festivales de la diosa: Tari Pennu (bengalí), la vieja mujer que nunca muere (mandan), Chicomecoatl (azteca), Madre de la ejote negra (taino), Epona (romano), Demeter (griego).

31 de octubre, Samhain/mitad del otoño: viaje al inframundo, espíritus ancestrales: Hallowmas/Halloween (euroamericano), día de todos los santos (cristiano). Festivales de la diosa: Baba Yaga (ruso), Inanna (sumerio), Hecate (griego).

21 de diciembre, solsticio/invierno: regreso de la luz: Kwanzaa (afroamericano), Soyal (hopi), Jul (escandinavo), Cassave/sueño (taino), Chanukah (judío), Navidad (crisitiano), festival de los colibríes (quechua) Shabeh Yalda/Noche de Nacimiento (Persa). Festivales de la diosa: Freya (noruego), Lucia (italiano, sueco), Sarasvati (indio).

*Nota: los días festivos tradicionales celtas y norte europeos empiezan antes que los nativos norteamericanos. Suelen empezar en la fase oscura embrionaria: p. ej. durante la puesta de sol de la noche antes del día señalado. Las estaciones empiezan cuatro días antes de los solsticios y de los equinoccios. En América del norte estos puntos cardinales de la rueda del año son los que marcan el inicio de cada estación.

© *Mother Tongue Ink 2003 Fuentes:* The Grandmother of Time *de Z. Budapest, 1989;* Celestially Auspicious Occasions *de Donna Henes, 1996 y* Songs of Bleeding *de Spider, 1992*

The Gift (El don)
© Diane Norrie 2016

ENCONTRANDO ESPERANZA EN LOS CINCOS

En cada mazo del Tarot a lo largo de los arcanos menores vive el temido Cinco de Copas, Espadas, Oros y Bastos. Tradicionalmente estas cartas traen conflicto, duda, falta de armonía, decepción y pérdida. No te alejes de la tormenta; la sombra puede infiltrarse en tu lectura, pero endurece tus nervios para enfrentar con fuerza la turbulencia que se aproxima. La luz capturada en los bordes de la sombra a menudo parece más brillante y efervescente. Busca el lado positivo.

Cuando el Cinco aterrice en tu regazo, tómate un momento e intenta retroceder. Cada desafío es una oportunidad para cambiar un patrón o probar una nueva táctica. El Cinco de Espadas predice competencia, conflicto y engaño. Deja que esta carta te aleje de la confrontación y te acerque a la diplomacia. El Cinco de Oros representa pérdida, falta o aislamiento; permite que esta tarjeta desafíe tu mentalidad sobre la pobreza. El Cinco de Bastos significa falta de armonía, estrés y dificultades a corto plazo. Siga adelante con perseverancia e ingenio cuando el Cinco de Bastos te confronte con obstáculos y frustración. El Cinco de copas presagia decepción, arrepentimiento, pesimismo: tus expectativas no resultaron como te hubiera gustado. Deja que el Cinco de Copas te lleve a una práctica de gratitud con recordatorios de que una pérdida en este momento puede significar abundancia y oportunidad más adelante. Aquí a menudo se revelan la opresión, la pobreza, los celos, el pesimismo y las dinámicas de poder. Los Cincos pueden traer estos aspectos de sombras hacia la luz. No dejes que te arrastren a la oscuridad. Están aquí para recordarnos que debemos mantener el control y recordar nuestra capacidad de recuperación ante la frustración y la lucha. Úsalos como una señal para dinamizar tu camino, para apoyar y fortalecer las iniciativas y servicios que existen y para combatir la desigualdad en nuestras comunidades.

La gratitud, el ingenio, la adaptabilidad y la creatividad son herramientas que se esconden en los bordes brillantes de estas nubes oscuras. Los Cincos son la lucha por el equilibrio, pero también de perseverancia y valentía intensa. Una vez que el significado se capta sólidamente con los Cinco dedos, puedes comenzar a reconstruir el mundo.

Leah Markman © Mother Tongue Ink 2022

Introducción a We'Moon 2023: Luz de esperanza

Prepárate para ser sorprendide, encantade, sacudide, desafiade e inspirade cuando entres a las páginas de *We'Moon 2023*. Estate liste.

Esta agenda es un tejido deslumbrante de arte y material escrito por mujeres, el cual ofrece deslumbrante sabiduría, devoción apasionada por la tierra, milagros amorosos, alegría inspiradora —¡alarma y clamor!

A pesar de todo: esa es la ironía de un tema sobre la luz de esperanza.

Mientras vamos entrando en el ciclo desde la oscuridad mágica (*We'Moon 2022*), allí al borde del cielo nocturno, hay una luna creciente joven, un rizo de promesa, un gancho en el que colgar nuestra imaginación. Y, es así, que la chispa de nueva luz nos guía a través de las trece lunas del 2023. Nuestros títulos para los "capítulos" relativos al tema de la luna, por nombrar algunos, revelan metáforas en torno a nuestro camino a través de los días: "Primeras luces", "Esperanza atrevida", "Resplandor de amor", un "Nuevo mundo", lo "Sagrado salvaje", "Regalos y promesas".

Alabanza y exaltación. ¡Sin embargo, cómo nos atrevemos a usar voces optimistas durante este momento en el que la tierra y todas sus formas de vida peligran!

"Requiere disciplina diaria elegir cuánto de la oscuridad, en la que se encuentra el mundo, tocamos y por qué. Podríamos estar incandescentes con una rabia justa durante cada segundo de cada minuto de cada hora ... Pero enemige declarade de la alegría, no podemos llevar a Ecocide con nosotres en cada paso aunque gime y araña la puerta ... "
(Debra Hall, p.65).

Y, sin embargo, la oportunidad nos asombra, el desafío impulsa nuestra resiliencia. Estas escritoras y artistas son videntes. Con herramientas de pintura y cadencia, observan más allá de lo obvio para excavar lecciones enterradas—para este tiempo para todos los tiempos. "El no perderse no es el objetivo el objetivo es permitir que esta pérdida te madure ..." (Alexa Iya Soro, p.156).

La media luna, el trozo plateado, el barco lunar, abre camino a lo largo de las semanas y los meses de este año, enviando iluminaciones de sus ángulos, los cuales son extraños a la vida comunitaria, espacio de corazones individuales, al escenario mundial. Escucha esta alegría: "la bondad masiva estalla en todos los continentes y obliga a la gente a cenar en las casas de sus vecinos y cuidar de los hijes de los demás ... Los jardines comunitarios y las energías renovables se convierten en derecho internacional ..." (Stephanie A. Sellers, p. 96).

Transformación. La magnífica afirmación del cambio, la cual la Luna nos muestra cada mes de los días. El llamado de atención es claro: ¡Podemos hacer esto! ¡Esta reparación de aquello roto, esta feroz insistencia en la amorosa reparación entre los pueblos por el bien de los paisajes y las criaturas!

La Luna misma, vista o no vista, es una gran actriz en el drama de la tierra. La Luna tira de nuestras aguas globales, su peso baila a dúo todos los días con mareas entrando y saliendo, creando un hogar para innumerables criaturas marinas. Luna III, "Flujo y reflujo", también celebra las aguas que corren de tierra a orilla, las que caen—¡Si la Diosa quiere!—del cielo con sustento para pájaros y murciélagos, lobos y ranas, osos y mariposas.

Y así como el orbe de la Luna gira alrededor del orbe de la tierra, también lo hacen las estaciones—regalo de la Madre Sol a la tierra, la cual baila en círculos, de verano a invierno, semillas para cosechar, floreciendo para dar fruto. Honremos los días santos de temporada (equinoccios, solsticios y los cuatro periodos estacionales) con los escritos exquisitos de Molly Remer. Ella nos invita a rezar, bailar, sollozar, contar con la magia. Ella nos invita a detenernos. Abrirnos a la gratitud. Para preguntarse. "Persistimos en remendar la red... mezclándonos... con las semillas doradas de la posibilidad y los destellos de la inspiración, tocando el momento del ahora ..." (Molly Remer, p. 151).

Como con la Luna, así con nosotres: creciente, menguante. Un grupo de nuestros temas lunares del 2023, enfoca nuestra trayectoria humana: ciclos de vida, ancestros, muerte. Los arquetipos de doncella, madre y anciana nos invitan a aceptar nuestras etapas de vida. Con qué dulzura hablan aquí las mujeres de la adoración amor-materno hacia hijes—que tiene tanto que enseñar. ¡Qué sabiduría afinada viene de les mayores! Y les más mayores, les ancestres, rondan, instruyen y bendicen—de una variedad de culturas, voces de amor universal.

¿Y qué nos muestra la Luna sobre la muerte? Crece, mengua, vuelve a aparecer. ¿Y nosotres venimos de nuevo?

volando vamos, almas regeneradas,
adelante hacia el próximo gran arco de cielo, la
siguiente hermosura desplegándose. nuestros ojos
salpicados de nova y materia estelar.
estamos hechas para este viaje.

(*Fragmento ¤ marna scooter 2020*, p. 131)

Bethroot Gwynn © Mother Tongue Ink 2022

She Carries Her Moon Always *(Ella siempre carga su luna)*
© *Katheryn M. Trenshaw 1997*

¡Ah, maravilla creciente! Arco de luz sonriente
Deslizándose por el cielo occidental
Fragmento de promesa radiante: ¡hay más en camino!
Mañana te acurrucarás en el cielo del este.
Más llena, más brillante. Siempre riendo.
Bebé Luna, sonriendo para iniciar. Gritando "¡siguiente!"
Arawa Diana Yemanja
Luna doncella, ascendiendo
Juna Artemisa Selene
Mamá Luna, abrazando nuestras esperanzas,
acunando nuestro crecimiento
Hoz lista para proteger, por si acaso
Diosa Luna en el borde
bordeando la oscuridad con tu afilado cuerno
cava claramente desentierra inclínate al frágil brote
la fugaz oportunidad el improbable milagro
la gracia de empezar de nuevo

Observadoras nocturnas! He aquí: Madre del renacimiento
Toda gloria: hija del otra vez
Convocamos al mundo para que devuelva la sonrisa
¡Busca! Atrévete a tener esperanza.
¡Mantente vigilante!

© *Bethroot Gwynn 2021*

Sean luminosas, bailarinas celestiales

Sean luminosas, bailarinas celestiales,
girar de forma brillante
bajo la luna que ulula

Resplandeciente en su abundancia envuelta,
son las hermanas del misterio:
su brillo plateado es tu cuerno de plenitud

Toma un sorbo de esta cuchara eterna plateada
un elixir cósmico de regeneración
para sostenerte en la magia giratoria terrenal

La solidaridad es un tipo de luz
que resplandece a través de ti

Fuiste cuidadosamente tallada con curvas
de los huesos de la luna
y bendecida por sabias sacerdotisas
en resonancia con estos tiempos

Tu tercer ojo para hablar con futuros
sobre cómo volar a través de este portal
de desafío y posibilidad
con la arenilla y elegancia de los astros
y las alas de garza y colimbo

Moteada con chispas de la luz lunar,
la justicia de la bruja al romper el huevo

del mañana con la rotura feroz de clara intención
y más rápido que pronto.

¤ marna scooter 2021

I. PRIMERA LUZ

Luna I: diciembre 23, 2022–enero 21, 2023

Sol en ♑ Capricornio dic. 21; Luna nueva en ♑ Capricornio dic. 23; Luna llena en ♋ Cáncer enero 6

The Rites of Passage
(Los ritos de paso)
© *Tessa Mythos 2016*

Diciembre 2022
Mí na Nollag

───── ⟩⟩⟩ Dé Luain ─────

Lunes
19

♀□♄ 8:23 am
♀⊼♂ 9:37 am
♂⚹♄ 2:38 pm
☽⚹♀ 5:21 pm
☽☍♅ 10:33 pm

Cosmic Gazer Art 2019

Dawning of a New Earth
(El amanecer de una tierra nueva)

───── ♂♂♂ Dé Máirt ─────

Martes
20

☽⚹♉ 3:58 am
♃→♈ 6:32 am
☽□♄ 8:41 am
☽△♆ 11:01 am
☽⚹♇ 6:45 pm v/c
☽→♐ 11:12 pm
☽△♃ 11:19 pm

───── ☿☿☿ Dé Céadaoin ─────

Miércoles
21

☉→♑ 1:48 pm
☉□♃ 4:50 pm
☽☍♂ 5:48 pm

Solsticio de invierno

☉→♑

Sol en ♑ Capricornio 1:48 pm PST

───── ♃♃♃ Dé Ardaoin ─────

Jueves
22

♀△♅ 1:48 am
☽⚹♄ 10:19 am
☽□♆ 12:16 pm v/c
☽→♑ 11:49 pm

───── ♀♀♀ Dé Haoine ─────

Viernes
23

☽□♃ 12:13 am
♄D 12:40 am
☉☌☽ 2:17 am

Luna nueva en ♑ Capricornio 2:17 am PST

───────────────────────────────

Todos los datos astrológicos están en PST; Añadir 3 horas a EST; Añadir 8 horas al GMT

Fragmentos

Aférrate a un fragmento, sólo un
rayito es todo lo que uno necesita.

Una pizca de esperanza,
de amor, de suerte, de fé,
de vida, pero con frecuencia sólo en posesión
de una fina astilla de mí.

Noten que un rayo es a veces una ilusión;
un diluvio de oscuridad escondiendo
lo que es entero.

Y lentamente, fragmento, por fragmento,
por fragmento vean su luz
revelar lo que siempre ha sido
un alma
completamente desnuda
y luminosa.

¤ Erin Guntis 2021

ᚻᚻᚻ Dé Sathairn

♑
♒

Sábado
24

☽△♅ 12:02 am
☽PrG 12:22 am
☽♂♀ 4:16 am
☽♂♅ 11:32 am
☽⚹♆ 11:48 am

♀⚹♆ 5:16 pm
☽♂♇ 7:11 pm v/c
☽→♒ 11:14 pm
☽⚹♃ 11:56 pm

☉☉☉ Dé Domhnaigh

♒

Domingo
25

☽△♂ 3:34 pm
☽□♅ 11:35 pm

Dic. '22–Enero '23

December / January

DDD Monday

Lunes
26

☽☌♄ 10:19 am v/c
☽→♓ 11:34 pm

♂♂♂ Tuesday

Martes
27

☉⚹☽ 9:23 am
☽□♂ 3:54 pm

☿☿☿ Wednesday

♓

Miércoles
28

♀⚹♆ 12:32 am
☽⚹♅ 1:02 am
☽☌♆ 2:05 pm
☽⚹♀ 3:25 pm
☽⚹♅ 4:43 pm
☽⚹♇ 10:20 pm v/c

♃♃♃ Thursday

♓
♈

Jueves
29

☿R 1:31 am
☽→♈ 2:36 am
☽☌♃ 4:11 am
☿☌♀ 5:58 am
☉□☽ 5:20 pm
☽⚹♂ 7:17 pm

Luna cuarto creciente en ♈ Aries 5:20 pm PST

♀♀♀ Friday

♈

Viernes
30

☉⚻♂ 3:21 pm
☽⚹♄ 6:52 pm
☽□☿ 10:00 pm

Barco plateado

Comprimida a un mes, nuestra historia
de 13.8 mil millones de años,
nos encuentra aquí
en una brizna plateada;
la oscuridad de la luna tan reciente,
aún no hemos notado el cambio.
¿Quién mirará hacia arriba?
¿Quién se subirá al barco plateado?

Esta fase de la historia humana
es un camino virgen
que aún no ha sido elaborado.
Podemos montar en la creciente luz.
Nosotres somos les que miramos arriba,
podemos subir al barco plateado.

We Cultivate Hope
(Cultivamos la esperanza)
© Katie Ree 2021

Oigo a nuestros descendientes
llamando por el tiempo,
pidiéndonos que volvamos
hacia la esperanza creciente,
suplicándonos a embarcar y evolucionar.
¿Miraremos hacia arriba?
¿Subiremos al barco plateado?

© Susa Silvermarie 2021

ꝏꝏ Saturday

♈
♉

Sábado
31

☽□♀ 2:59 am
☽□♇ 4:44 am v/c
☽→♉ 9:08 am
♀☌♇ 9:25 pm

☉☉☉ Sunday

♉

Domingo
1

Enero

☉△☽ 5:42 am
☽☌♅ 1:52 pm
☿⚹♆ 10:42 pm

Enero

sij(ečanj)

Luna

Dicen que es menos fuerte que el sol,
pero tiene su propia gravedad.
Vean como su tirón silencioso
jala a los océanos.
fragmento © Rachel Creager Ireland 2018

─── ☽☽☽ ponedjeljak ───

♉
♊

Lunes
2

☽□♄	4:15 am	♀→♒	6:09 pm
☽△♅	4:30 am	☽→♊	6:44 pm
☽⚹♆	4:53 am	☽△♀	6:48 pm
☉□♇	8:02 am	☽⚹♃	9:37 pm
☽△♇	2:16 pm v/c		

─── ♂♂♂ utorak ───

♊

Martes
3

☽♂♂ 11:47 am

─── ☿☿☿ srijeda ───

♊

Miércoles
4

♀⚹♃ 1:08 am
☽△♄ 3:54 pm
☽□♆ 4:07 pm v/c

─── ♃♃♃ četvrtak ───

♊
♋

Jueves
5

☽→♋ 6:15 am
☉△♅ 8:43 am
☽□♃ 9:50 am

─── ♀♀♀ petak ───

♋

Viernes
6

☽⚹♅ 12:30 pm
☉☍☽ 3:08 pm
☽☍♅ 5:36 pm

Luna llena en ♋ Cáncer 3:08 pm PST

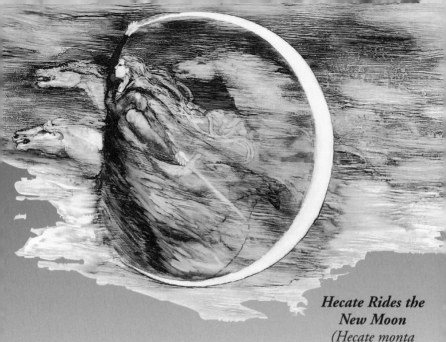

Hecate Rides the New Moon
(Hecate monta la luna nueva)
¤ *Diana Denslow 2021*

Luminosidad

Ella es la luna creciente, el arco,
elevándose y poniéndose en arcos perfectos,
enganchando el gran manto de la oscuridad,
tirándola a través del cielo letárgico.

fragmento © Megan Welti 2013

ꜰꜰꜰ subota

♋︎
♌︎

Sábado
7

☽△♆ 4:30 am
☉♂♉ 4:57 am
☽☍♇ 2:23 pm v/c
☽→♌ 6:40 pm
☽△♃ 11:00 pm

☉☉☉ nedjelja

♌︎

Domingo
8

☿PrH 12:34 am
☽ApG 1:20 am
☽☍♀ 8:52 am
☽⚹♂ 11:19 am
☿△♅ 3:23 pm

Enero
Poush

Starry Night (Noche estrella)

© Iakki Moore 2015

━━━))) sombar ━━━

♌

Lunes
9

☽□♅   1:02 am
♀△♂   7:22 am
☽☍♄   5:52 pm v/c

━━━ ♂♂♂ mongolbar ━━━

♌
♍

Martes
10

☽→♍   7:15 am
☽□♂ 11:36 pm

━━━ ☿☿☿ budhbar ━━━

♍

Miércoles
11

☿□♄ 12:49 am
☽△☿   6:58 am
☽△♅   1:17 pm

━━━ ♃♃♃ brihospotibar ━━━

♍
♎

Jueves
12

☉△☽   3:07 am
☽☍♆   5:21 am
♀⚹♄ 10:46 am
♂D   12:56 pm
☽△♇   3:06 pm v/c
☽→♎   6:56 pm

━━━ ♀♀♀ sukrobar ━━━

♎

Viernes
13

☽☍♃ 12:33 am
☉⚹♆   6:11 am
☽△♂ 10:46 am
☽□♄   1:55 pm
☽△♀   9:58 pm

━━━━━━━━━━━━━━━━━━━━━━━━━━━━━━

Todos los datos astrológicos están en PST; Añadir 3 horas a EST; Añadir 8 horas al GMT

Rayo de luz

La primera señal de la madre Luna—
un rayo de luz en contra del oscuro de la noche
y el trasfondo infinito.

Un ojo de la durmiente mujer salvaje aparece abierto como diciendo
"Todavía estoy aquí. No te has olvidado de mí, cierto?"

Abajo en la Tierra una ráfaga de acción comienza.
"Oh Divina Madre, oh amada,
por supuesto no nos hemos olvidado de ti;
¡Mira todo el trabajo que hemos estado haciendo!"

Mientras tanto, las mujeres sabias,
las que conocen sus ritmos, los de Ella
quienes la sienten como a su propio ser,
silenciosamente continúan el trabajo
que nunca ni por un instante han abandonado.

Constantes con su fe, ellas saben de su Presencia, visible o no.

"Encantadas de verte de nuevo Gran Madre", ellas susurran
mientras continúan su trabajo que es más importante que nunca
el de plantar, atender, amar, cantar, bailar y tejer
su líquida plateada luz, en cada hilo de existencia.

© Johanna Elise 2021

---

sonibar

♎ Sábado

14

☽△♄ 4:47 pm
♀□♅ 5:22 pm
☉□☽ 6:10 pm

Luna cuarto menguante en ♎ Libra 6:10 pm PST

---

robibar

♎
♏ Domingo

15

☽□♇ 12:39 am v/c
☽→♏ 4:08 am
☽✳♅ 7:47 pm

Néctar

Estamos desprotegides
aquí en el mundo moteado,
donde la oscuridad da tono a la luz
y todo lo que amamos
está en camino de convertirse
en todo lo que perdemos,

      metamorfosis incesante
      gira dentro de nosotres y alrededor de nosotres
      hasta que nos encontremos mareades con frenesí
      de este estar aquí,
      encarnades

Mientras tanto, afuera
el colibrí
roza el aire
con su pistón
de deseo
Su obvia necesidad del néctar
rompe mi dudoso corazón
abierto

      recuerdo algo
      de cuando yo sólo era luz
      cuando estaba mirando
      adentro de este mundo
      del que se encuentra afuera de él,
      mirando hacia abajo, escuchando,

Yo recuerdo escuchar risas
y deseando ese nuevo néctar,
sí, incluso con tanto siendo arrebatado
de nosotres, sí, aún con todo el dolor de aquello que termina

      Recuerdo: el mundo es lo que yo quería.

¤ *Emily Kedar 2021*

II. ATRÉVETE A TENER ESPERANZA

Luna II: enero 21–febrero 19

Sol en ♒ Acuario enero 20; Luna nueva en ♒ Acuario enero 21; Luna llena en ♌ Leo feb. 5

Hummingbird *(Colibrí)* © *Tamara Phillips 2016*

Enero
Mí Eanair

© Corinne "Bee Bop" Trujillo 2020

Distant *(Distante)*

ⅮⅮⅮ Dé Luain

 ♏

Lunes
16

☽☌♅ 7:17 am
☽□♀ 11:09 am
☽△♆ 9:47 pm
☿⚻♂ 10:30 pm
☽□♄ 11:27 pm

♂♂♂ Dé Máirt

♏
♐

Martes
17

☉⚹☽ 4:35 am
☽⚹♇ 6:27 am v/c
☽→♐ 9:33 am
☽△♃ 3:41 pm
☽☌♂ 11:39 pm

☿☿☿ Dé Céadaoin

 ♐

Miércoles
18

♅D 5:12 am
☉☌♇ 6:44 am
☽⚹♀ 7:05 pm

♃♃♃ Dé Ardaoin

♐
♑

Jueves
19

☽□♆ 12:17 am
☽⚹♄ 2:08 am v/c
☽→♑ 11:11 am
☽□♃ 5:29 pm

♀♀♀ Dé Haoine

 ♑

Viernes
20

☉→♒ 12:29 am
☽☌♅ 12:30 am
☽△♅ 10:54 am
☿⚻♂ 5:04 pm
♇ApH 7:19 pm

☉→♒

Sol en ♒ Acuario 12:29 am PST

Año 2023: Una mirada para ♒ Acuario (ene. 20–feb. 18)

Acuario, sé valiente a la hora de compartir tus talentos con los demás. Cuando te pronuncies y dejes saber al mundo lo que es importante para ti, las oportunidades llegarán. Debido a experiencias negativas y derrotas momentáneas del pasado, podrías estar temerosa de arriesgarte. La gente puede ser muy crítica y por eso has aprendido a ser más reservada y a morderte la lengua. A pesar de esos ojos críticos y susurros indiscretos, rétate a ser completa y auténticamente tú misma. Siempre habrá alguien que tiene algo negativo que decir sobre ti, sin tomar en cuenta lo espectacular que eres. No internalices palabras maliciosas y criticismo no constructivo, especialmente si previene que te expreses tal como eres. El mundo a tu alrededor se beneficiará con lo que tienes para ofrecer, tu esencia es una bendición.

Hacia el final del año, tus creencias, así como tus valores pueden ser retados. Sé buena contigo misma. Las influencias de este año ayudarán a tu creatividad si estás dispuesta a salir de tu zona de confort. Crea un espacio para sentir seguridad y serenidad; en los momentos de paz es cuando podemos despejar nuestra mente y centrarnos. Cuando logres centrarte, atrévete a ser valiente. La lección más útil que aprenderás este año será que el fracaso es temporal y renunciar es permanente. Sé tu mejor amiga este año y no renuncies a tus sueños, ellos son los que te hacen única.

Astrologer Six © Mother Tongue Ink 2022

ᚼᚼᚼ Dé Sathairn

♑
♒

Sábado
21

Imbolc lunar

☽✶♆ 12:01 am
☽☌♇ 7:52 am v/c
☽→♒ 10:29 am

☉☌☽ 12:53 pm
☽PrG 1:09 pm
☽✶♃ 5:08 pm

◎◎◎ Dé Domhnaigh

Luna nueva en ♒ Acuario 12:53 pm PST

♒

Domingo
22

☽△♂ 12:02 am
☽□♅ 9:49 am
♀☌♄ 2:13 pm
♅D 2:59 pm

Enero
January

 ))) Monday

Lunes
23

☾☌♄ 1:24 am
☾☌♀ 2:19 am v/c
☾→♓ 9:36 am
☾□♂ 11:56 pm

© Mojgan Abolhassani 2010

Light Workers *(Trabajadores de luz)*

♂♂♂ Tuesday

 ♓

Martes
24

☾⚹♉ 1:59 am
☾⚹♅ 9:43 am
☉⚹♃ 5:30 pm
☾☌♆ 11:42 pm

☿☿☿ Wednesday

 ♓
♈

Miércoles
25

☾⚹♇ 8:11 am v/c
☾→♈ 10:48 am
☾☌♃ 7:18 pm
☉⚹☾ 8:59 pm

♃♃♃ Thursday

 ♈

Jueves
26

☾⚹♂ 2:40 am
☾□♉ 7:08 am
♀→♓ 6:33 pm

♀♀♀ Friday

 ♈
♉

Viernes
27

☿□♄ 2:42 am
☾⚹♄ 7:13 am
☾□♇ 1:01 pm v/c
☾→♉ 3:42 pm
☾⚹♀ 5:56 pm

Poema 22

Este es el lugar donde no medimos el tiempo en segundos; medimos el tiempo en las lecciones. El día que aprendiste a atarte los zapatos. El día que aprendiste a rezar por tus enemigues. Todas estas lecciones envueltas en nuestra piel. El día que aprendimos que este mero cuerpo frágil, electrificado por un complejo de luz, es en verdad tan resistente como la tierra que crece y muere y crece y crece y muere y muere y nace de nuevo y crece para ver salir el sol nuevamente. Y otra vez. Y otra vez. La extinción masiva cíclica de la esperanza. Las noches más largas y oscuras, seguidas por tardes abiertas por la risa. Una llama doblada por el viento.

Esta es la tierra vibrante de peligro y valentía donde sólo podemos descubrir que somos milagros asombrosos y arriesgados, y cueste lo que cueste, equipades con una fé afilada y un apetito insaciable por el crecimiento y la gracia.

Este es el lugar donde medimos el tiempo en lecciones, cada carne herida una bendición—el caos empujándonos hacia un orden duradero, fortalecido por la sabiduría y el conocimiento—donde todo comienza con el perdón y termina en el amor pues es lo único que hay.

Aquí es donde vas a nacer.

Aquí es donde morirás.

Aquí es donde vas a nacer.

Aquí es donde aprenderás a volar.

fragmento © Lyla June 2018

ᕽᕽᕽ Saturday

♉ Sábado

28

⊙□☽ 7:19 am
☽△♀ 5:44 pm
☽☌♅ 7:37 pm

Luna cuarto creciente en ♉ Tauro 7:19 am PST

⊙⊙⊙ Sunday

♉ Domingo

29

☽⚹♆ 12:02 pm   ☿△♅ 6:16 pm
☽□♄ 4:03 pm   ☽△♇ 9:52 pm v/c
⊙△♂ 5:45 pm

Enero / Febrero
siječanj / veljača

————))) ponedjeljak ————

♉
♊

Lunes
30

☽→♊ 12:35 am
☽□♀ 9:24 am
☽✳♃ 12:01 pm
☽♂♂ 8:27 pm
☉△☽ 10:24 pm

———— ♂♂♂ utorak ————

♊

Martes
31

☽□♆ 11:21 pm

———— ☿☿☿ srijeda ————

♊
♋

Miércoles
1

Febrero

☽△♄ 3:58 am v/c
☉✳⚷ 11:26 am
☽→♋ 12:11 pm

———— ♃♃♃ četvrtak ————

♋

Jueves
2

Imbolc / Candelaria

☽□♃ 12:55 am
☽△♀ 4:15 am
☽✳♅ 6:27 pm

———— ♀♀♀ petak ————

♋

Viernes
3

☽☌♉ 4:09 am
☽△♆ 12:02 pm
☉□♅ 6:50 pm
☽☌♇ 10:19 pm v/c

Imbolc

Aquí estamos en el tiempo de la semilla, el tiempo de los sueños, buscando las grietas de luz que nos dicen que nos ensanchemos y crezcamos. Se nos invita a considerar esta posibilidad: ¿Y si no sucede nada malo? ¿Y si no existe un demasiado lento? ¿Y si viviésemos un milagro todos los días y sin tener que ganarlo?

A medida que comienzan, tentativos a surgir los primeros brotes de crecimiento, y presenciamos posibilidad de las primeras chispas; nuevas formas de ser, es posible que sintamos la necesidad de crear una larga lista de tareas que tenemos pendientes para un nuevo año. Resiste y siéntate, acurrúcate y espera. Desenvuelve lo que sea suficiente. No, a un nivel de hacerle demasiado pequeño, sino en cuanto al tipo "lo suficiente" que permite que nuestros corazones se expandan y nuestros hombros se relajen, permitiendo que la creatividad se ilumine y florezca la alegría; el tipo de "lo suficiente" que abre espacios en nuestras vidas para poder sostenernos y las semillas de nuestros sueños. La oscuridad y el silencio pueden contener ambas cosas, las chispas de nuestros sueños y las lumbres de nuestras esperanzas. Somos nuestres propies semillas de promesa.

Molly Remer © Mother Tongue Ink 2022

Alive Heart (*Corazón vivo*) © *Sigita Mockute (Psigidelia) 2021*

La Naturaleza del Riesgo

¡Qué valentía tiene el árbol cada año,
para volver a parir sus hojas,
sus flores de cerezo rosadas o sus delicados pétalos de cornejo,
sabiendo en días, semanas o meses,
que se marchitarán y caerán al suelo.
Así también el azafrán o el tulipán,
que lucha bajo el suelo helado,
independientemente de la posibilidad de nevadas de Primavera.
Incluso si se calienta, la gloria de su flor será
efímera.
Qué libertad para presentarse, compartir generosamente,
segura de su valor a la Tierra.
Ay, el poder ser así,
florecer sin miedo,
sin aferrarse a la longevidad,
ni exigir garantía,
Más bien ofreciendo lo mejor sin expectativas.

¤ *Patricia Soper 2017*

Petal Pirouette (*Pirueta de pétalos*)
© Serena Supplee 2004

Esperanza ¤ *Koco Collab 2021*

━━━ ꜜꜜꜜ subota ━━━

♋︎
♌︎

Sábado
4

☽→♌︎ 12:48 am
☽ApG 12:56 am
☽△♃ 2:34 pm
♀□♂ 7:29 pm
☽⚹♂ 11:35 pm

━━━ ☉☉☉ nedjelja ━━━

♌︎

Domingo
5

☽□♅ 7:08 am
☉☍☽ 10:28 am

Luna llena en ♌︎ Leo 10:28 am PST

LUNA II   45

Febrero
Magh

© Elizabeth Diamond Gabriel 2020

Bedtime Moon
(Luna de hora de acostarse)

───── ☽☽☽ sombar ─────

♌︎
♍︎   ## Lunes
6

☽☌♄   6:15 am v/c
☿⚹♆   10:26 am
☽→♍︎   1:14 pm

───── ♂♂♂ mongolbar ─────

♍︎   ## Martes
7

☽□♂   1:05 pm
☽☌♀   7:01 pm
☽△♅   7:16 pm
♀⚹♅   9:29 pm

───── ☿☿☿ budhbar ─────

♍︎ ## Miércoles
8

☽☌♆   12:40 pm
☽△☿   6:30 pm
☽△♇   10:40 pm v/c

───── ♃♃♃ brihospotibar ─────

♍︎
♎︎ ## Jueves
9

☽→♎︎   12:46 am
☽☌♃   4:02 pm

───── ♀♀♀ sukrobar ─────

♎︎ ## Viernes
10

☽△♂   1:25 am
☿☌♇   9:16 am
☉△☽   7:38 pm

Amor de madre

Sociedad sumida en el caos
récord de temperaturas en la superficie terrestre
especies con futuro incierto
linajes de guardianes de la sabiduría desapareciendo
humo y llamas envuelven el paisaje
sin embargo, de alguna manera en tus ojos
yo veo la inocencia de la humanidad
yo encuentro todas las galaxias en tu mirada
pureza absoluta encontrada con presencia absoluta
maravilla inmaculada y misterio en tu piel
Un desierto de territorio tierno
tu honestidad angelical
en tu presencia
mi corazón vive en una vasta extensión de bosques fértiles
yo recuerdo que todo decaerá,
una y otra vez
y todes a les que amo,
incluyéndonos a nosotres
morirán aún
Lo sé en lo más profundo de mí
este amor trascenderá cualquier temor

¤ *Tasha Zigerelli 2020*

ꗃꗃꗃ sonibar

Sábado

11

☿→♒ 3:22 am
☽△♄ 5:07 am
☽□♇ 8:41 am v/c

♂⚹♆ 10:02 am
☽→♏ 10:34 am
☽□☿ 11:27 am

☉☉☉ robibar

Domingo

12

☽☍♅ 2:42 pm

Bendición para un cauce de río

Querido río, que cumplas todas tus promesas.

Que apagues la sed de venados y coyotes, de personas y escarabajos. Que construyas bosques en tus orillas, alimentes pantanos donde los castores te cobijen. Que fluyas sin dirección, sin represas. Que profundices con truchas, con nutrias, con caracoles y con salmones, con sueños de pescadores-rey y huellas de zancudos acuáticos. Que alimentes gordos renacuajos en tus bolsillos, y que renueves la tierra.

Que los amantes y los poetas se regocijen junto a ti. Que aquelles agotades se bañen en ti y se levanten renovades. Que tu sonido sea la historia de cada persona. Que seas consuelo, que seas fé. Que laves el dolor de las ciudades mientras siempre permanezcas con pureza. Que seas un lugar de reunión, que seas adorado y que aquelles que te adoran cuiden tu cuerpo y te limpien de lo que no te pertenece. Que sus hijes encuentren y pierdan tesoros en tus remolinos derrumbados, chapoteen en tus aguas poco profundas y sueñen despiertes en tus profundidades, encontrando salamandras debajo de tus piedras y luego soltándolas suavemente donde las encontraron.

Que tu amor nos haga sagrades. Que seas la paz. Que ofrezcas los regalos que anhelas dar y que esos regalos sean honrados. Que seas sagrado, dondequiera que vayas.

Y porque eres un río, que fluyas hacia adelante, hacia afuera y hacia abajo, sin detenerte nunca a decir: estas cosas no son posibles.

Porque eres un río, y no tienes miedo a caer. Porque eres ese hilo irrompible, la cadena de agua entre el cielo y el mar. Porque sólo puedes ir hacia abajo, hacia ese único centro y nada, en última instancia, podrá detenerte jamás.

Querido río, ve y ve y sé nuestra libertad. Querido río, sé nuestro perdón. Querido río, Sé.

◻ *Mindi Meltz 2021*

Prayers for Turtle Island
(Oraciones para la Isla Tortuga)
© Dana Wheeles 2020

III. FLUIR Y REFLUJO

Luna III: febrero 19–marzo 21

Sol en ♓ Piscis febrero 18; Luna nueva en ♓ Piscis febrero 19; Luna llena en ♍ Virgo marzo 7

Yemaya © *Amy Haderer-Swagman 2010*

Febrero
Mí Feabhra

—— ᛞᛞᛞ Dé Luain ——

♏
♐
Lunes
13

☾△♀ 2:16 am
☾△♆ 6:48 am
☉□☾ 8:01 am
☾□♄ 12:53 pm
☾✶♇ 3:52 pm v/c
☾→♐ 5:31 pm

Shauna Crandall 2015

Wise Fish *(Pez sabio)*

—— ♂♂♂ Dé Máirt ——

Luna cuarto menguante en ♏ Escorpio 8:01 am

♐

Martes
14

☾✶☿ 12:39 am
☾△♃ 8:56 am
☾☍♂ 6:06 pm

—— ☿☿☿ Dé Céadaoin ——

♐
♑
Miércoles
15

♀☌♆ 4:25 am
☾□♆ 11:06 am
☾□♀ 11:43 am
☉✶☾ 4:03 pm
☾✶♄ 5:06 pm v/c
☾→♑ 8:59 pm

—— ♃♃♃ Dé Ardaoin ——

♑
Jueves
16

♄ApH 4:04 am
☉☌♄ 8:48 am
☾□♃ 12:10 pm
☾△♅ 9:55 pm

—— ♀♀♀ Dé Haoine ——

♑
♒
Viernes
17

☾✶♆ 12:16 pm
☾✶♀ 5:06 pm
☿✶♃ 6:13 pm
☾☌♇ 8:18 pm v/c
☾→♒ 9:34 pm

Año 2023: Una mirada para ♓ Piscis (feb. 18–mar. 20)

El trabajo duro viene con recompensas, asegúrate de tomarte un tiempo para disfrutar de tus ganancias. El año pasado desarrollaste un sentido más fuerte de valores personales. Tú eres el tipo de persona que pone atención y captas las diferentes narrativas que circulan en el mundo. Afortunadamente, esta naturaleza observadora resultará ser tu bendición durante 2023. Después de poner atención y estar más al tanto, empezarás a reconocer el tiempo preciso para pronunciarte y expresar tu verdad. Ser pionera y líder puede ser agotador, entonces sé justa contigo misma mientras trabajas para ser un agente de cambio en tu sociedad. Confía que hay gente en tu esquina que cree en ti y respaldará las ideas que tienes para contribuir. Tu ofreces una abundancia de sabiduría y tienes aliados leales que están dispuestos a tomar riegos contigo.

La cosa más perjudicial que puedes hacer este año es llevar una vida motivada por el miedo. La valentía no es un ejercicio fácil, requiere ser incansable y tener la voluntad de creer que lo imposible es posible. Al final del año, empezarás a acumular experiencias que te permitirán aprender por medio de ensayo y error. Piscis, no seas tu peor enemiga ni revivas los momentos de fracaso y decepción. Confía en que la mayoría sabe cómo se siente el fallar en las metas propuestas. Tu voluntad de seguir intentando por encima de los sentimientos de duda es lo que te traerá las recompensas más significativas.

Astrologer Six © Mother Tongue Ink 2022

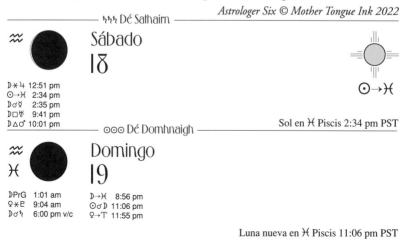

ᚼᚼᚼ Dé Sathairn

♒

Sábado
18

☽⚹♃ 12:51 pm
☉→♓ 2:34 pm
☽♂♉ 2:35 pm
☽□♅ 9:41 pm
☽△♂ 10:01 pm

Sol en ♓ Piscis 2:34 pm PST

⊙⊙⊙ Dé Domhnaigh

♒
♓

Domingo
19

☽PrG 1:01 am
♀⚹♇ 9:04 am
☽♂♄ 6:00 pm v/c

☽→♓ 8:56 pm
☉♂☽ 11:06 pm
♀→♈ 11:55 pm

Luna nueva en ♓ Piscis 11:06 pm PST

Febrero
February

Lluvia primaveral
el aire estaba denso con el olor de
polvo que se convierte en barro
que se convierte en arroyo
que se convierte en río
convirtiéndose en océano.
fragmento ¤ Geneva Toland 2020

☽☽☽ Monday

Lunes
20

☿⚹⚷ 8:59 am
☽⚹♅ 9:20 pm
☽□♂ 10:44 pm

♂♂♂ Tuesday

Martes
21

☽☌♆ 11:52 am
☿□♅ 2:22 pm
☽⚹♇ 8:05 pm v/c
☽→♈ 9:14 pm

☿☿☿ Wednesday

Miércoles
22

☽☌♀ 1:26 am
☿△♂ 12:14 pm
☽☌♃ 2:48 pm

♃♃♃ Thursday

Jueves
23

☽⚹♂ 1:44 am
☽⚹☿ 3:03 am
☽⚹♄ 10:06 pm
☽□♇ 11:22 pm v/c

♀♀♀ Friday

Viernes
24

☽→♉ 12:29 am
☉⚹☽ 11:02 am

Deep Waters (Aguas profundas) ¤ *Morgen Maier 2018*

ḫḫḫ Saturday

 ♉

Sábado
25

☽♂♅ 4:24 am
☽□♉ 4:16 pm
☽⚹♆ 9:15 pm

☉☉☉ Sunday

 ♉
♊

Domingo
26

☽□♄ 5:45 am
☽△♇ 6:42 am v/c
☽→♊ 7:48 am

Febrero / Marzo
veljača / ožujak

Lunes
27

⊙□☽ 12:05 am
☽⚹♀ 12:24 am
☽⚹♃ 6:08 am
☽♂♂ 8:20 pm

━━━━━━━━━━━ ♂♂♂ utorak ━━━━━━━

Luna cuarto creciente en ♊ Géminis 12:05 am PST

Martes
28

☽□♆ 7:46 am
☽△♅ 11:27 am
☽△♄ 5:07 pm v/c
☽→♋ 6:40 pm

━━━━━━━━━━ ☿☿☿ srijeda ━━━━━━━━━━

Miércoles
1

Marzo

⊙△☽ 5:10 pm
☽□♀ 6:50 pm
☽□♃ 7:04 pm
♀♂♃ 9:36 pm

━━━━━━━━━━ ♃♃♃ četvrtak ━━━━━━━━━━

Jueves
2

☽⚹♅ 2:03 am
♀♂♄ 6:34 am
♀→♓ 2:52 pm
☽△♆ 8:23 pm

━━━━━━━━━━ ♀♀♀ petak ━━━━━━━━━━

Viernes
3

☽☍♇ 6:22 am v/c
☽→♌ 7:16 am
♀♂♅ 9:48 am
☽ApG 10:03 am

━━━━━━━━━━━━━━━━━━━━━━━━━━━━━━

Canoa

La media luna creciente arroja una pequeña canoa sobre el agua. Ella está vacía, animada por olas de brisa. Nado hacia el lago de medianoche y trepo dentro de su nácar. Cojo un remo pintado con imágenes de peces y  pájaros. Ella me carga dentro de una sombra perfecta. Los copos de nieve a la luz de las estrellas nos rodean. Enfrento el miedo y la alegría en igual medida, mi vida honesta. Y en un minuto o un mes, cuando regrese a la orilla, todo lo que necesita sanar yace detrás de mí en una estela. Y ella navega hacia la plenitud llevando el peso de mis sueños.

© *Joanne M. Clarkson 2021*

Soul Journey *(Viaje del alma)* © *Eefje Jansen 2021*

ᚻᚻᚻ subota

♌ Sábado
4

☽△♃ 8:56 am
☽△♀ 2:28 pm
☽□♅ 2:53 pm

⊙⊙⊙ nedjelja

♌ ♍ Domingo
5

☽⚹♂ 1:26 am
☽☍♄ 7:18 pm v/c
☽→♍ 7:38 pm

Marzo

Falgun

□ *Brighdelynne Stewart 2003*

───── ☽☽☽ sombar ─────

♍ ○ Lunes
6

☉⚹♅ 5:42 am
☽☌♉ 8:32 am

Circles of Love
(Circulos de amor)

───── ♂♂♂ mongolbar ─────

♍ ○ Martes
7

☽△♅ 2:51 am
☉☍☽ 4:40 am
♄→♓ 5:34 am
☽□♂ 3:06 pm
☽☍♆ 8:39 pm

Luna llena en ♍ Virgo 4:40 am PST

───── ☿☿☿ budhbar ─────

♍
♎ ○ Miércoles
8

☽△♇ 6:07 am v/c
☽→♎ 6:44 am

───── ♃♃♃ brihospotibar ─────

♎ ◑ Jueves
9

☽☍♃ 9:27 am

───── ♀♀♀ sukrobar ─────

♎
♏ ◑ Viernes
10

☽☍♀ 1:06 am
☽△♂ 3:00 am
☽□♇ 3:36 pm v/c
☽→♏ 4:06 pm
☽△♄ 4:51 pm
☿ApH 5:14 pm

───────────────────────────────

TODOS LOS DATOS ASTROLÓGICOS ESTÁN EN PST; AÑADIR 3 HORAS A EST; AÑADIR 8 HORAS AL GMT

Celestial Whale (Ballena celestial)
© *Heidi Van Impe 2017*

¡Rápido, Plata!

Las mareas se hinchan en lugares que nunca he visto,
golpeando costas que nunca he tocado,
sin embargo, de alguna manera la misma luna me humedece.
Señora Luna, ¿está su ojo allí deslumbrante
únicamente para exponer nuestro anhelo inquieto,
o en la pena de plata silenciosa
lloras ante el desperdicio de la luz magnética?
Tú que tiras mares enteros sobre costas dormidas,
sobresaltando mejillones amodorrados,
con la esperanza de mostrar estrellas de mar solitarias perdidas
el urgente camino de fusión hacia la divinidad.

© *Terri Watrous Berry 2021*

───── ♄♄♄ sonibar ─────

♏ ☽ **Sábado**
11

♀⚹♂ 7:05 am
☿⚹♅ 1:04 pm
☽☍♀ 9:42 pm
♃☌♄ 10:52 pm
☽△♀ 11:07 pm

───── ☉☉☉ robibar ─────

♏ ☽ **Domingo**
12

☉△☽ 9:32 am
☽△♆ 3:18 pm
☽⚹♇ 11:58 pm v/c

Comienza el horario de verano 2:00 am PST

Marzo
Mí Márta

□ *Jiling Lin 2019*

Nourish *(Nutrir)*

─── ☽☽☽ Dé Luain ───

♏︎
♐︎

Lunes
13

☽→♐︎ 12:21 am
☽□♄ 1:33 am

─── ♂♂♂ Dé Máirt ───

♐︎

Martes
14

☽△♃ 2:56 am
☽□♅ 2:38 pm
♂□♆ 4:39 pm
☉□☽ 7:08 pm
☽□♆ 8:38 pm
☽☍♂ 8:45 pm

─── ☿☿☿ Dé Céadaoin ─── Luna cuarto menguante en ♐︎ Sagitario 7:08 pm PDT

♐︎
♑︎

Miércoles
15

☽△♀ 1:50 am v/c
☽→♑︎ 5:05 am
☽✶♄ 6:41 am
☉♂♆ 4:39 pm

─── ♃♃♃ Dé Ardaoin ───

♑︎

Jueves
16

☽□♃ 7:17 am   ♆ApH 2:01 pm
☽△♅ 8:21 am   ♀→♉︎ 3:34 pm
♅♂♆ 10:13 am   ☿□♂ 9:48 pm
☉□♂ 11:09 am   ☽✶♆ 11:26 pm
♀□♇ 12:58 pm

─── ♀♀♀ Dé Haoine ───

♑︎
♒︎

Viernes
17

☽✶♉︎ 1:27 am
☉✶☽ 1:37 am
☉♂♉︎ 3:44 am
☽♂♇ 7:13 am v/c
☽→♒︎ 7:25 am
☽□♀ 8:50 am
♀✶♄ 3:25 pm

─────────────────────────────

Todos los datos astrológicos están en PDT; Añadir 3 horas a EST; Añadir 7 horas al GMT

Agua de lluvia

Después de días de lluvia
arroyos frescos declaman desde el bosque
y los árboles se ríen.
Sin embargo, hay humildad, a medida que el agua
se desprende en las rocas de la orilla
y sus percebes de bellota adaptables.
Mientras otros lugares, países enteros, se agrietan y se desmoronan,
de alguna manera, aquí, un baño refrescante
cayendo, fluyendo, inundando el mar.
El aire lleno de un sonido relajante,
la marea y los pollos de agua milagrosos suministraron
con agua dulce.
Agua de lluvia.
Descansa encima de la solución salina.
para que puedan bañar sus plumas.
Un sistema diseñado para ellos, para su beneficio,
y para un planeta, y para el beneficio de un planeta.
Un reyezuelo posado en un salal oscilante
canta su descubrimiento de agua nueva.
Agua de lluvia. Que sabe
como el olor de los árboles.

¤ Christine Lowther 2020

─────────── ᚻᚻᚻ Dé Sathairn ───────────

≈ **Sábado**
18

☽✳♃	9:27 am	
☽□♅	9:50 am	
☿✳♇	8:24 am	
☿→♈	9:24 pm	

─────────── ☉☉☉ Dé Domhnaigh ───────────

≈
♓ **Domingo**
19

☽△♂	3:33 am	v/c
☽→♓	8:12 am	
☽PrG	8:16 am	
☽♂♄	10:28 am	
☽✳♀	1:54 pm	

Consejo de renovación

Deposita una ofrenda de tiempo a tus propios pies.
Reúne algunos indicios de deberes y restricciones
y construye una pira en la que quemar tu vergüenza.
Obsérvalo encenderse y alejarse en humo
y regresar a las flores.
Recoge algunas cañas de satisfacción y deleite
y teje una canasta de bendiciones
lo suficientemente fuerte como para contener
tanto los sueños y acciones.
Levanta tus dedos a tu frente y traza una luna creciente allí
lentamente como la noche.
Besa tus palmas y colócalas sobre tu vientre.
Susurra todo lo que necesites escuchar
y escucha lo que has olvidado.
Llama a tu espíritu de regreso de todos los lugares
en los que ha vagado,
invita a tus fragmentos a unirse
y verlos brillar
en un sagrado concilio de renovación
dentro de tu propio patio delantero.
Estáte atente a las aves.
Confía en el canto en tu piel.
Levanta tus manos al cielo y llama tu nombre al viento.
Cúbrete de restauración,
corónate de gracia,
deposita cuentas de coraje alrededor de tu cuello.
Inclina tu cabeza en entendimiento
así como caen los pétalos
alrededor de tus pies
y la miel gotea
entre tus dedos.
Iníciate tú a ti misme,
aquí ahora
y libre.

© Molly Remer 2021

Metamorphosis (Metamorfosis) © Tamara Phillips 2021

Marzo
March

♓

Lunes
20

☽⚹♅ 10:33 am
☉⚹♇ 1:12 pm
☉→♈ 2:24 pm

Equinoccio de primavera

☉→♈

Sol en ♈ Aries 2:24 pm PDT

♓
♈

Martes
21

☽♂♆ 1:20 am
☽□♂ 5:54 am
☽⚹♇ 8:58 am v/c
☽→♈ 9:01 am
☉♂☽ 10:23 am
☽♂♉ 6:34 pm

Luna nueva en ♈ Aries 10:23 am PDT

♈

Miércoles
22

☽♂♃ 1:17 pm

♈
♉

Jueves
23

♇→♒ 5:13 am
☽⚹♂ 10:13 am v/c
☽→♉ 11:42 am
☽□♇ 11:42 am
☽⚹♄ 2:57 pm

♉

Viernes
24

☽♂♀ 3:31 am
☽♂♅ 4:51 pm

Año 2023: Una mirada para ♈ Aries (marzo 20–abril 20)

Para ti este año se trata de aceptar nueva información. Adivina mi querida Aries: no lo sabes todo. Hay mucho más por descubrir y una abundancia de experiencias por vivir. Como a tu fogosa y refrescante energía le gusta, vas a pasar este año sumergiéndote en la inmensidad de lo desconocido. ¿Estás lista para sumergirte en nuevas experiencias y tomar riesgos incómodos? Por supuesto que lo estás; tú sabes que no eres el tipo de persona que se obsesiona con momentos insignificantes. Piensa en una mente despejada, tierras inexploradas. Te beneficiará desarrollar un sentido de coraje, aún si la mayoría de tu valentía sea falsa al principio. Ten en cuenta cuánto has avanzado, lo que significa que con el tiempo lograrás llegar aún más lejos. Trata de no voltear tu cara con repulsión cuando te encuentres con personas cuyos estilos de vida son diferentes a los tuyos. De hecho, te beneficiará si te tomas el tiempo para apreciar lo que les hace especiales. Deja que las diferencias de otros te enseñen acerca de ti misma y del mundo que te rodea.Este año puede que haya un cambio significativo en tus finanzas, entonces gasta con una mentalidad de manifestación. Mientras el año avanza, tus experiencias te enseñarán cómo utilizar lo que tienes para aportar. Ten fé en ti misma y pon atención a tus deseos subconscientes; con frecuencia son los hábitos reflejos y la necesidad de escapismo los que te llevan a la ruina. Como aprenderás al principio del año, deberás poner un límite a quien permites entrar en tu vida.

Astrologer Six © Mother Tongue Ink 2022

It's Spring Again (Es pimavera de nuevo) © KT InfiniteArt 2021

─── ♄♄♄ Saturday ───

♉
♊

Sábado
25

♂→♋ 4:45 am
♂⚹♇ 6:34 am
☽⚹♆ 9:19 am v/c

☽→♊ 5:41 pm
☽△♇ 5:46 pm
☽□♄ 9:38 pm

─── ☉☉☉ Sunday ───

♊

Domingo
26

☉⚹☽ 4:03 am
☿♂⚷ 11:58 am

Equinoccio de primavera

La primavera está repleta de nuevos comienzos y estallando de posibilidades. Escuchamos cepas de magia y hebras de misterio, que nos llaman a dar un paso, prestando atención a los pequeños y suaves misterios y la magia salvaje de donde nos encontramos presentes. Hay un avivamiento dentro de ti y somos llamades a la orilla del río, testigos de las aguas nacientes de la primavera. Arroyos que alguna vez fueron domesticados ahora saltan a sus orillas, cargan con furia a través de tierras colonizadas, trazando nuevas rutas y negándose a permanecer dentro de los límites. Nuestras lágrimas se inundan y unen al torrente de agua, que se derrama en el mar; inexorable es la llamada, insondable es la necesidad. Con todas nuestras fuerzas clamamos—a la memoria ancestral, el latido de la vida que corre por nuestras venas, a las aguas originales del útero. Ojalá que podamos saciar esta sed con tinturas de paciencia, acción, reverencia y justicia. Mojamos nuestras manos en la corriente fresca y ungimos nuestros vientres. A medida que tocamos nuestros cuerpos con dedos mojados, escuchamos cantos de ballenas en la distancia, estas vías de agua se encuentran conectadas con la próxima y la próxima y la siguiente y el futuro de cada una de ellas se entrelaza en ondas, burbujas y olas.

Molly Remer © Mother Tongue Ink 2022

Earth Prayer: Benediction
(Oración de la Tierra: Bendición) © Kay Kemp 2020

La ceremonia de envoltura

Nuestras mentes tienen dedos; hay tanto que pueden tocar. Nuestros corazones se llenan o chocan del impacto de lo que eligen. Algunos días son perros felices corriendo para olfatear lo mejor del día, o abejas revoloteando al próximo festival de néctar. A veces todos son dedos y pulgares y tienen que doblar la espalda.

Es una disciplina diaria elegir cuánto de la oscuridad del mundo tocamos y por qué. Podríamos estar incandescentes

Passage Between Worlds
(Conductos entre los mundos)
© LorrieArt 2019

con ira justa cada segundo de cada minuto de cada hora. Nuestro dolor colectivo podría elevar el nivel del mar de la noche a la mañana. Pero al enemigo jurado de la alegría, no podemos llevar el Ecocidio con nosotres en cada paseo a pesar de que gime y araña la puerta. Es la alegría también a la que estamos aquí para aprovechar. Es la celebración y la reverencia activa que nos dan energía, el coraje para hacer nuestra mayor diferencia. Por lo tanto, buscamos activamente la luz de esperanza. Nos escribimos a nosotres mismes un poema que resulta ser una ceremonia de envoltura. Nos envuelve en seda lavada con arena y las plumas de los gansos de Nieve.

Los antepasados nos alimentan con miel de brezo cruda de sus dedos y nos eliminan el problema de nuestras mentes. Descubrimos que estamos en los brazos de una osa en un refugio redondo como una yurta mongola cubierta con pesados tapices de todos los seres que alguna vez hemos amado, humanos y peludos. Los lobos aúllan sus canciones a través de la tundra de unos a otros y a nosotres. Una serpiente en la esquina espera mudar su piel con nosotres.

Nunca nos hemos sentido tan sostenides.

¤ *Debra Hall 2021*

Marzo / Abril

ožujak / travanj

Lunes
27

☽✶♅ 12:39 am
☽✶♃ 3:57 am
☽☐♆ 6:39 pm v/c
♅☌♃ 11:50 pm

Martes
28

☽→♋ 3:22 am
☽☌♂ 6:19 am
☽△♄ 8:03 am
☉☐☽ 7:32 pm

Luna cuarto creciente en ♋ Cáncer 7:32 pm

Miércoles
29

☽✶♀ 9:50 am
☽✶♅ 12:40 pm
☽☐♃ 4:34 pm
☽☐♅ 11:30 pm

Jueves
30

☽△♆ 6:45 am v/c
♂△♄ 12:03 pm
♀☌♅ 3:26 pm
☽→♌ 3:31 pm
☽☍♇ 3:46 pm

Viernes
31

☽ApG 4:17 am
☉△☽ 1:29 pm

TODOS LOS DATOS ASTROLÓGICOS ESTÁN EN PDT; AÑADIR 3 HORAS A EST; AÑADIR 7 HORAS AL GMT

La bruja en primavera

Espías hojas de artemisa emergentes, pálidas y suaves cuando atrapan gotas de lluvia, cada una tan redonda como la luna que se curva hacia el cielo. Todos los ingredientes para la magia están aquí:

Witch Apothecary *(Boticario de brujas)*
⌑ *Anne Jewett 2020*

las pequeñas cosas pasadas por alto

fuego dentro de tu aliento

aire fresco de primavera

y esa sensación en la parte posterior de la garganta cuando alguien puede ver a través de ti. Con la primavera llega el recuerdo que el hechizo de la artemisa es hacerte transparente—Ella puede ver el salvajismo debajo de tu piel, el poder que fluye a través de tu sangre. Le das la bienvenida de su viaje subterráneo a través del invierno, diciendo: *Ven, cuidemos el velo resplandeciente, bailemos mientras la luz de las estrellas nos arrastra de un rincón del cielo a otro; juntas invocaremos la lluvia y llamaremos la luna.*

© *Haley Neddermann 2021*

ħħħ subota

♌

Sábado

1

Abril

☽□♅ 1:30 am
☽□♀ 5:06 am
☽△♃ 6:25 am
☽△♀ 11:03 pm v/c

☉☉☉ nedjelja

♌
♍

Domingo

2

☽→♍ 3:57 am
☽☍ħ 9:44 am
☽⚹♂ 12:07 pm

Abril

Choitro

─── ⟩⟩⟩ sombar ───

  ## Lunes
3

☿→♉ 9:22 am
☿□♇ 11:55 am
☽△♅ 1:28 pm
☽△♀ 11:04 pm

─── ♂♂♂ mongolbar ───

  ## Martes
4

☽☍♆ 6:50 am v/c
☽→♎ 2:51 pm
☽△♇ 3:13 pm

─── ☿☿☿ budhbar ───

 ## Miércoles
5

☽□♂ 1:11 am
☿⚹♄ 9:21 am
☉☌⚷ 3:18 pm
⚷ApH 9:08 pm
☉☍☽ 9:34 pm

Luna llena en ♎ Libra 9:34 pm

─── ♃♃♃ brihospotibar ───

 ## Jueves
6

☽☍♃ 5:43 am v/c
☽→♏ 11:29 pm
☽□♇ 11:54 pm

─── ♀♀♀ sukrobar ───

 ## Viernes
7

☽△♄ 5:44 am
☽☍♅ 10:53 am
♀⚹♆ 10:58 am
☽△♂ 11:42 am
☿⚹♂ 11:28 pm

TODOS LOS DATOS ASTROLÓGICOS ESTÁN EN PDT; AÑADIR 3 HORAS A EST; AÑADIR 7 HORAS AL GMT

Mujeres viviendo solas

Cuando el mundo se desmorona
mujeres que viven solas
están listas para retumbar.
fiesta de baile en la cocina por la noche
destellan felicidad en el baño
durante el día
revolución en el barrio
éxtasis en nuestras propias camas
mucho tiempo para no hacer nada.
No estamos esperando a nadie
y podemos girar toda la noche
sin culpa ni presiones.
cuando suena una llamada cósmica
tomamos nuestras propias
formas de magia

Stardust *(Polvo de estrellas)*
¤ *D. Woodring–Portrait Priestess 2020*

volando a través del cielo y nos lanzamos
más allá de las expectativas nacidas de la carne
donde pocos se atreven a volar,
y cuando la persona desinformada
ve solo nuestra soledad
solo sonreímos y decimos con un guiño
"Ven, sé una de nosotras".

¤ *Stephanie A. Sellers 2021*

ካካካ sonibar

♏ ○ Sábado
♉

☽☌♅ 6:55 am
☽△♆ 10:50 pm

☉☉☉ robibar

♏ ◑ Domingo
♐ 9

☽☌♀ 2:09 am v/c
☽→♐ 5:56 am
☽✶♇ 6:23 am
☽□♄ 12:21 pm

Abril

Mí Aibreán

Chispa

Emergimos de robledales milenarios
y de debajo de los brazos
de sombrías ramas de sauces.
nuestras voces se hacen más fuertes
a medida que cantamos y
conjuramos y chispeamos
a la luz de la luna de peltre.

fragmento ⌑ Tonya J. Cunningham 2021

———))) Dé Luain ———

Lunes
10

⊙△☽ 6:48 pm
☽△♃ 7:55 pm
♀→♊ 9:47 pm

——— ♂♂♂ Dé Máirt ———

Martes
11

♀△♇ 3:14 am
☽□♆ 3:48 am v/c
☽→♑ 10:33 am
⊙♂♃ 3:07 pm
☽✱♄ 5:08 pm

——— ☿☿☿ Dé Céadaoin ———

Miércoles
12

☽☍♂ 2:03 am
☽△☿ 6:35 am
☽△♅ 4:24 pm

——— ♃♃♃ Dé Ardaoin ———

Jueves
13

☽□♃ 12:19 am
⊙□☽ 2:11 am
☽✱♆ 7:14 am v/c
♃ApH 7:34 am
☽→♒ 1:42 pm
☽♂♇ 2:11 pm
☽△♀ 7:23 pm

——— ♀♀♀ Dé Haoine ———   Luna cuarto menguante en ♑ Capricornio 2:11 am

Viernes
14

♀□♄ 9:38 am
☽□☿ 12:16 pm
☽□♅ 7:07 pm

Clann (Clan) © Brigidina 2011

♒︎
♓︎

Sábado
15

D⚹♃ 3:36 am
☉⚹D 8:16 am v/c
D→♓︎ 3:57 pm
DPrG 7:18 pm
D☌♄ 10:57 pm

♓︎

Domingo
16

D□♀ 1:58 am
D△♂ 10:48 am
D⚹♉︎ 4:24 pm
D⚹♅ 9:25 pm

Añorando conectar

En las profundidades
de un trance global de miedo,
añoramos conectarnos.
Creamos un círculo de sensatez,
preguntándonos:
¿Qué es en realidad lo que deseo
comunicar, comunicar, comunicar?

Despatologizamos nuestro lenguaje.
Nos levantamos
a una visión más allá de las polaridades.
Optimizamos nuestro diálogo interior.
Nos escuchamos declarar:
Yo soy parte de hacer
una conciencia global del amor.

Añorando por conectar,
remediamos el miedo.
Lo dejamos ir, lo dejamos ir
exhalando. No una sola vez,
sino cada vez que se levante.
Con nuestra presencia, juntos,
creamos un espacio para el cambio.
© Susa Silvermarie 20.

Reflecting *(Reflexionando)*
© Jakki Moore 2021

V. UN RESPLANDOR DE AMOR

Luna V: abril 19–mayo 19

Luna nueva en ♈ Aries abril 19; Sol en ♉ Tauro abril 20; Luna llena en ♏ Escorpio mayo 5

Heart to Heart (*De corazón a corazón*) © Suzanne Grace Michell 2020

Abril

April

Lunes
17

ⅅ☌♆ 11:57 am v/c
ⅅ→♈ 6:09 pm
ⅅ⚹♇ 6:41 pm

Martes
18

ⅅ⚹♀ 8:46 am
ⅅ□♂ 3:16 pm

♈
♉

Miércoles
19

ⅅ☌♃ 10:27 am
☉☌ⅅ 9:12 pm v/c
ⅅ→♉ 9:30 pm
ⅅ□♇ 10:04 pm

Eclipse total solar 9:16 pm PDT
Luna nueva en ♈ Aries 9:12 pm PDT

♉

Jueves
20

☉→♉ 1:13 am
ⅅ⚹♄ 5:30 am
☉□♇ 9:27 am
ⅅ⚹♂ 9:36 pm

☉→♉

Sol en Tauro 1:13 am PDT

♉

Viernes
21

ⅅ☌♉ 1:05 am
☿R 1:35 am
ⅅ☌♅ 5:09 am
ⅅ⚹♆ 8:41 pm v/c

*Eclipse visible en SE Asia, E Indios, Australia, Océanos Pacífico y Indio, Filipinas y Nueva Zelanda

Año 2023: Una mirada para ♉ Tauro (abril 20–mayo 21)

Nadie quiere ser como los ciervos inmóviles antes la luz de los faros—paralizarse ante experiencias peligrosas resulta absurdo. En situaciones que pueden ser perjudiciales para nuestra salud, nuestra mente lógica quiere creer que podemos hacer algo para cambiar nuestras circunstancias. Afortunadamente para ti, este año traerá una multitud de instancias que te retarán a confiar más en tus instintos. La vida es una de las mejores maestras. Como les niñes, somos ignorantes de lo que no sabemos y hace falta voluntad para disfrutar de nuevas experiencias que desarrollen nuestro intelecto. Al principio del año, tu misión será profundizar tu entendimiento acerca de tus impulsos subconscientes. Mantener un diario de sueños te ayudará a entender mejor tu intuición. Escribe tus ideas cuando te despiertes o si no podrías perder información importante. Este año, tu propósito será entender mejor lo que tienes para aportar al mundo. ¿Qué cualidades y talentos tienes que te hacen brillar y sobresalir? Pon atención a los escalofríos que recorren tu espalda en momentos fortuitos de realización.—Ahí es cuando tu intuición te habla de la manera más clara. Cuando el año llegue a la temporada de Libra, tu búsqueda cambiará de un autodescubrimiento subconsciente a uno consciente. Tu imaginación será retada al final del año. El conocimiento es poder y tu habilidad de enfocar la atención en tu mente, cuerpo y espíritu te dotará de la fortaleza más importante que una persona puede tener.

Astrologer Six © Mother Tongue Ink 2022

♄♄♄ Saturday

♉
♊ ⬤

Sábado
22

☽→♊ 3:11 am
☽△♇ 3:49 am
☽□♄ 12:00 pm

To See (A ver)
© Eefje Jansen 2021

☉☉☉ Sunday

♊ ⬤

Domingo
23

☽☌♀ 5:43 am
☿⚹♂ 8:19 pm

Abril

travanj

— ☽☽☽ ponedjeljak —

♊
♋

Lunes
24

☽✶♃ 1:48 am
☽□♆ 5:15 am v/c
☽→♋ 11:58 am
☉✶☽ 9:10 pm
☽△♄ 9:40 pm

The Hunter (La cazadora) © Janey Brims 2017

— ♂♂♂ utorak —

♋

Martes
25

☉✶♄ 3:48 am
☽✶♉ 4:47 pm
♀✶⚷ 4:50 pm
☽♂♂ 8:08 pm
☽✶♅ 11:45 pm

— ☿☿☿ srijeda —

♋
♌

Miércoles
26

☽□♃ 2:09 pm
☽△♆ 4:41 pm v/c
☽→♌ 11:30 pm

— ♃♃♃ četvrtak —

♌

Jueves
27

☽☌♇ 12:13 am
♂□⚷ 6:34 am
☉□☽ 2:20 pm
☽ApG 11:38 pm

Luna cuarto creciente en ♌ Leo 2:20 pm PDT

— ♀♀♀ petak —

♌

Viernes
28

☽□♉ 2:44 am
☽□♅ 12:26 pm
☽✶♀ 4:42 pm

Cómo abrazar un árbol de álamo
mientras estas rodeada de incendios forestales

Presiona tu corazón de tambor palpitante directamente en su corteza
deja que tus senos caigan a sus lados,
dejando al descubierto el hueso contra su piel.

Inhalándol, hasta lo bajo de los dedos de tus pies
exhala por encima de su cuerpo para que reconozca tu esencia.
En latido de corazón. En aliento.

Agárrate fuerte. Pide perdón
Ofrece tu gratitud   por la belleza de la sombra oxígeno que te refugia
Di ayúdame.   Di gracias.

Aun agarrándote fuerte.   Escucha
amplía tu mirada hacia el bosque que los rodea a ambos
deja que todo suceda, recibe. Siente todas sus esencias fluir
hacia tu corazón
tu hermoso y añorante corazón

Deja que la canción de la mañana se derrame en ti,
y canta.   Canta.

Sabrá cuando estés liste para seguir adelante
tus manos, pecho y mejillas estarán
cubiertas de polvo de álamo
no lo te lo sacudas.   Sigue cantando.

Deja la arboleda de álamos como una bailarina kabuki
cubierta de polvo blanco.

¤ *Oak Chezar 2020*

ꑕꑕꑕ subota

♌
♍
Sábado
29

☽△♃ 3:53 am v/c
☽→♍ 11:59 am
♂⚹♇ 1:04 pm
☽☍♄ 10:41 pm

---

ooo nedjelja

♍
Domingo
30

☉△☽ 7:59 am
☽△♉ 12:05 pm

Mayo
Boishakh

♍︎
♎︎

Lunes
1

Beltane

☽△♅ 12:38 am
☽✶♂ 2:08 am
♇R 10:09 am
☽□♀ 10:31 am

☉♂♉ 4:27 pm
☽♂♆ 4:53 pm v/c
☽→♎ 11:09 pm
☽△♇ 11:51 pm

♎︎

Martes
2

Sin aspectos exactos

♎︎

Miércoles
3

☽□♂ 2:10 pm

♎︎
♏︎

Jueves
4

☽△♀ 12:54 am
☽♂♃ 2:17 am v/c
☿PrH 6:58 am
☽→♏ 7:32 am

☽□♇ 8:12 am
♀□♆ 10:40 am
☽△♄ 5:53 pm
♀✶♃ 9:03 pm

♏︎

Viernes
5

Beltane lunar

☽♂♉ 12:15 am
☉♂☽ 10:34 am
☽♂♅ 5:13 pm
☽△♂ 10:51 pm

Eclipse lunar penumbral 10:22 am PDT
Luna llena en ♏ Escorpio 10:34 am PDT

*Eclipse visible en Asia, África, Austalia, Pacífico e Indico

Beltane

Mientras bailamos en el prado, las flores se enredan en nuestras cabezas, el tamborileo se escucha en nuestros oídos, y sentimos la telaraña temblorosa de millares de hilos finos entrelazados contigo y conmigo. Enviamos amor a la amenazada biodiversidad de nuestra amada tierra. Las mariposas menguantes y los anfibios nos advierten a través de sus pieles finas que cambiemos nuestros caminos. Ahora no es el momento de la apatía o el arrepentimiento, no es el momento de lamentarse por el dolor. Es hora de tener pies rápidos y dedos suaves. Es hora de abrir nuestros corazones y lágrimas salvajes. Es hora de que el deleite y la determinación se vuelvan a unir, y con los ojos abiertos, ver dónde estamos y lo que aún se puede hacer.

Iniciamos—como el cuervo que se atreve a picotear lo que nos confina, saliendo del caparazón, persistente en nuestro saber. Comenzamos como la serpiente, notando la presión que ya no nos conviene, extendiéndonos más allá de nuestros bordes hasta que nos despojamos de nuestra piel y renacemos. Comenzamos con una sonrisa, con lágrimas, con sangre y posibilidades, comenzamos escuchando los susurros de nuestra inherente capacidad de elevarnos.

Molly Remer © Mother Tongue Ink 2022

Michif Horse Women (Yegua Mujeres Michif)
© Leah Marie Dorion 2012

El gran experimento

¿Y si el amor
realmente fuera suficiente,
si de alguna manera
este fuera el último
gran experimento realizado
por la científica
de renombre mundial
ella misma, Madame Amor? ¿Y si
ella ofreciera su propia vida
al hacer pruebas
de los pequeños patrones
que sólo ella
ha sido entrenada a observar?
¿Y si ella estuviera en el
internet y apareciera
como un anuncio
para obtener tus datos,
pero en cambio, te robó
tu corazón, y tú pones
abajo tu teléfono, cierras tu
computadora portátil, y lloras?

Sí, cuando eso suceda,
tú sabrás que tu corazón
ha sido pirateado por
la chica mejor codificadora
del mundo
¿Y qué, si el fuego que sientes,
cuando un día siga siendo sólo
otro día y la mierda
siga siendo real y realmente
desastrosa y ninguna cantidad
de limpieza profunda y de
Marie Kondo la hará desaparecer?
El amor también se encuentra ahí
avivando el fuego contigo.
Ella hace una gran
hoguera. Ella dice tíralo
todo adentro, el hambre y
el miedo, la ira y la injusticia,
la compasión y el luto,
la necesidad de hacer hacer hacer
algo, cualquier cosa,
ahora que tu necesidad de
huir te ha sido
arrebatada, y
la hoguera es enorme, y
las llamas se pueden ver
desde el espacio exterior, pero
más importante aún,
es que pueden ser vistas
aquí. Y aquí y aquí
y aquí . . .

fragmento ¤ Cassie Premo Steele 2020

Genesis Mandala (*Mándala génesis*)
© Elspeth McLean 2012

Beauty in Bold *(Belleza en audacia)* ◻ *Tara deForest Hansen 2019*

‍ꖎꖎꖎ sonibar

♏ ⟨○⟩ Sábado
♐   6

☽△♆ 7:38 am v/c
☽→♐ 1:04 pm
☽⚹♇ 1:41 pm
☽□♄ 11:12 pm

⊙⊙⊙ robibar

♐ ⟨○⟩ Domingo
     7

♀→♋ 7:24 am
♀⚺♇ 3:10 pm

Mayo
Mí Bealtaine

♐
♑

Lunes
8

☽□♆ 11:22 am
☽△♃ 1:28 pm v/c
☽→♑ 4:33 pm
☽☍♀ 7:20 pm

Un resplandor de amor
Este es el mayor acto de poder
que yo he llegado a conocer:
El ser activista de la alegría
Un faro de gracia
Un resplandor de amor
fragmento © Nell Aurelia 2021

———— ♂♂♂ Dé Máirt ————

♑

Martes
9

☽⚹♄ 2:38 am
☽△♅ 4:28 am
☉♂♅ 12:56 pm
♅ApH 8:36 pm

———— ☿☿☿ Dé Céadaoin ————

♑
♒

Miércoles
10

☽△♅ 12:32 am
☉△☽ 1:20 am
☽☍♂ 9:38 am
☽⚹♆ 2:03 pm

☽□♃ 4:52 pm v/c
☽→♒ 7:05 pm
☽♂♇ 7:40 pm
☽PrG 10:08 pm

———— ♃♃♃ Dé Ardaoin ————

♒

Jueves
11

☽□♅ 5:45 am

———— ♀♀♀ Dé Haoine ————

♒
♓

Viernes
12

☿⚹♄ 1:40 am
☽□♅ 3:12 am
☉□☽ 7:28 am
☿⚹♀ 7:44 pm
☽⚹♃ 8:15 pm v/c
☽→♓ 9:39 pm
♀△♄ 11:57 pm

Luna cuarto menguante en ♒ Acuario 7:28 am

TODOS LOS DATOS ASTROLÓGICOS ESTÁN EN PDT; AÑADIR 3 HORAS A EST; AÑADIR 7 HORAS AL GMT

Yo te reto

Yo te reto—a que me asombres fuera de mi travesía
de sueños seguros y lejos de mi mapa de cómo vivirlos
llévame al precipicio con los dedos de los pies besando el aire
con las plantas de los pies
desabróchame con gentil deleite en lo que ves que soy,
con piel de foca tendida sobre la roca
te reto—a que rompas mi normalidad
con un cielo volcánico al anochecer.
Y despiértame a la sombra de la luna sacudiéndome la piel
te reto—a deslizarte bajo mis cercas y probar en la oscuridad,
mientras tus ojos se adaptan a formas desconocidas,
hasta que te atrevas a encender tu antorcha iluminando el inframundo
te reto—a bailar con los monstruos que encuentres en el armario
y servir el té con el cangrejo que vive dentro de la cueva
te reto—a que envuelvas mi cuerpo desnudo,
en aliento calentado por la pasión y añoranza,
hasta que, gateando, salga de mi propia piel
con alas de mariposa rompiendo la niebla con el vuelo
te reto—a que me despiertes
cantándome vive y pronunciando mi nombre en sílabas y besos
hasta que esté completamente desenvuelte y renazca
yo te reto—a ver lo que pasa
sólo, no te olvides que mi piel de foca es mía,
y volveré

□ Monika Denise 2020

───── ᚻᚻᚻ Dé Sathairn ─────

♓︎

Sábado
13

☽⚹♉ 7:43 am
☽☌♄ 8:12 am
☽△♀ 8:50 am

───── ☉☉☉ Dé Domhnaigh ─────

♓︎

Domingo
14

☽⚹♅ 6:22 am
☉⚹☽ 2:17 pm
☽△♂ 7:30 pm
☽☌♆ 7:56 pm v/c
♉D 8:17 pm

Yo trabajo por la tierra

no porque los animales y las plantas
no tengan voces,
sino porque no escuchamos,

yo escribo cartas
y libros
con pinturas y poemas—

no porque no tengan voces
sino porque las raíces necesitan suelos,

y todos nosotres tenemos raíces —
        animales y plantas, tú y yo
(*mis* raíces necesitan *este* suelo)

y no escuchamos,
      o eso escuché,
          pero estoy pintando
             y escribiendo
                y deseando.

Oh, el poder de la esperanza.
      de la palabra—
el poder de las pinturas y poemas y corazones.

             ¤ *lisa kemmerer 2021*

VI. ESCUCHA. LA MUSA HABLA

Luna VI: mayo 19–junio 17

Luna nueva en ♉ Tauro mayo 19; Sol en ♊ Géminis mayo 21; Luna llena en ♐ Sagitario junio 3

Passing Around Moon Light Energy from the Same Fleece
(Pasando alrededor de la energía de luz de luna con la misma lana)
© Sandy Bot-Miller 2016

Mayo
May

Frida Kahlo □ Corinne "Bee Bop" Trujillo 2020

ⅮⅮⅮ Monday

♓
♈

Lunes
15

☽→♈ 12:56 am
☽⚹♇ 1:29 am
♂△♆ 6:44 am
☽□♀ 4:41 pm

♂♂♂ Tuesday

♈

Martes
16

♃→♉ 10:20 am

☿☿☿ Wednesday

♈
♉

Miércoles
17

☽□♂ 2:10 am v/c
☽→♉ 5:27 am
☽♂♃ 5:47 am
☽□♇ 6:00 am
☽♂☿ 4:27 pm
☽⚹♄ 4:57 pm
♃□♇ 6:11 pm

♃♃♃ Thursday

♉

Jueves
18

☉⚹♆ 1:59 am
☽⚹♀ 2:18 am
☽♂♅ 4:28 pm
☿⚹♄ 11:37 pm

♀♀♀ Friday

♉
♊

Viernes
19

☽⚹♆ 6:39 am
☉♂☽ 8:53 am
☽⚹♂ 10:51 am v/c
☽→♊ 11:48 am
☽△♇ 12:20 pm
☽□♄ 11:58 pm

Luna nueva en ♉ Tauro 8:53 am PDT

TODOS LOS DATOS ASTROLÓGICOS ESTÁN EN PDT; AÑADIR 3 HORAS A EST; AÑADIR 7 HORAS AL GMT

Año 2023: Una mirada para ♊ Géminis (mayo 21–junio 21)

¿Estás lista para hacer nuevas amistades? ¡Por supuesto que lo estás! No pienses demasiado en el proceso de salir hacia fuera y exponerte, Géminis. Este año te va a dar la oportunidad de expandir tus círculos; todo lo que tienes que hacer es estar dispuesta a comunicarte. Debido a que tu planeta regente es Mercurio, eso no será un problema para ti. La clave para este año es no extralimitarse. Tú eres humana de carne y hueso, sudor y lágrimas, sentimientos y emociones. Es importante que honres el intercambio energético que ocurre cuando abres la boca y compartes tus ideas. Debes respetarte y reconocer cuando parar y descansar para evitar el agotamiento. Únete a grupos virtuales, conéctate con comunidades religiosas, espirituales o activistas, mantente en contacto con amistades — estas son estrategias prácticas para conectarte con los demás lo cual será beneficioso durante el transcurso del año. Para mantenerte enfocada será extremadamente útil tener tus objetivos en mente. A medida que envejecemos, se nos hace más difícil el permitirnos soñar. La vida, las responsabilidades y la mortalidad tienden a nublar nuestra imaginación. Haz un inventario de tus superpoderes y limitaciones. Con una idea clara de quién eres, puedes permitirte el espacio para soñar de una manera práctica. ¿Cuáles son esos pequeños objetivos que te gustaría alcanzar este año? La acción de manifestar es un proceso largo, sin embargo, eso no significa que sea imposible. Tener confianza te abrirá puertas y las oportunidades te caerán del cielo cuando te proyectes con una autoestima alta.

Astrologer Six © Mother Tongue Ink 2022

ħħħ Saturday

♊ **Sábado**
20

♂→♌ 8:31 am
♂☍♇ 8:12 pm

The Healer, Side #2
(La sanadora, lado #2)
© *Verlena Lisa Johnson 2021*

☉☉☉ Sunday

♊
♋ **Domingo**
21

☉→♊ 12:09 am
☉△♇ 6:58 am
☽□♅ 3:12 pm v/c

☽→♋ 8:28 pm
☽✳♃ 10:54 pm
☉✳♂ 10:56 pm

Sol en ♊ Géminis 12:09 am PDT

Mayo
svibanj

Lunes
22

☽△♄ 9:24 am
☽⚹☿ 12:07 pm
♂□♃ 10:13 pm

Martes
23

☽♂♀ 5:45 am
☽⚹♅ 11:07 am

Miércoles
24

☽△♆ 2:12 am v/c
☽→♌ 7:35 am
☽☍♇ 8:04 am
☽□♃ 11:13 am
☽♂♂ 12:21 pm
☉⚹☽ 2:31 pm
♀□♅ 4:39 pm

Jueves
25

☽□☿ 3:11 am
☽ApG 6:30 pm
☽□♅ 11:38 pm v/c

Viernes
26

♀⚹♅ 12:37 am
☽→♍ 8:05 pm

Cuando ella baila

Ella es pluma de pavo real y cacatúa
Ella es miel goteando del panal
Ella es un búfalo de agua plantando sus pies
Ella es todo el bosque balanceándose

Ella es el pulso en espiral del humo
Ella es la ola que embosca la orilla
Ella es un glaciar que truena en la bahía
Ella es todo el bosque cayendo

Ella es el temblor profundo
        en la garganta de la rana
Ella es polen subiendo como niebla
Ella es la llama de una vela sobre el agua
Ella es todo el bosque cantando

© *Jennifer Highland 2015*

**Dancing with
the Wind**
(Bailando con el viento)
© *Karen Russo 2014*

ᚺᚺᚺ subota

♍ Sábado
27

☽△♃ 12:53 am
☉□☽ 8:22 am
☽☌♀ 9:53 am
☽△♅ 8:07 pm

Luna cuarto creciente en ♍ Virgo 8:22 am PDT

☉☉☉ nedjelja

♍ Domingo
28

☉□♄ 3:46 am
☽△♅ 12:12 pm
☽⚹♀ 5:19 pm

Mayo / Junio

Boishakh / Joishtho))) sombar ⏤

♍
♎

Lunes
29

D ☌ Ψ 2:46 am v/c
D → ♎ 7:50 am
D △ ♇ 8:12 am
D ✶ ♂ 6:21 pm

⏤ ♂♂♂ mongolbar ⏤

♎

Martes
30

☉ △ D 12:38 am

⏤ ☿☿☿ budhbar ⏤

♎
♏

Miércoles
31

D □ ♀ 7:53 am v/c
D → ♏ 4:45 pm
D □ ♇ 5:02 pm
D ☌ ♃ 11:03 pm

⏤ ♃♃♃ brihospotibar ⏤

♏

Jueves
1

Junio

D □ ♂ 5:11 am
D △ ♄ 5:29 am
♂ ⚻ ♄ 12:31 pm
D ☌ ⛢ 11:52 pm

⏤ ♀♀♀ sukrobar ⏤

♏
♐

Viernes
2

D ☌ ⛢ 5:10 am
♀ △ Ψ 3:42 pm
D △ Ψ 5:42 pm
D △ ♀ 5:51 pm v/c
D → ♐ 10:03 pm
D ✶ ♇ 10:16 pm

⏤⏤⏤⏤⏤⏤⏤⏤⏤⏤⏤⏤⏤⏤⏤⏤⏤⏤⏤⏤⏤⏤⏤⏤⏤⏤⏤⏤

Faith (Fe) © *Natasza Zurek 2020*

♐

Sábado
3

☽□♄ 10:07 am
☽△♂ 11:59 am
☉☍☽ 8:42 pm

Luna llena en ♐ Sagitario 8:42 pm PDT

♐

Domingo
4

☿☌♅ 12:49 pm
☽□♆ 8:24 pm v/c

Junio
Mí Meitheamh

———— ☽☽☽ Dé Luain ————

♐
♑

Lunes
5

D→♑ 12:31 am
♀→♌ 6:46 am
D△♃ 7:44 am
♀♂♇ 9:05 am
D⚹♄ 12:11 pm

———— ♂♂♂ Dé Máirt ————

♑

Martes
6

D△♅ 10:10 am
D△♀ 2:34 pm
DPrG 4:17 pm
D⚹♆ 9:39 pm v/c

———— ☿☿☿ Dé Céadaoin ————

♑
♒

Miércoles
7

D→♒ 1:41 am
D♂♇ 1:48 am
D♂♀ 4:39 am
D□♃ 9:34 am
D♂♂ 7:11 pm

———— ♃♃♃ Dé Ardaoin ————

♒

Jueves
8

☉△D 6:29 am
D□♅ 11:37 am
D□♀ 9:24 pm v/c

———— ♀♀♀ Dé Haoine ————

♒
♓

Viernes
9

D→♓ 3:14 am
D⚹♃ 12:02 pm
☿⚹♆ 2:14 pm
D♂♄ 3:15 pm

Arcilla y plata

Hija de alfarera, crecí aprendiendo la rueda,
    insignia de la Tierra. Mis palmas se convirtieron en herramientas
        de ambas cosas: fricciones y caricias.
Formamos tazas y cuencos, platos y teteras.

Buscamos las riberas de los ríos, cavando en busca de lo perfecto
maleabilidad de la arena y la arcilla.
Estudiamos qué campos aprovechaban mejor el sol.
Apreciamos el agua, llegando a comprender
la naturaleza sagrada de su equilibrio.

Mi madre me enseñó que no todas las esferas
    son iguales. Hay un arte en el círculo.
Calculamos nuestra artesanía con la de la revelación
    de la luna. Podríamos darle forma a
      una taza o plato útil
cuando ella estaba menguante o llena.

Pero nuestros mejores jarrones, nuestros bordes más delgados y fuertes,
ocurrieron bajo la delicada luna creciente,
esa curva perfecta cuando la plata sostiene el futuro
tanto dentro de sí misma como del mundo.

© Joanne M. Clarkson 2021

ᚻᚻᚻ Dé Sathairn ────────────────

♓   ## Sábado
     # 10

☉⚹♇ 12:06 am
☉□☽ 12:31 pm
☽⚹♅ 2:21 pm

─────── ☉☉☉ Dé Domhnaigh ───── Luna cuarto menguante in ♓ Piscis 12:31 pm

♓   ## Domingo
♈   # 11

☽☌♆ 2:09 am   ☽→♈ 6:20 am
♇→♑ 2:47 am   ☽⚹☿ 6:43 am
☿△♇ 3:26 am   ♀□♃ 8:39 am
☿→♊ 3:26 am   ☽△♀ 4:40 pm
☽⚹♇ 6:20 am v/c

Junio
June

───── ☽☽☽ Monday ─────

♈︎

Lunes
12

☽△♂ 5:35 am
☉✳☽ 8:59 pm

───── ♂♂♂ Tuesday ─────

♈︎
♉︎

Martes
13

♀⊼♄ 2:59 am
☽□♇ 11:27 am v/c
☽→♉ 11:31 am
☽♂♃ 10:40 am

───── ☿☿☿ Wednesday ─────

♉︎

Miércoles
14

☽✳♄ 12:36 am
☽□♀ 2:08 am
☽□♂ 2:15 pm

───── ♃♃♃ Thursday ─────

♉︎
♊︎

Jueves
15

☽♂♅ 1:55 am
☿□♄ 9:09 am
☽✳♆ 2:19 pm
☽△♇ 6:36 pm v/c
☽→♊ 6:45 pm

───── ♀♀♀ Friday ─────

♊︎

Viernes
16

☽□♄ 8:20 am
☽♂☿ 12:12 pm
☽✳♀ 1:57 pm

Cortejando la musa

¿Cómo cortejas la musa?
ella llama a través de cada fase de la luna
en su sonrisa creciente,
plenitud, menguante y rayo de luz
Diosa de la noche
Las aguas suben
ella visita inesperadamente
exige tu completa presencia
de inmediato
déjalo todo
antes de que ella se vaya
ella se va con la luz de la luna
si te la perdiste, ella regresará de nuevo.

Mantente liste

¤ *Sophia Faria 2021*

She Lives by the Cycles
(Ella vive por medio de los ciclos)
© *Anna McKay 2021*

ⵀⵀⵀ Saturday

♊   Sábado
17

☽✶♂ 1:14 am
☿✶♀ 8:29 am
♄R 10:27 am
☉♂☽ 9:37 pm
☽☐♆ 11:24 pm v/c

Luna nueva en ♊ Géminis 9:37 pm PDT

☉☉☉ Sunday

♊   Domingo
♋ 18

☽→♋ 3:58 am
☽✶♃ 5:45 pm
☽△♄ 6:00 pm
☉☐♆ 8:54 pm

Pandemonio de paz

Ahora en sus pantallas: "¡Apocalipsis planetario!"
sólo una mujer puede salvarnos
antes que sea demasiado tarde:
Tú.
La trama: estalla la bondad masiva
en todos los continentes obligando a la gente
a ir a las casas de sus vecinos para cenar
y cuidar de los hijos de los demás.
En una misión de venganza por las violaciones contra la Tierra
nuestra loba solitaria, Superheroína se ajusta en una bandolera
lápices de grafito y grapas de acrílico para
ordenar acciones judiciales de equidad.
Jardínes comunitarios y energías renovables
se vuelven derecho internacional creando
una oleada de la total sanación global la cual le roba a los
humanos el poder de aprender a odiar
porque nunca lo ven, peor aún,
las madres veteranas aumentan las apuestas
al infiltrarse en el mundo conocido en todos los niveles
y lograr construir lazos humanos entre
bandas de artistas y cínicos
enviando a los avaros a los estudios a mendigar
por crayones, pinturas de dedos y
el derecho a acostarse en el suelo con un traje y dibujar.
Coaliciones para la prevención del aislamiento, el miedo y el hambre
enteramente prohiben el sufrimiento y los iracundos son condenados
por los grandes magos de la bondad
a meses de jardinería y cuidado de animales.
Para asegurar que este mundo dure a perpetuidad
nuestra Superheroína (Tú), la clave para salvar
la vida como nunca la hemos conocido y sólo la imaginamos,
se convierte en una forajida del armagedón
en su completamente posible misión de amor
para la cual nació lista para aceptar

¤ *Stephanie A. Sellers 2021*

Junio
lipanj

Oregon Sunrise (Amanecer de Oregon)
© Betty LaDuke 2011

———— ☽☽☽ ponedjeljak ————

Lunes
19

♃⚹♄   8:53 am
☽⚹♅   9:33 pm

———— ♂♂♂ utorak ————

Martes
20

☽△♆   10:24 am
☽☍♇   2:43 pm v/c
☽→♌   3:04 pm

———— ☿☿☿ srijeda ————

Miércoles
21

☉⚼♇   3:20 am
☽□♃   6:14 am
☉→♋   7:58 am
☿⚹♂   8:23 am
☿⚹♄   6:42 pm
☽☌♀   8:08 pm

Solsticio de verano

☉→♋

Sol en ♋ Cáncer 7:58 am PDT

———— ♃♃♃ četvrtak ————

Jueves
22

☽☌♂   5:41 am
☽⚹☿   8:51 am
☽□♅   10:01 am v/c
☽ApG 11:34 am
♂△♄   8:52 pm

———— ♀♀♀ petak ————

Viernes
23

☽→♍   3:35 am
☉⚹☽   7:24 am
☽☍♄   6:07 pm
☽△♃   7:53 pm

TODOS LOS DATOS ASTROLÓGICOS ESTÁN EN PDT; AÑADIR 3 HORAS A EST; AÑADIR 7 HORAS AL GMT

Año 2023: Una mirada para ♋ Cáncer (junio 21–julio 22)

Tu estás familiarizada con el proceso de transformación y entiendes que nunca es fácil. Es una larga y a menudo complicada travesía que incluye contratiempos, montañas que escalar y a veces desilusiones. Querida Cáncer, ¿si el cambio viniera sin perturbaciones, entonces cómo lo reconoceríamos? A través de estresores ocasionales y obstáculos fortuitos, nuestro buen juicio se pone a prueba y nos desafía a crecer. Confía que te mereces los frutos de tu trabajo. Este año te retará a salir de tu capullo. Concédete el permiso de ir despacio mientras atraviesas el proceso de reorientación, está permitido evolucionar a tu propio ritmo. Trata de no sentirte muy cómoda, el universo te proveerá con experiencias que forzarán tu desarrollo personal. Salir de la zona de confort y entrar en lo desconocido nunca es fácil; puede ser aterrador y complicado, no viene libre de riesgos. Trata de no darle muchas vueltas a tus decisiones y confía que tienes lo que se requiere para discernir cómo seguir adelante. Por medio de tus contactos sociales encontrarás oportunidades que se presentarán solas. Este año va a permitirte brillar en tu carrera, si estás dispuesta a ponerle la energía. Sé clara con lo que quieres que suceda: es a través de la concentración que podemos hacer realidad nuestro potencial. Para el final del año, habrás desarrollado un mayor y significativo entendimiento sobre ti misma y tus valores.

Astrologer Six © Mother Tongue Ink 2022

Worthy *(Valioso)*
◻ D. Woodring–
Portrait Priestess 2021

ㅕㅕ subota

 ♍ Sábado
24

☽△♅ 10:53 pm

☉☉☉ nedjelja

♍ ☍ Domingo
25

☽□♅ 10:25 am
☽☍♆ 11:20 am
☽△♇ 3:24 pm v/c
♅□♆ 3:36 pm
☽→♎ 3:57 pm

Pneuma (Espíritu vital) © *Marnie Recker 2020*

Solsticio de verano

A medida que nos reunimos alrededor del fuego sagrado, con las manos unidas, cuando el verano alcanza su punto máximo, la cinta del tiempo puede doblarse y de repente vemos muchas cosas a la vez: aquellas personas en la historia que fueron quemadas, sus historias perdidas, su sabiduría silenciada. Aquellas que actualmente son perseguidas, sus voces clamando; si tan sólo nos tomáramos el tiempo para mirar y escuchar. El constante calentamiento global y el poco tiempo que nos queda para frenar la llama. Los incendios forestales que arrasan la tierra haciendo un llamado a que prestemos atención, que actuemos, que cambiemos de rumbo. Extendamos los brazos bajo este gran cielo ancho y dejemos que la magia de estar vivos nos llene de fuego. Levantemos nuestros brazos al sol y seamos restaurades y renovades por la pasión del corazón, el calor de la añoranza, y la calidez del placer. A medida que la luz ondulada de alegría resuelta llene nuestros corazones, permitiremos que la magia salvaje de estos tiempos y el espacio para restaurar nuestro conocimiento de que hoy se muestra todavía fértil con la posibilidad de poder hacer un buen trabajo y regocijarnos.

Molly Remer © Mother Tongue Ink 2022

Valiente

Te deseo
salvaje
eres necesaria ahora
tus verdades se hinchan para derramarse
sobre todos los bancos artificiales hechos por el hombre
inundaciones a través de vastos suelos fértiles
en los que pequeñas semillas buscan humedad

Los apagas

Desatando un torrente de nuevo crecimiento de verde imparable
profundo, profundo en el mes de junio
sólo te pido ampliar la honestidad de tus ojos claros
valientemente creando conexión y comunidad
sin miedo bajo la luz brillante y alargada

Valiente
revela ahora tu rojo y crudo
corazón andrajoso
mantenido en silencio y controlado
demasiado tiempo bajo llave

¡Ahora es el momento!
para cortar grietas en el concreto.
para colapsar y desmoronarlo
abajo, abajo
en tu tierra suave y cálida

Porque todes somos hechos nuevos
en los rápidos furiosos
de tu amor sin condena

Y este no es el final
sino sólo el principio
los primeros brotes frágiles.
de un mundo nuevo
en el que estamos con los
pies a tierra
valiente
        □ *Janis Dyck 2018*

Standing Tree
(Árbol en pie)
□ *Diana Denslow 2000*

Junio / Julio
Joishtho / Asharh

Lunes
26

☉□☽ 12:50 am
♂□♅ 2:23 am
☿⊼♇ 2:07 pm
☿→♋ 5:24 pm

Luna cuarto creciente en ♎ Libra 12:50 am PDT

Martes
27

☽✳♀ 3:56 am
☽✳♂ 11:25 am

Miércoles
28

☽□♇ 1:19 am v/c
☽→♏ 1:55 am
☽△☿ 8:32 am
☉△☽ 2:49 pm
☽△♄ 3:06 pm
☽☌♃ 6:28 pm
☉△♄ 6:42 pm

Jueves
29

♀△♅ 1:41 am
☽□♀ 2:32 pm
☽☌♅ 5:22 pm
☽□♂ 9:05 pm
☿△♄ 11:23 pm

Viernes
30

☽△♆ 3:58 am
☽✳♇ 7:20 am v/c
☽→♐ 7:59 am
♆R 2:07 pm
☽□♄ 8:08 pm
☉☌♅ 10:06 pm

Sabiduría del riesgo

Abre tus manos
¿qué ves?
Estas líneas trazan
el camino a casa
a través de un laberinto
de anhelo.

Él riesgo es la hija
del deseo y de la voluntad
nacida de la Luna, ella sabe sobre
el aguijón de partir,
los nudos estomacales que vienen
del borde caminando,
la respiración contenida
justo antes de levantar el vuelo,
la suavidad que se necesita
cambiar de forma, cambiar.

Flight of Fancy
(Vuelo de la imaginación)
© *Gretchen Butler 2021*

Ella sabe que
la pérdida es necesaria,
ella sabe sobre manos vacías
sobre posibilidad media,
ella sabe cómo
doblar los dedos de sus pies
sobre ese borde que hace señas
¡y salta!

¤ *Emily Kedar 2021*

————— ꜙꜙꜙ sonibar —————

♐ ☾ **Sábado**
1

Julio

♅⚹♃ 12:10 am
☉⚹♃ 3:26 am
☽△♀ 8:21 pm

————— ☉☉☉ robibar —————

♐ ☾ **Domingo**
♑ 2

☽△♂ 2:18 am   ☿ApH 7:59 am
☽□♆ 6:33 am v/c   ☽→♑ 10:20 am
♀□♅ 7:33 am   ☽⚹♄ 9:43 pm

Julio
Mí Iúil

────── ☽☽☽ Dé Luain ──────

♑

Lunes
3

☽△♃ 2:02 am
☉☍☽ 4:38 am
☽☍♅ 9:50 am
☽△♅ 9:30 pm

La Luna es un vientre
que lo que nutre sea creciente
que lo que nos mata de hambre
sea menguante
hasta que no ya no haya vientre,
no habrá corazón
que vuelva a pasar hambre otra vez

▢ L. Sixfingers 2021

────── ♂♂♂ Dé Máirt ──────

Luna llena en ♑ Capricornio 4:38 am PDT

♑
♒

Martes
4

☽⚹♆   6:49 am
☽☌♇   9:45 am v/c
☽→♒ 10:30 am
☽PrG   3:38 pm

────── ☿☿☿ Dé Céadaoin ──────

♒

Miércoles
5

☽□♃ 2:28 am
☿□♃ 9:28 pm
☽□♅ 9:30 pm

────── ♃♃♃ Dé Ardaoin ──────

♒
♓

Jueves
6

☽☍♀ 12:37 am
☽☍♂   6:42 am v/c
♂⚼♆   8:47 am
☽→♓ 10:32 am
☽☌♄   9:47 pm
☿⚹♅   9:54 pm

────── ♀♀♀ Dé Haoine ──────

♓

Viernes
7

☽⚹♃ 3:28 am
☉△☽ 11:48 am
☽⚹♅ 10:48 pm

Todos los datos astrológicos están en PDT; Añadir 3 horas a EST; Añadir 7 horas al GMT

Earth's Medicine (Medicina de la tierra) © Lani Kai Weis 2018

♓︎
♈︎

Sábado
♉︎

☽△♅   2:55 am
☽☌♆   8:22 am
☽✶♇   11:22 am v/c
☽→♈︎   12:19 pm

⊙⊙⊙ Dé Domhnaigh

♈︎

Domingo
9

♂︎⊼♇   5:54 am
♀︎△♆   4:57 pm
⊙□☽   6:48 pm

Luna cuarto menguante en ♈︎ Aries 6:48 pm PDT

Julio
July

Twin Flame *(Llama gemela)*
© Meridian Azura 2016

────── ☽☽☽ Monday ──────

♈
♉

Lunes
10

♂→♍ 4:40 am	☽□♅ 4:11 pm v/c
☽△♀ 9:34 am	☽→♉ 4:55 pm
♅☍♇ 1:48 pm	☽△♂ 5:31 pm
☽□♇ 3:49 pm	☿→♌ 9:11 pm

────── ♂♂♂ Tuesday ──────

♉

Martes
11

☽⚹♄ 5:11 am
☽☌♃ 1:04 pm

────── ☿☿☿ Wednesday ──────

♉

Miércoles
12

⊙□♅ 5:06 am
⊙⚹☽ 5:30 am
☽☌♅ 9:42 am
☽□♀ 6:24 pm
☽⚹♆ 7:59 pm
☽△♇ 11:11 pm v/c

────── ♃♃♃ Thursday ──────

♉
♊

Jueves
13

☽→♊ 12:26 am
☽□♂ 3:51 am
☽⚹♅ 9:40 am
☽□♄ 1:06 pm

────── ♀♀♀ Friday ──────

♊

Viernes
14

☿⚹♄ 8:17 am
⊙⚹♅ 4:02 pm

Invitación de los murciélagos

El día que te sientas triste de ver salir el sol, ven con nosotres a una cueva que la Tierra hizo cuando era niña. Engancha tus pies al techo de este útero. Estar arraigada en los sueños que hemos soñado aquí mismo, pequeña simia, durante cincuenta millones de años en piedra, calentada por antepasades. Nosotres, los fantasmas peludos y de alas ardientes, te invitamos: deja caer tu tonta cabeza. Suelta, oscurece, mientras el sol allá afuera sale, luego cae y los ocupados se esfuerzan, alcanzan el clímax y se disipan como lo hacen los hombres, mientras nosotras permanecemos quietas en el lugar de escucha, goteando, resonando y esperando el despertar de la Noche.

Luego nos miraremos con caras afiladas, estiraremos las manos, los dedos largos, para agarrar el aire de la Luna para nosotras, ¡aunque cálidas, aunque acurruquemos a nuestres hijes, que también lo hacemos!, también somos ángeles, cayendo en la noche. Como si las alas pudieran estar hechas del tejido interior de un corazón, en estrellas, en la gran obra de arte oscura que queda del día hecha de eco. Escucha. Era el mismo día que siempre fue, desde el principio. Pero cuando lo dices en voz alta en la noche, en esa pintura de estrellas, el mundo, lo vuelves a pintar, único, con tu escucha, con tu voz. Llamas a tu anhelo y escuchas las formas de tus respuestas. ¡Por fin, por fin, sabes dónde estás!

Y cuando el amanecer regrese con su eco, por fin, sabrás lo que significa porque— ¿Recuerdas? Ecolocalización. Te enseñamos a orar.

☐ Mindi Meltz 2021

ᕘᕘᕘ Saturday

♊ ♋ Sábado
15

☽⚹♀ 5:27 am   ♀⚻♆ 11:43 am
☽□♆ 5:35 am v/c ☽⚹♂ 4:48 pm
☽→♋ 10:13 am   ☽△♄ 11:06 pm

☉☉☉ Sunday

♋ Domingo
16

☽⚹♃ 9:22 am

Bajo la luna

No me hagas caso,
me estoy perdiendo
bajo la luna,
viendo la rueda de los murciélagos
y a los buitres que se acuestan
y escuchando
a los caprimulgos vociferantes
y el canto de las estrellas.
No me busques,
estoy bailando con el atardecer,
estudiando las formas
de las nubes y las hojas,
llevando serenata a las violetas,
y bailando con las bayas salvajes.
No trates de decirme
qué hacer
o preguntarme cuánto debo de los impuestos.
Estoy ocupade deslizándome entre las sombras
y bajo las gotas de lluvia
averiguando adónde fluye el río.
No te preocupes por mí
estoy dialogando con los cuervos
y los dientes de león,
viendo bailar a las mariposas
y recordando la brujería
que se perdió
cuando dejamos de buscar la luna
y se olvidó escuchar a las flores.
No me devuelvas la llamada,
estoy descubriendo magia
y recordando sueños,
siguiendo secretos que ha dejado el
musgo y el hongo
y rastreando la sabiduría
en libros sagrados de corteza y piedra.

Night Goddess (Diosa nocturna)
© *Janet Newton 2020*

Julio
srpanj

© Sierra Lonepine Briano 2018

────── ☽☽☽ ponedjeljak ──────

Lunes
17

♋
♌

♉□♃	5:49 am
☽⚹♅	6:21 am
☉☌☽	11:32 am
☽△♆	4:52 pm
☽☍♇	8:06 pm v/c
☽→♌	9:39 pm

Gazing Upward
(Mirando hacia arriba)
Luna nueva en ♋ Cáncer 11:32 am PDT

────── ♂♂♂ utorak ──────

♌

Martes
18

☽□♃	10:02 pm

────── ☿☿☿ srijeda ──────

♌

Miércoles
19

☽☌☿	4:23 am
☿PrH	6:40 am
☽□♅	6:51 pm
☽ApG	11:56 pm

────── ♃♃♃ četvrtak ──────

♌
♍

Jueves
20

☉△♆	6:06 am
☽☌♀	7:08 am v/c
☽→♍	10:13 am
♂☍♄	1:39 pm
☽☍♄	11:02 pm
☽☌♂	11:36 pm

────── ♀♀♀ petak ──────

♍

Viernes
21

☽△♃	11:30 am
☉☍♇	8:52 pm
☿△⚷	11:57 pm

Año 2023: Una mirada para ♌ Leo (julio 22–agosto 23)

Tus relaciones te llevarán lejos, Leo. Puede que parezca difícil mantener amistades íntimas, especialmente porque muchas personas se sienten celosas cuando eres el centro de atención. Tu círculo íntimo es privilegiado por tener acceso a tus experiencias de vida. Sé paciente con aquelles que admiras, elles no tienen el mismo acceso a oportunidades como tú. Mantén los ojos abiertos y estate dispueste a aprender sobre las historias y narrativas únicas que los que te rodean quieren compartir. Mientras vas desarrollando un entendimiento más profundo de por qué tus amigues íntimes son como son, podrás entender mejor cómo utilizar tus dones singulares para la ventaja de elles. Tu luz brillará más cuando se junte con otras estrellas—no interpretes un frente unificado como una distracción de tu brillo. Este año prioriza tu habilidad de cultivar cómo quieres ser percibide por el mundo que te rodea. Pasa el año identificando aspectos de tu personalidad que deseas desprender o desarrollar. Trátate a ti misme con compasión durante este periodo de transformación. Durante este año tendrás momentos que puedan contribuir a lamentarte y es importante no caer en las trampas del martirio. La paciencia y la perseverancia son clave. Respira durante los momentos de frustración y acompaña cada respiración con un mantra. Tener un sentido claro de lo que quieres y el deseo de integrarlo en tu vida diaria, ayudará a realizar tus deseos.

Astrologer Six © Mother Tongue Ink 2022

—— ♄♄♄ subota ——

♍
♎

Sábado
22

☽△♅ 7:48 am	☽△♇ 9:06 pm v/c
☽♂♆ 5:59 pm	☽→♎ 10:54 pm
♀R 6:33 pm	☉✳☽ 11:15 pm
☉→♌ 6:50 pm	

☉→♌

Sol en ♌ Leo 6:50 pm PDT

—— ◎◎◎ nedjelja ——

♎

Domingo
23

♇R 3:51 am	
♂□♅ 2:39 pm	

Julio
Asharh

♎︎

Lunes
24

☽⚹☿ 11:39 pm

♎︎
♏︎

Martes
25

☽⚹♀ 7:00 am
☽□♇ 8:05 am v/c
☽→♏︎ 9:55 am
☉□☽ 3:07 pm
☽△♄ 9:27 pm

Luna cuarto creciente en ♏︎ Escorpio 3:07 pm PDT

♏︎

Miércoles
26

☽⚹♂ 4:31 am
☽☍♃ 10:38 am
☿⚻♆ 8:59 pm

♏︎
♐︎

Jueves
27

☽☍♅ 4:10 am
☿⚹♀ 8:16 am
☽△♆ 12:56 pm
☽□♀ 2:06 pm

☽□♅ 2:53 pm
☽⚹♇ 3:36 pm v/c
☽→♐︎ 5:24 pm
☿⚻♇ 9:24 pm

♐︎

Viernes
28

☉△☽ 2:22 am
☽□♄ 3:51 am
☽□♂ 1:09 pm
☿→♍︎ 2:31 pm
☉⚻♄ 10:37 pm

Una promesa para las aves raras

Lora Nocturna, Mosquero Petirrojo
pensamos que se habían ido para siempre,
no sólo en la clandestinidad.
Petrel de Jamaica,
Chotacabras, Zarapito
durante diez generaciones recordamos
forzamos nuestros ojos hacia el cielo
orando por evidencia
de tu existencia.
Lorito de garganta roja,
Cuitlacoche de Cozumel
¿Eras tú lo que oímos?
Zamarrito de garganta turquesa,
Sinu Periquito, ¿es tu destello
de plumas de colores
en el que se ve nuestro lente?
pájaros de una segunda oportunidad sagrada
¡Escúchanos! hace 200 años
conquistadores les pintaron en retratos
como si fueran adornos
luego arrasaron sus casas,
hemos plantado y enjuiciado
y ahora velamos su regreso.

Path With Heart
(Camino con corazón)
◻ *Patricia Wyatt 2015*

◻ *Stephanie A. Sellers 2021*

--- ꜰꜰꜰ sonibar ---

♐
♑

Sábado
29

☽□♇ 4:32 pm
☽△♀ 4:51 pm v/c
☽→♑ 8:44 pm
☽△♅ 11:55 pm

--- ⊙⊙⊙ robibar ---

♑

Domingo
30

☽✶♄ 6:15 am
♀⚹♆ 9:25 am
☽△♂ 5:18 pm
☽△♃ 6:51 pm

Julio / Agosto

Mí Iúil / Mí Lúnasa ──ᴰᴰᴰ Dé Luain ─────────────────────

♑
♒

Lunes
31

☽△♅ 9:29 am
☽✶♆ 4:55 pm
☽♂♇ 7:13 pm v/c
☽→♒ 8:58 pm

───────────── ♂♂♂ Dé Máirt ─────────────

♒

Martes
1

Lammas lunar

☉☍☽ 11:32 am
♂△♃ 1:44 pm
☽□♃ 6:38 pm
☿☍♄ 7:18 pm
☽PrG 10:44 pm

Luna llena en ♒ Acuario 11:32 am PDT

───────────── ☿☿☿ Dé Céadaoin ─────────────

♒
♓

Miércoles
2

Lammas

☽□♅ 8:44 am
☽☍♀ 2:15 pm v/c
☽→♓ 8:05 pm

───────────── ♃♃♃ Dé Ardaoin ─────────────

♓

Jueves
3

☽♂♄ 4:52 am
☽☍♅ 8:03 am
☽✶♃ 6:19 pm
☽☍♂ 8:15 pm

───────────── ♀♀♀ Dé Haoine ─────────────

♓
♈

Viernes
4

☽✶♅ 8:35 am
☽♂♆ 4:00 pm
☽✶♇ 6:21 pm v/c
☽→♈ 8:19 pm

───────────────────────────────────────

TODOS LOS DATOS ASTROLÓGICOS ESTÁN EN PDT; AÑADIR 3 HORAS A EST; AÑADIR 7 HORAS AL GMT

Lammas

Hay un llamado del caldero que suena en los últimos días de verano invitándonos a profundizar y renovar, volutas de vapor subiendo y burbujas de posibilidad rompiendo la superficie. La olla está encendida, los sabores se están fusionando, nuestras vidas están llegando a ebullición. Recordemos nuestra tarea de reclamar los fragmentos de nuestra atención bajo una luna plateada y recordando lo que significa preocuparse verdaderamente. Permitamos que los gritos del mundo toquen nuestros corazones cansados, pues aún podrán echar raíces y dar frutos.

Mientras miramos lo que crece y prospera y refluye y se desvanece justo donde estamos, una cría de tortuga marina es acunada en las suaves manos de une voluntarie mientras recuerda cómo seguir la luna. Un trozo de coral ha encontrado un punto de renacimiento en un arrecife que se había vuelto gris. En todas partes, los cuervos se encuentran haciendo un llamado en coro salvaje y loco, el cual parece darle la vuelta al mundo, áspero y mágico, todo en una sola llamada. Algo se desbloquea, se suelta en nuestros corazones aún tiernos y se eleva aullando de gratitud por lo que necesita para prosperar

Molly Remer © Mother Tongue Ink 2022

The Magic Cauldron (El caldero mágico)
© PamTaylorPhotography 2019

Mi cosecha son las nuevas intenciones

Offering (*Ofrenda*) © *Joy Brady 2004*

El día de marcar la
cosecha temprana,
llevo terrones secos
en una cartera.
Mi palo de sueños
cae a la tierra,
cerrojos secos de artemisa
en longitudes de seis pies
una especie de bastón roto
entre dimensiones.
llevo terrones de polvo
de los restos de
acciones familiares del trabajo
eso no me sirve

Anímate, poder de la sacerdotisa,
no todo está roto. De hecho, nada lo está.

Ésta es la cosecha temprana, una especie de
liberación intrínseca
estoy dispuesta a probar otra cosa, a ser otra cosa.

Rallo los terrones en mi bolsillo hasta convertirlos en polvo fino
bendito sea
mézclalo con las hojas secas de los sueños
permite que el aire se ilumine en verde
        (una especie de aliento a través de la dulce neblina
        que hace girar a los pájaros)
para humedecerlo suavemente en una olla de semillas-alma.

Planto estas nuevas intenciones:
presencia como suficiencia.

Mi cosecha son las nuevas intenciones.

¤ *marna scooter 2020*

Cosecha

Cinco días oscurecidos por fuertes lluvias—
los pulsos crecidos del río,
la temperatura desciende,
las nubes se hunden con su peso en agua.
Quiero comer las raíces del mundo:
patatas, zanahorias, chirivías.
Quiero el sabor de las cosas
que pasan toda su vida en la oscuridad
y se vuelven fuertes de todos modos.
La casa en sí
se inclina hacia los olores que la llenan
con los colores oxidados del calor
y toda la redondez de las especias.
El día se pinta solo
en una paleta de grises a mi alrededor,
pero aquí, en la cocina,
soy tan abundante y viva
como el sol meloso del verano,
enamorade de la tierra húmeda
y el alimento que
ella cede.

© Megan Welti 2013

ᚻᚻᚻ Dé Sathairn

♈ Sábado
5

☉△☽ 6:40 pm

☉☉☉ Dé Domhnaigh

♈
♉ Domingo
6

☽△♀ 1:35 pm
☉□♃ 5:03 pm
☽□♇ 9:12 pm v/c
☽→♉ 11:24 pm

Agosto
August

───── ☽☽☽ Monday ─────

 ♉

Lunes
7

☽✶♄ 8:46 am
☽△☿ 10:09 pm

───── ♂♂♂ Tuesday ─────

♉

Martes
8

☽♂♃ 1:11 am
☉□☽ 3:28 am
☽△♂ 7:46 am
☽♂♅ 4:50 pm
☽□♀ 5:20 pm

Luna cuarto menguante en ♉ Tauro 3:28 am PDT

───── ☿☿☿ Wednesday ─────

 ♉
♊

Miércoles
9

☽✶♆ 1:00 am
☽△♇ 3:38 am v/c
♀□♅ 4:08 am
☽→♊ 6:05 am
☽□♄ 3:45 pm
☿△♃ 5:47 pm

───── ♃♃♃ Thursday ─────

♊

Jueves
10

☽□♅ 11:02 am
☉✶☽ 4:37 pm
☽□♂ 7:28 pm
☽✶♀ 11:52 pm

───── ♀♀♀ Friday ─────

♊
♋

Viernes
11

♂⊼♇ 5:11 am
☽□♆ 10:27 am v/c
☽→♋ 3:52 pm

Cerrando el círculo

La luna creciente hace cabriolas entre nubes
plateadas como escamas de salmón,
ágiles como peces que se doblan y arquean,
empujando hacia el cielo
para limpiar una catarata,
siluetas nítidas
saltando a través de los días azules,
noches estrelladas,
redibujadas de mil maneras
por Haida, Tlingit,
Mi'kmaq, Muckleshoot,
y Kwakwaka'wakw.
criatura marina de la luna,
sujeto de mareas madres
y corrientes
que hasta al salir de casa,
ella se da como regalo,
rizando la boca hasta la cola,
luchando contra la corriente
volviendo a sí misma
a la fuente,
eligiendo la renovación
para todas las relaciones.

© Christine Irving 2021

Dive *(Bucear)* © *Moss Wildwing 2014*

᚛᚛᚛ Saturday ᚛

Sábado
12

☽△♄ 1:37 am
☉△♅ 11:12 am
☽⚹♃ 9:06 pm

⊙⊙⊙ Sunday ⊙⊙⊙

Domingo
13

☽⚹♅ 2:25 am   ☽⚹♂ 9:56 am
☉♂♀ 4:15 am   ☽⚹♅ 1:30 pm
♀PrH 8:15 am   ☽△♆ 9:57 pm

Naciste

Naciste en la oscuridad de la Luna
con ojos alzados a las estrellas
desconocide al mundo
protegide entre las secoyas
      en el corazón de una ciudad

Naciste en tiempos extraños
pero nuestras abuelas lo vieron venir
          y sus abuelas
              y sus abuelas

Así que bajo la más mínima luz
de un resplandor creciente
parieron
     y repararon
        y soñaron

           lo que podría ser
           que necesitaríamos
           para transformar y
           ser transformades
           por estos tiempos extraños
           desgarradores
           y esperanzadores

Luna de solsticio 4
© *Annika Gemlau aSombrasDelSur 2020*

           Y naciste tú
           en la oscuridad de la Luna
           pero había un murmullo
           de abuelas ahí
           descorriendo el velo de la noche
           para que una luz de medialuna
           pudiera guiarte a casa
           para que manos curtidas
           pudieran sostener tu forma
           para que su sabiduría
               pudiera brillar
                sobre tu frente
               ¤ *L. Sixfingers 2021*

IX. ANTEPASADAS

Luna IX: agosto 16–septiembre 14

Luna nueva en ♌ Leo agosto 16; Sol en ♍ Virgo agosto 23; Luna llena en ♓ Piscis agosto 30

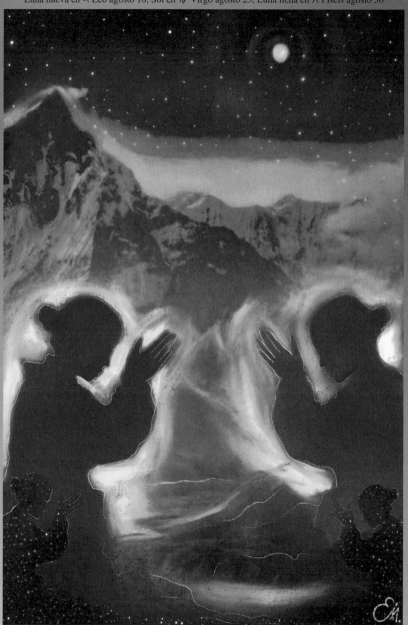

Remembering *(Recordando)* ▫ *Emma Abel 2020*

Agosto
kolovoz

Querida mía
Que sepas
que tú eres tu abuela
tejida
en otra forma.
fragmento © Sabina Jones 2017

—— ☽☽☽ ponedjeljak ——

♋︎
♌︎

Lunes
14

☽☌♇ 12:46 am v/c
☽→♌ 3:36 am
♀△♃ 7:55 am

—— ♂♂♂ utorak ——

♌︎

Martes
15

☽□♃ 9:44 am
☽☌♀ 5:44 pm
☉□♅ 7:34 pm

—— ☿☿☿ srijeda ——

♌︎
♍︎

Miércoles
16

☽□♅ 2:04 am
☉☌☽ 2:38 am v/c
☽ApG 4:54 am
♂△♅ 6:53 am
☿☊♃ 11:02 am
☽→♍ 4:14 pm

Luna nueva en ♌ Leo 2:38 am PDT

—— ♃♃♃ četvrtak ——

♍︎

Jueves
17

☽☍♄ 1:32 am
☽△♃ 10:48 pm

—— ♀♀♀ petak ——

♍︎

Viernes
18

☽☌♉ 10:09 am
☽△♅ 2:51 pm
☽☌♂ 5:57 pm
☽☍♆ 11:01 pm

El arte del satén

Mi abuela cosía el brillo interior. Su oficio: cobijar a las mujeres con lana, abrigo para el clima, manto de adoración, armadura tejida para el calor. Cosía el forro en último lugar, con una tela destinada al vals, piel de mujer

Mending Cave *(Cueva reparadora)*
© Dorrie Joy 2019

tomada del brillo de un espejo. Guardaba sus satenes en un estante separado en un armario con una sola llave. De niña, cuando entraba en este espacio, me sentía iluminada, vista y amada por mi diosa abuela y todas las diosas ante ella, un hilo irrompible tejido del brillo de la luna. Y aunque me convertí en enfermera y no en costurera, entendí que cada tarea lleva su propio toque de satén, bondad sujeta por debajo y por dentro.

© Joanne M. Clarkson 2021

───── ♄♄♄ subota ─────

♍
♎

Sábado
19

☽△♇ 1:51 am v/c
☽→♎ 4:53 am

───── ☉☉☉ nedjelja ─────

♎

Domingo
20

☉⊼♆ 12:40 am
☽✳♀ 1:07 pm

Agosto
Srabon

Hermanas del templo
A veces puedo escuchar a las hermanas del
templo de antaño,
pisadas rápidas sobre escalones desgastados
consejos convocados en el crepúsculo
fragmento © Molly Remer 2021

— ☽☽☽ sombar —

Lunes
21

☉⊼♇ 11:07 am
☽□♇ 1:19 pm
☉✶☽ 1:31 pm v/c
☽→♏ 4:22 pm

— ♂♂♂ mongolbar —

Martes
22

☽△♄ 12:32 am
♀□♃ 5:16 am
♂☍♆ 1:34 pm
☽□♀ 9:10 pm
☽☍♃ 9:48 pm

— ☿☿☿ budhbar —

Miércoles
23

☉→♍ 2:01 am
☽✶♅ 10:03 am
☽☍♅ 12:19 pm
☿R 12:59 pm
☽△♆ 7:33 pm
☽✶♂ 9:09 pm
☽✶♇ 10:10 pm v/c

☉→♍

Sol en ♍ Virgo 2:01 am PDT

— ♃♃♃ brihospotibar —

Jueves
24

☽→♐ 1:07 am
☉□☽ 2:57 am
☽□♄ 8:29 am
♂△♇ 5:23 pm

Luna cuarto creciente en ♐ Sagitario 2:57 am PDT

— ♀♀♀ sukrobar —

Viernes
25

☽△♀ 2:26 am
☽□♅ 3:43 pm

Todos los datos astrológicos están en PDT; Añadir 3 horas a EST; Añadir 7 horas al GMT

Año 2023: Una mirada para ♍ Virgo (agosto 23–sept. 22)

Virgo, el principio del año te forzará a entrar en un periodo de crecimiento. No se supone que te quedes igual: aunque quieras mantener una base estable, siempre hay espacio para la mutabilidad. La familiaridad puede que te llame, y con su llamado seguramente caerás dentro de viejos hábitos. Intenta ir más allá de caducados mecanismos de superación, especialmente si no benefician. Múestrate dispuesta a lanzarte a lo nuevo—notarás que seguramente te seguirá aquello que te entusiasma. Confía en tus capacidades y conocimientos; esto hará una diferencia enorme mientras te atreves a traspasar el reino nebuloso de lo no revelado. El cambio es un inescapable aspecto de la naturaleza. El mantra para este año es: si has llegado hasta aquí, entonces eres capaz de seguir. Esto no socava de que el miedo es una respuesta normal frente al territorio desconocido. Deberás honrar lo que te hace sentir aprensive. Mientras el año avanza, encontrarás que después de la transformación, continúa la sed por los conocimientos. Crecer es una experiencia dolorosa y fatigosa, que te puede dejar mentalmente agotade. Mientras puedas, haz tiempo para descansar y relajar la mente, la sobrecarga cognitiva es una manera infalible de impedir la creatividad. Cuando estés totalmente recargade y capaz de hacer más, verás que aparecerá la información que necesitas. Puedes estar segure de que, aunque las respuestas no se te darán en bandeja de plata, la capacidad de encontrar soluciones está dentro de tus posibilidades.

Astrologer Six © Mother Tongue Ink 2022

Poetic Justice
(Justicia poética)
¤ *Viandara 2021*

ㅊㅊ sonibar

♐
♈

🌒

Sábado
26

☽□♆ 12:49 am
☽□♂ 4:56 am v/c
☽→♈ 6:05 am
☉△☽ 11:38 am
☽✳♄ 12:39 pm

--- ☉☉☉ robibar ---

♈

🌑

Domingo
27

☉♂♄ 1:28 am
♄PrH 4:50 am
♂→♎ 6:20 am

☽△♃ 7:57 am
☽△♅ 5:00 pm
☽△♅ 8:22 pm

Agosto / Septiembre
Mí Lúnasa / Mí Meán Fomhair

Dancing Among the Stars
(Bailando entre las estrellas)

ꭰꭰꭰ Dé Luain

♈︎
♒︎

Lunes
28

☽ ⚹ ♆   2:29 am
☽ ☌ ♇   4:49 am v/c
☽ → ♒︎   7:31 am
☽ △ ♂   8:39 am
♅R   7:38 pm

♂♂♂ Dé Máirt

♒︎

Martes
29

☽ ☍ ♀   3:56 am
☽ □ ♃   8:11 am
☽ □ ♅   8:04 pm v/c

☿☿☿ Dé Céadaoin

♒︎
♓︎

Miércoles
30

☽ → ♓︎   6:56 am
☽ PrG   9:00 am
☽ ☌ ♄   12:33 pm
☿ ⚻ ♃   4:56 pm
☉ ☍ ☽   6:35 pm

♃♃♃ Dé Ardaoin

Luna llena en ♓︎ Piscis 6:35 pm PDT

♓︎

Jueves
31

☽ ⚹ ♃   7:25 am
☽ ☍ ♅   12:28 pm
☽ ⚹ ♅   7:20 pm

♀♀♀ Dé Haoine

♓︎
♈︎

Viernes
1

Septiembre

☽ ☌ ♆   1:13 am
☽ ⚹ ♇   3:36 am v/c
☽ → ♈︎   6:25 am
☽ ☍ ♂   11:50 am
♂ ⚻ ♄   2:01 pm

¿No lo habías adivinado siempre?

Sembrades en las estrellas, ajá. ¿No lo habías adivinado siempre?
Éramos natives de otro lugar. En algún lugar de tus sueños,
¿no querías siempre hacer amistad
con parientes del cielo?

Reconocer, regresar a la familia más grande
te lanza al lugar en el que puedes asentar tu temple,
confiar en tu propósito, posarte en la vida como nunca.
Averiguar cómo de grande

eres realmente, permite espacio para los defectos,
ríete de los "errores". Todo está vivo, conectado, todas y todos estamos
emparentades. Estás aquí por el amor al Gran Nosotres.
Me dijeron que te lo dijera.

© *Susa Silvermarie 2021*

Transcendence *(Transcendencia)* © *Julia Jenkins Art 2017*

ᚻᚻᚻ Dé Sathairn

♈ Sábado
2

☽△♀ 2:19 am

☉☉☉ Dé Domhnaigh

♈
♉ Domingo
3

☽□♇ 4:57 am v/c
☽→♉ 8:00 am
☿PrH 8:06 am
☽⚹♄ 1:36 pm
♀D 6:20 pm

Septiembre
September

♉

Lunes
4

☿△♃ 3:29 am
☉△☽ 4:12 am
☽□♀ 5:08 am
♃R   7:11 am
☽△♅ 10:35 am
☽♂♃ 11:06 am

□ Debra Hall 2021

Menopause Ancestor
(Ancestra de la menopausia)

♉
♊

Martes
5

☽♂♅ 12:28 am
☽⚹♆ 6:59 am
☽△♇ 9:46 am v/c
☽→♊ 1:07 pm
☽□♄ 6:50 pm

♊

Miércoles
6

☽△♂ 12:44 am
☉♂♉ 4:09 am
☽⚹♀ 12:06 pm
☽□♅ 1:46 pm
☉□☽ 3:21 pm

Luna cuarto menguante en ♊ Géminis 3:21 pm PDT

♊
♋

Jueves
7

☽□♆ 3:21 pm v/c
☽→♋ 10:00 pm

♋

Viernes
8

☽△♄ 3:43 am
☉△♃ 4:13 am
☽□♂ 1:33 pm
☽⚹♅ 7:57 pm

Del sol

Hija del sol, bendecida en la cuna
tu piel se asemeja a nuestra Madre Tierra morena
te besa las manos y guarda cada paso
incluso en sueños, se te guarda con esmero
pues se hizo una promesa a tus ancestros
que trajeron vida a la tierra con el botín que cultivaron

    Tu gente estuvo aquí desde el primer sol naciente
    tu lazo con la tierra no se puede deshacer
    mestiza, hispana, latinx, chicana
    ilegal, india, migrante, mexicana—
    lo que sea que te llamen, no es más que un nombre
    tu linaje, tu historia, permanece igual

Las banderas ondearán, tal vez morirán, líderes cambiarán
pero tu vínculo con esta tierra por siempre permanecerá
desde yámana al sur hasta inuit al norte
las primeras personas de la Tierra seguirán avanzando
para sobrevivir y prosperar, a pesar de días cambiantes
aferrándose a sus costumbres mientras aprenden nuevas formas

    Ya hayas plantado tus raíces o viajado a la lejanía
    recuerda siempre quién eres en el fondo
    Indígena. Nativa. En esta tierra, puedes vagar
    dondequiera que te lleve la vida, significa que estás en casa

fragmento © Xelena González 2020

ᚼᚼᚼ Saturday

♋ Sábado
   9

☽＊♃　4:38 am
☉＊☽　6:48 am
☽＊♅　7:34 pm

☉☉☉ Sunday

♋ Domingo
♌ 10

☽△♆　2:36 am
☽☍♇　5:47 am v/c
☽→♌　9:36 am

El camino espiral

Andar
    el camino espiral,
        dando vueltas,
tal vez más profundo,
    tal vez más alto,
        con cada revolución.
Siempre es así—
    los años dan vueltas sobre sí mismos
        y se amontonan unos sobre otros.
Las estaciones cambian,
    serpenteando,
        luego regresan.
Una vez niña,
    luego madre,
        ahora bruja,
aún andando,
    aún girando,
        en el camino espiral.
Castaños cabellos,
    blancos cabellos,
        cero cabellos.
Piel suave de bebé
    hecha áspera,
        ya arrugada y definida.

Andando el
    circuito sin fin,
        dando las vueltas,
marcando el camino
    las cosas cambian
        y aún así, permanecen igual.
Incluso cuando el fin
    viene por ti,
        la tierra gira en espiral,
sigue girando,
    sigue volteando,
        sigue construyendo,
continúa.

◻ *Maya Spector 2021*

Raven *(Cuervo)* © *Colleen Clifford 2017*

Spiral Goddess (Diosa espiral) ¤ Anne Jewett 2021

Fragmentos lunares

volando vamos, almas regeneradas,
adelante hacia el próximo gran arco de cielo, la
siguiente hermosura desplegándose. nuestros ojos
salpicados de nova y materia estelar.
estamos hechas para este viaje.

fragmento ¤ marna scooter 2020

Septiembre
rujan

© *Barbara Landis 2014*

Magnolia

 ☌☌☌ ponedjeljak ───────

♌

Lunes
11

☽⚹♂ 5:06 am
☽☌♀ 12:32 pm
☉⚻♅ 3:40 pm
☽□♃ 4:54 pm

──── ♂♂♂ utorak ────

♌
♍

Martes
12

☽□♅ 8:06 am v/c
☽ApG 8:43 am
☽→♍ 10:18 pm

──── ☿☿☿ srijeda ────

♍

Miércoles
13

☽☍♄ 3:30 am
☽☌♉ 3:04 pm

──── ♃♃♃ četvrtak ────

♍

Jueves
14

☽△♃ 5:27 am
☉☌☽ 6:40 pm
☽△♅ 8:37 pm

Luna nueva en ♍ Virgo 6:40 pm PDT

──── ♀♀♀ petak ────

♍
♎

Viernes
15

☽☍♆ 3:30 am
☽△♇ 6:49 am v/c
☽→♎ 10:44 am
♉D 1:21 pm
☉△♅ 6:24 pm

Hestia, susurrando en la cocina

Mi amor,
la noche ha hecho añicos sus muros por ti.
Está tan abierta como una flor.
Aún aquí, en el fregadero apilado de platos,
la belleza se encuentra moviéndose
a través de ti según haces nuevo otra vez
lo que estaba embarrado bajo turbias estrellas.
La oscuridad está respirando uniformemente
por la casa,
pero no hay paz para ti
en esta habitación desordenada,
iluminada, cálida y rebosante
de lo que ha dejado el día.
Sé que eres capaz de nutrirte
y a los que trajiste a este mundo.
Eres la única que duda, y por eso batallas.
Todo en este mundo está roto.
Sin embargo, bajo el quebrantamiento, todo permanece entero.
El polvo, el desorden y la ropa sin lavar no pueden empequeñecerte
a menos de que se los permitas. Y aún entonces,
la pequeñez que eliges ponerte es tan pobre disfraz.
La noche siempre te encontrará y te liberará.

© Megan Welti 2013

Hemp the Wise Woman
(Cáñamo la mujer sabia) © Barb Kobe 2018

ꜧꜧꜧ subota

♎ Sábado
16

☽☌♂ 12:52 pm
☽✶♀ 4:57 pm
♀□♃ 11:09 pm

☉☉☉ nedjelja

♎ Domingo
♏ 17

☽□♇ 6:06 pm v/c
☽→♏ 9:58 pm

Equinoccio de otoño

Hay cambios en el aire. Está trazado por el camino errante de silenciosos halcones nocturnos que migran a través de cielos nublados de gris. Los mares hierven y se agitan con el cambio, la tierra se agita y retumba, los árboles se inclinan y ofrecen sus hojas, las plantas vuelven sus rostros a semillas. Nuestros cuerpos fluyen y refluyen a través de tantos cambios, siempre desarrollándose. Parados aquí podemos sentir el mundo girar, podemos sentir el cambio susurrar, chillar y aullar. Hay huracanes, hay halcones nocturnos, hay un gran pulso recorriendo todo. Escuchemos. Que seamos testigos. Que podamos cambiar.

A medida que nos deslizamos hacia el espacio liminal del equinoccio, podemos encontrarnos vacilando entre la acción y la quietud. Escuchamos los gritos de nuestras hermanas, desde tiempos pasados y tiempos por venir. Nos instan a aprovechar nuestras alegrías y coraje y emprender el camino, bajo una luna creciente junto a un mar voraz, los ojos mirando hacia arriba para captar el rayo de luz que se abre detrás de las nubes, los pies moviéndose juntos con un propósito resuelto, hacia adelante y en marcha.

Molly Remer © Mother Tongue Ink 2022

The Allies (*Los aliados*) © *Lindsay Carron 2016*

Portales

Delineado por la luz un sólo instante, aparece un arco. Estamos invitadas al corazón de las maravillas. Si aceptamos el llamado, nos adentramos a un reino lo suficientemente familiar como para desterrar el miedo, llevándonos a una realidad resiliente.

A veces vemos una ciudad.

A veces tierra salvaje.

Con frecuencia
tomamos una nueva piel
de pelaje o plumas
o escamas y vivimos
durante una hora, animales

Una vez fui curandera
con cristales en las palmas.

Una vez, mujer monástica
cuyos días transcurrían
en oración.

Una vez, madre, hija,
hermana y bruja
en un mismo sueño.

Siempre cambiada tras estos viajes, estas lecciones indelebles, sé ya buscar el marco de plata más fino, avistado mejor desde el borde de la luna.

© Joanne M. Clarkson 2021

Kintsugi Spirit (*Espíritu Kintsugi*)
© *Danielle Helen Ray Dickson 2016*

Septiembre

Bhadro

Luna quimera
hacia dónde tu media luna
apoyándose en la gracia del presente
creciente y menguante
son una y la misma
a cada lado de una larga vida
fragmento ▢ Kro 2021

---))) sombar ---

♏

Lunes
18

☽△♄ 2:18 am
ΨPrH 7:35 am
☽✶☿ 2:52 pm

--- ♂♂♂ mongolbar ---

♏

Martes
19

☽☍♃ 3:15 am
☉☍Ψ 4:17 am
☽□♀ 5:29 am
♂⚻♃ 3:48 pm
☽☍♅ 5:46 pm

--- ☿☿☿ budhbar ---

♏
♐

Miércoles
20

☽△Ψ 12:06 am
☉✶☽ 1:47 am
☽✶♇ 3:21 am v/c
☽→♐ 7:06 am
☽□♄ 10:58 am
☉△♇ 10:21 pm

--- ♃♃♃ brihospotibar ---

♐

Jueves
21

☽□♅ 2:13 am
☽✶♂ 1:12 pm
☽△♀ 3:25 pm

--- ♀♀♀ sukrobar ---

♐
♑

Viernes
22

☽□Ψ 6:37 am
☉□☽ 12:32 pm v/c
☽→♑ 1:20 pm
☽✶♄ 4:44 pm
☉→♎ 11:50 pm

Equinoccio de otoño

☉→♎

Luna cuarto creciente en ♐ Sagitario 12:32 pm PDT
Sol en ♎ Libra 11:50 pm PDT

Todos los datos astrológicos están en PDT; Añadir 3 horas a EST; Añadir 7 horas al GMT

Año 2023: Una mirada para ♎ Libra (sept. 22–oct. 23)

En continuación al año pasado, las relaciones continuarán siendo un enfoque significativo en 2023. Durante los últimos años, puede que te hayas visto obligade a lidiar con expectativas no cumplidas. Ya que eres un signo cardinal de Aire, cuando aquellas personas que te importan te necesitan, es muy probablemente que te lances para cuidarlas. Puede ser frustrante para ti cuando tus seres queridos no te corresponden. Intenta entender que tener expectativas es justo, pero que a veces las personas no cumplen con su parte. Intenta no tomarlo personalmente—tus seres queridos también están consumidos por los varios requisitos que esta vida les exige. No se supone que sobre pienses tus conexiones; permite que se desarrollen orgánicamente. No te quedes encallade en lo difícil que a veces puede ser tratar de mantener ciertas amistades; confía en que el esfuerzo dará sus frutos. Una de las lecciones clave para ti es aprender a no sobrecargarte. Aunque el papel de las relaciones juega un rol importante, también tienes que atender a tu transformación interior. Puede ser difícil para tu energía cardinal el relajarte, pero cuando eliminas la necesidad de sobrecargarte, das espacio para el desarrollo personal. El mensaje aquí es centrarte en ti misme y aprender a decir "no." Este año gravitarás naturalmente hacia personas muy independientes: individuos. ¡Personas audaces! Intenta no obsesionarte con el romance, aunque puede que desees el abrazo de un amante. Tu habilidad de desligarte te proporcionará un espacio para florecer. Toma con calma lo cotidiano y dirige tu energía hacia el auto-cuidado.

Astrologer Six © Mother Tongue Ink 2022

© Elizabeth Diamond Gabriel 2017

♄♄♄ sonibar

♑

Sábado 23

♀△⚷ 1:17 am
☽△☿ 11:24 am
☽△♃ 3:12 pm
☽□♂ 8:17 pm

☉☉☉ robibar

♑ ♒

Domingo 24

☽△♅ 4:27 am
☽⚹♆ 10:02 am
☽☌♇ 1:05 pm v/c
♂☍⚷ 1:06 pm
☽→♒ 4:29 pm
☉△☽ 7:26 pm
☉⚻♄ 8:10 pm

Septiembre / Octubre

Mí Meán Fomhair / Mí Deireadh Fomhair

♒

Lunes
25

♉△♃ 5:10 am
☽□♃ 4:49 pm

♒
♓

Martes
26

☽△♂ 12:12 am
☽☍♀ 1:47 am
☽□♅ 5:38 am v/c
☽→♓ 5:18 pm
☽♂♄ 8:01 pm

♓

Miércoles
27

☿⊼♇ 3:30 pm
☽✶♃ 4:46 pm
☽PrG 5:45 pm
☽☍♉ 11:18 pm

♓
♈

Jueves
28

☽✶♅ 5:35 am
☽♂♆ 10:54 am
☽✶♇ 1:57 pm v/c
☽→♈ 5:17 pm

♈

Viernes
29

☉☍☽ 2:57 am
♀□♅ 10:52 am

Hebras de plata

Cada año, encuentro
más mechones plateados.
Cada año, encarno
la magia de la luna
un poco más.
◻ *Astrea Taylor 2019*

Luna llena en ♈Aries 2:57 am PDT

Todos los datos astrológicos están en PDT; Añadir 3 horas a EST; Añadir 7 horas al GMT

Frustrando la flecha de El Tiempo

Acampando junto a un río que corre azul glacial
nos cubrimos las espaldas con mantas,
sentades junto a un fuego,
bebiendo whiskey de tarros de masón
anticipando la llegada de las luciérnagas
que pacientemente esperan a los tardíos
murciélagos de la flota del crepúsculo
antes de encender sus lámparas.

Las gafas secas, perseguimos sus brillantes centelleos
como niñes, cortando todo lazo con la vida ordinaria;
respiramos el olor húmedo y verde de las hierbas recubiertas de rocío,
recordando una infancia sin magia,
reemplazándola con ésta, recién hecha,
abriéndose cual girasol en el resplandor flameante
del imperioso desdén de Olimpia
por la flecha recta del Tiempo.

▢ Christine Irving 2020

Diosa de la Luna © *Kay Kemp 2018*

ᚺᚺᚺ Dé Sathairn ───────

♈ ☽ Sábado
♉   30

☽☌♂ 5:19 am   ☽→♉ 6:18 pm
☽△♀ 7:08 am   ☽⚹♄ 8:45 pm
☿△♅ 9:55 am   ♂⚼♅ 9:38 pm
☽□♇ 2:49 pm v/c

─── ☉☉☉ Dé Domhnaigh ───────

♉ ☽ Domingo   Octubre
        |

☽☌♃ 6:37 pm

Octubre
October

☽☽☽ Monday

♉ ♊

Lunes
2

☿☍♆ 8:34 am
☽☌♅ 8:57 am
☽□♀ 1:07 pm
☽⚹♆ 2:47 pm
☽△☿ 3:41 pm
☽△♇ 6:19 pm v/c
☽→♊ 10:03 pm

♂♂♂ Tuesday

♊

Martes
3

☽□♄ 12:28 am
☿△♇ 12:20 pm
☉△☽ 5:03 pm
♀⚻♆ 5:21 pm

☿☿☿ Wednesday

♊

Miércoles
4

☿→♎ 5:08 pm
☽△♂ 8:32 pm
☽□♆ 9:37 pm
☽⚹♀ 11:34 pm v/c

♃♃♃ Thursday

♊ ♋

Jueves
5

☽→♋ 5:32 am
☽□☿ 7:33 am
☽△♄ 7:54 am
☿⚻♄ 10:03 am
♂⚻♆ 4:09 pm

♀♀♀ Friday

♋

Viernes
6

♀⚻♇ 5:49 am
☉□☽ 6:48 am
☽⚹♃ 8:29 am

Luna cuarto menguante en ♋ Cáncer 6:48 am

Todos los datos astrológicos están en PDT; Añadir 3 horas a EST; Añadir 7 horas al GMT

niña, mujer, abuela

Soy una madre nacida hace mil años
de corrientes de marea y conchas marinas.
Soy una hija criada por la sabia del granito y la piedra
escurriéndose por los pinos.
Sé todo esto y sin embargo,

La mayoría me ve como
Niña, esperando.

Sólo recientemente, en los intersticios,
han vislumbrado algunos a una mujer
perdida delirante en la canción

o, en las horas tranquilas del amanecer,
el fresco aroma de una mujer,
sosteniendo flores frágiles
en su palma.

Y aún menos,
tal vez sólo los búhos y la luna,
han visto destellos de la abuela,
antiguo ser renaciendo,
huesos hechos de pluma de ave
y arena.

¤ *Geneva Toland 2020*

Mama Moon (*Mamá luna*)
© *Anna Lindberg 2018*

ꜛꜛꜛ Saturday

♋
♌

Sábado
7

☽⚹♅ 1:22 am	☽□♂ 10:25 am
☉⚼♃ 2:04 am	☽⚼♇ 12:11 pm v/c
☽△♆ 7:58 am	☽→♌ 4:24 pm

☉☉☉ Sunday

♌

Domingo
8

☽⚹♉ 4:47 am
♂□♇ 6:05 pm
♀→♍ 6:11 pm
☽□♃ 7:55 pm

Octubre
listopad

♌

Lunes
9

☉⚹☽ 12:07 am
☽□♅ 1:36 pm
☽ApG 8:38 pm
♀☍♄ 11:11 pm

———— ♂♂♂ utorak ————————————————————

♌
♍

Martes
10

☽⚹♂ 2:36 am v/c
☽→♍ 5:02 am
☽☍♄ 7:06 am
☽☌♀ 7:46 am
♁D 6:10 pm
♇PrH 11:06 pm
☉☍♅ 11:20 pm

¡Momento de encargar We'Moon 2024!
Envio gratuitoa EE UU del 10-13ª de Octubre
Código de promoción: Lucky13 www.wemoon.ws

———— ☿☿☿ srijeda ————————————————————

♍

Miércoles
11

☽△♃ 8:06 am
♂→♏ 9:04 pm

———— ♃♃♃ četvrtak ————————————————————

♍
♎

Jueves
12

☽△♅ 2:01 am
☿⚹♃ 5:32 am
☽☍♆ 8:42 am
☽△♇ 1:10 pm v/c
☽→♎ 5:22 pm

———— ♀♀♀ petak ————————————————————

♎

Viernes
13

♂△♄ 5:29 am

Amigas

Inocente del mundo adulto
llenamos nuestras imaginaciones
hasta el borde y bebimos
el oro fresa de las palabras.
Volamos como Amelia Earhart,
motores jóvenes resoplando ideas
al gran misterio
donde resuena el "yo puedo con esto" y
la amistad es tan ligera como las nubes cúmulos
en límpidos mares de azul.

luego nos invadieron las reglas sólo para adultos
arrancando el acelerador de las manos, rompiendo la brújula
creyendo que no podríamos encontrar nuestro camino al revés
realizando acrobacias evasivas temerarias
tejiendo a través de las nubes nimbo de lluvia
apagando nuestros motores para bucear en silencio
a través del granizo girando como telarañas
y flotando el descenso, escribiendo en el cielo nuestras vidas
como corriente en chorro a través de estratos
agitando nuestras gorras bermellón a nuestros yo adultes
para llamarles de vuelta a casa.

¤ *Stephanie A. Sellers 2021*

 ♄♄♄ subota

 ♎ Sábado
14

☽♂♉ 1:58 am
☉♂☽ 10:55 am
♉♂♄ 3:31 pm

Luna nueva en ♎ Libra 10:55 am PDT
* Eclipse anular solar 10:59 am PDT

 ☉☉☉ nedjelja

 ♎
♏ Domingo
15

☽□♇ 12:01 am v/c
☽→♏ 4:04 am
☽△♄ 5:41 am

☽♂♂ 8:35 am
☉⚻♅ 12:43 pm
☽⚹♀ 3:51 pm

Cuando el final venga

Mírale a los ojos
hasta que tus lágrimas hagan del paisaje un jardín de Monet,
difuminando el borde acentuado del acantilado
tú entrarás más allá hacia el vacío.

Cuando el final venga
quédate a solas con la pena
aunque ella se rehuse a hablarte,
deja que el silencio sea arcilla en la herida
que saque tus propias y escondidas palabras esenciales.

Cuando el final venga
salúdale como a un invitado
que destruirá la casa
pero dejará una copa dorada
de la que no sabrás cómo beber al principio.

Cuando el final venga
sostenlo entre tus brazos como un huevo, caliéntalo con tu cuerpo
de modo que un día cuando tu espalda curvada lo rodeé con pena
de los huesos desnudos de tus hombros
exhalarán alas.

© Sophia Rosenberg 2019

Iniko *© Sandra Stanton 2021*

XI. PASAJE

Luna XI: octubre 14–noviembre 13

Luna nueva en ♎ Libra oct. 14; Sol en ♏ Escorpio oct. 23; Luna llena en ♉ Tauro oct. 28

Condor Corridor *(Corredor del cóndor)* © *Serena Supplee 2004*

Octubre
Ashshin

© Tamara Phillips 2015

Dragonfly *(Libélula)*

〰〰〰 sombar ───────

♏︎

Lunes
16

☽☌♃ 4:31 am
☽☌♅ 10:01 pm

♂♂♂ mongolbar ───────

♏︎
♐︎

Martes
17

☽△♆ 4:20 am
☿☌♅ 7:48 am
☽⚹♇ 8:43 am v/c
☽→♐︎ 12:36 pm
☽□♄ 2:02 pm

☿☿☿ budhbar ───────

♐︎

Miércoles
18

♂ApH 2:21 am
☽□♀ 4:15 am
☉⚺♆ 8:40 pm

♃♃♃ brihospotibar ───────

♐︎
♑︎

Jueves
19

☿⚺♆ 7:11 am
☽□♆ 10:52 am
☽⚹♅ 11:25 am
☉⚹☽ 12:02 pm v/c
☽→♑︎ 6:55 pm
☽⚹♄ 8:10 pm
☉☌♅ 10:38 pm

♀♀♀ sukrobar ───────

♑︎

Viernes
20

☽⚹♂ 4:54 am
☽△♀ 1:59 pm
☽△♃ 4:30 pm
☿□♇ 5:51 pm

TODOS LOS DATOS ASTROLÓGICOS ESTÁN EN PDT; AÑADIR 3 HORAS A EST; AÑADIR 7 HORAS AL GMT

Altar para la muerte

Haz un espacio para la muerte en tu altar,
recoge los cuerpos de abejas, mariposas y escarabajos,
pájaros, inclusive,
deja que tus frutos se descompongan,
recóje los huesos y plumas que encuentres,
admíralos,
llévalos a casa,
entierra cosas,
y desentiérralas de nuevo,
para ver como la tierra las ha hecho suyas,
respira profundamente y sostén el aire,
quema cosas,
y dispersa las cenizas en la tierra de tus plantas,
llora,
llora tan fuerte, profundo y frecuente como puedas,
haz un luto como si fuera un proyecto comunitario,
involucra a tu familia
tanto como celebramos a la vida
debemos bailar y cantar a lo que ha muerto y ya ha venido
antes, e inevitablemente vendrá de nuevo.

Si le das el espacio, la muerte puede crear algo
extraordinariamente hermoso en el altar de tu vida.

© *Brittany May Gill 2021*

───────── ♄♄♄ sonibar ─────────

♑
♒

Sábado
21

☉□♇	7:09 am	♀△♃	9:32 pm
☽△♅	9:21 am	☽□♅	11:00 pm v/c
☽✳︎♆	3:17 pm	☽→♒	11:06 pm
☽♂♇	7:33 pm	♅→♏	11:49 pm
☉□☽	8:29 pm		

Luna cuarto creciente en ♑ Capricornio 8:29 pm PDT

───────── ☉☉☉ robibar ─────────

♒

Domingo
22

♅△♄	9:12 am
☽□♂	11:21 am
☽□♃	7:27 pm

Octubre
Mí Deireadh Fomhair

⊙→♏ · Escorpio

—————— ☽☽☽ Dé Luain ——————

♒ Lunes
23

⊙→♏ 9:21 am
☽□♅ 12:04 pm v/c

Sol en ♏ Escorpio 9:21 am PDT

—————— ♂♂♂ Dé Máirt ——————

♒
♓ Martes
24

⊙△♄ 12:13 am
☽→♓ 1:33 am
☽♂♄ 2:34 am
⊙△☽ 2:45 am
☽△♅ 7:57 am
☽△♂ 3:58 pm
☽⚹♃ 8:57 pm

—————— ☿☿☿ Dé Céadaoin ——————

♓ Miércoles
25

☽☍♀ 2:52 am
☽⚹♅ 1:35 pm
☽♂♆ 7:22 pm
☽PrG 7:52 pm
☽⚹♇ 11:39 pm v/c

—————— ♃♃♃ Dé Ardaoin ——————

♓
♈ Jueves
26

☽→♈ 3:01 am
☿ApH 6:05 pm
♀⚻♇ 6:10 pm

—————— ♀♀♀ Dé Haoine ——————

♈ Viernes
27

Sin aspectos exactos

—————————————————————————————————

Todos los datos astrológicos están en PDT; Añadir 3 horas a EST; Añadir 7 horas al GMT

Año 2023: Una mirada para ♏ Escorpio (Oct. 23–nov. 22)

El año pasado aprendiste sobre el poder de escoger estar en el presente, tomando decisiones determinantes, y comprometiéndote contigo misme a hacer aquello que se tiene que hacer. ¡Felicidades! La capacidad de lanzarse a oportunidades momentáneas es la llave que abrirá la puerta a oportunidades infinitas. Ha habido una demanda prolongada para que te establezcas; algo que puede dar miedo y ser abrumador. Requiere un cierto grado de conformidad y con todos los nuevos conocimientos que estás desarrollando, probablemente se te haga difícil encontrar un hogar base. La mejor manera de atravesar el principio de 2023: aceptación. Aceptar donde estás ahora y liberarte del deseo de crear cambios drásticos, al no ser que estés convencide que un cambio radical es lo que deseas. Si pasas este año sin poder conectarte a tierra, será difícil que encuentres tu lugar. Céntrate en tu estado físico, desarrolla una rutina estructurada, y presta más atención a tu salud. La parte más difícil de cuidarte es el comenzar y luego se convierte en algo totalmente natural. Hacia el final del año, habrá lugar para el amor y el romance. Reconoce que no todas las conexiones deben convertirse en un compromiso y el amor conlleva riesgos y esos riesgos deben tener sentido. Recuerda la responsabilidad que conlleva el sostener una relación íntima. No es fácil, pero puede ser significativo.

Astrologer Six © Mother Tongue Ink 2022

Albedo
© Kimberly Webber 2017

───── ♄♄♄ Dé Sathairn ─────

♈ ☿
Sábado
28

☽□♇ 1:20 am v/c	☉☌☽ 1:24 pm
☽→♉ 4:44 am	☿☌♃ 8:44 pm
☽⚹♄ 5:40 am	☽☌♃ 11:36 pm
♂☌♃ 9:03 am	

* Eclipse parcial Lunar 1:14 am PDT
Luna llena en ♉ Tauro 1:24 pm PDT

───── ☉☉☉ Dé Domhnaigh ─────

♉
Domingo
29

☽☌♅ 12:00 am	☽△♀ 2:33 pm
☽☌♂ 12:30 am	☽☌♅ 5:36 pm
☿☌♂ 7:22 am	☽⚹♆ 11:50 pm

───────────────────────────

Octubre / Noviembre
October / November

Recuerda quién eres

Cuando muera
puede que me desprenda
y salga de este zapato ajustado
puede que mi alma baile
y florezca,
y mis memorias se desvanezcan.
fragmento © Emily Kell 2020

ᘰᘰᘰ Monday

♉
♊ ⟨☽⟩ **Lunes**
30

☽△♇ 4:36 am v/c
☽→♊ 8:08 am
☽□♄ 9:04 am

♂♂♂ Tuesday

♊ ⟨☽⟩ **Martes**
31

♀△♅ 5:51 am

Samhain / Hallowmas

☿☿☿ Wednesday

♊
♋ ⟨☽⟩ **Miércoles**
1

☽□♀ 12:25 am
☽□♅ 5:36 am v/c
☿⊼♆ 8:45 am
♃PrH 2:00 pm
☽→♋ 2:30 pm
☽△♄ 3:28 pm

Noviembre

♃♃♃ Thursday

♋ ⟨☽⟩ **Jueves**
2

☉△☽ 9:23 am
☽✶♃ 10:31 am
☽△♂ 7:01 pm
☉☍♃ 10:02 pm

♀♀♀ Friday

♋ ⟨☽⟩ **Viernes**
3

☽△☿ 3:49 am
☽✶♅ 7:36 am
☽✶♀ 2:49 pm
☽△♆ 2:50 pm
♀☍♆ 3:05 pm
☽☍♇ 8:28 pm v/c

TODOS LOS DATOS ASTROLÓGICOS ESTÁN EN PDT; AÑADIR 3 HORAS A EST; AÑADIR 7 HORAS AL GMT

Samhain

Ahora nos deslizamos entre tiempos, el punto quieto donde desciende el silencio. No es demasiado tarde para recordar, cantan las piedras. Todavía estamos aquí, parte de todo aquello que sobrevive, para seguir cargando las historias, creando el arte, haciendo toda la magia que podamos. Aquí, en las sombras, con una fina luna plateada como compañía, persistimos en preparar juntos rastros de esperanza. Recordamos que hemos pasado por el hambre y la fatiga. Hemos puesto nuestras manos sobre la tierra húmeda y le hemos dado forma de vasijas que pueden caminar a través del fuego. Hemos cruzado continentes y nutrido a innumerables generaciones con nuestro cuerpo, respiración y oraciones. Plantamos nuestros pies sobre una tierra viva, levantamos los brazos al cielo abierto, escuchamos la noche. Honramos a los sin nombre y persistimos en remendar la telaraña, con las manos extendidas, los ojos encendidos y los cuerpos gastados, pero todavía de pie aquí. Juntes. Es hora de tejer nuevas historias a partir de los huesos de cosas viejas y olvidadas, mezclándolas con las semillas doradas de la posibilidad y los destellos de la inspiración, tocando este momento del ahora.

Molly Remer © Mother Tongue Ink 2022

River in Autumn (*Río en otoño*) ◻ *Jeanette M. French 2021*

La temporada de la bruja

Mujer sagrada,
ella que juega con el fuego y la noche,
la que habla con los muertos,
mujer curandera, partera,
sanadora, mística, madre, bruja,
hechicera sagrada,
ella la que hace hechizos para mantener
el orden y el balance en el reino espiritual,
una invocación para venerar.
Bruja sagrada,
artesana de la oscuridad primordial,
 ella quien ha sido robada de nosotras,
   su sabiduría robada y quemada,
      cientos de años
         has sido reprimida,
            diosa oscura,
               bruja sagrada,
                  te recupero y recuerdo
                     que yo traigo tus enseñanzas y magia
                        en mis huesos y en mi sangre,
                           tú eres mi intuición; ancestra,
                              te honro a ti vientre caminante,
                              protectora del otoño profundo,
                              oradora más allá del velo,
                              gracias por revelarte a ti misma,
                              entrelazándote a las nebulosas
                              en el portal del samhain
                              donde tú y nuestros
                              seres queridos muertos
                              yacen más cerca que nunca.
                           Temporada de la bruja

◻ Tasha Zigerelli 2020

Full Moon Magic (Magia de luna llena) © María Cristina Guerriero 2018

ProtectHer *(ProtegeLa)* © *Poetically Illustrated 2020*

♋
♌

Sábado
4

♄D   12:03 am
☽→♌ 12:21 am
☿☍♅   9:07 am
☽□♃   8:46 pm

☉☉☉ Sunday

♌

Domingo
5

☉□☽   1:37 am
♂⚻♇   1:44 am
☽□♂   9:00 am
☽□♅   6:11 pm
☽□♄ 11:25 pm v/c

Luna cuarto menguante en ♌ Leo 1:37 am PDT
Finaliza el horario de verano 2:00 am PDT

Noviembre
studeni

Lunes
6

♀△♇ 6:38 am
☽→♍ 11:39 am
☽☍♄ 12:42 pm
☽ApG 1:57 pm
☿△♆ 5:36 pm

♍

Martes
7

☽△♃ 7:43 am
☉⚹☽ 6:54 pm

♍

Miércoles
8

☽⚹♂ 1:29 am   ☿⚹♇ 4:17 pm
♀→♎ 1:30 am   ☉⚻♅ 7:01 pm
☽△♅ 6:40 am   ☽△♇ 8:20 pm
♀⚻♄ 1:13 pm   ☽⚹☿ 8:55 pm v/c
☽☍♆ 2:20 pm

♍
♎

Jueves
9

☽→♎ 12:08 am
☽♂♀ 2:23 am
☿→♐ 10:25 pm

♎

Viernes
10

☿□♄ 7:07 am

Lavandería cósmica

Eventualmente
todos nos encontramos aquí
clic clac, ahí va nuestra plata
un año a la vez.
No hay por qué preocuparse,
anda y siéntate o
arrímate en el borde y
mira cómo se oculta el sol,
tómate tu tiempo esta vez
y solo medita,

empieza otro capítulo
dile a los niñes que vayan
a recoger flores
mientras lo último que te queda
del tiempo que ya no tienes
se enjuaga para siempre.
Cuando los vuelos cesan y
el lugar se vuelve silencioso
descansa tus ojos.
Quedas como nueva,
como las sábanas frescas de la abuela
con vapor de lavanda.

Gertie with a Poppy in Her Hair
(Gertie con un amapola in su cabella)
© *Carol Wylie 2010*

Cuando una mesera del 3er turno
con su pila de delantales
pone el premio mayor
en la máquina
y las monedas se derraman
como en Las Vegas
sus chispas revoloteando
alrededor de tu cuerpo
tintineantes brillantes como oro,
sé tu misma por fin
y sigue tu camino.

◻ *Stephanie A. Sellers 2021*

ᚺᚺᚺ subota

♎
♏

Sábado
11

☽□♇   7:05 am v/c
☽→♏ 10:39 am
☽△♄ 11:43 am
♂☍♅ 1:11 pm

☉☉☉ nedjelja

♏

Domingo
12

☽☍♃ 4:09 am

Alimenta el fuego

Alimenten el fuego queridas;
escuchen a las llamas.

Adentro, hay transformación
afuera se siente el quemar.

Casi como si fuera demasiado en el momento.
Ríndete y ahí, el alquimista se revela.

Si te sientes atascade o retade
pregúntate a ti misme:
"¿Cuándo fue la última vez que me senté junto al fuego?"

"¿Cuándo fue la última vez que miré fijamente a la llama?"
Pidiendo ayuda,
pidiendo claridad,
y al mismo tiempo,
sintiendo su calor protector
sin dejarse perder, ese no es el punto . . .
El objetivo, es dejar que esa sensación de estar perdide
te haga madurar,
Desorienta a las formas rígidas
que ya no te sirven.

Esas maneras,
que solo al descomponerse,
traen nueva vida.

Deja que la llama de la esperanza
te cante, te susurre en tus sueños,
como promesa de ese recorrido
vida, iluminada.

¤ *Alexa Iya Soro 2021*

Sitting with Pele *(Sentada con Pele)* © *Francene Hart Visionary Artist 2018*

Noviembre
Kartik

 ⟫⟫⟫ sombar ────────────────────────────────

Lunes
13

Samhain lunar

⊙☌☽ 1:27 am
☽☍♅ 2:05 am
♅PrH 3:42 am
☽☌♂ 4:18 am
☽△♆ 9:20 am

⊙☍♅ 9:20 am
☽⚹♇ 3:03 pm v/c
☽→♐ 6:23 pm
☽□♄ 7:28 pm

Luna nueva en ♏ Escorpio 1:27 am PST

──────────── ♂♂♂ mongolbar ────────────

Martes
14

☽☌♉ 6:04 am
☽⚹♀ 6:44 am

──────────── ☿☿☿ budhbar ────────────

Miércoles
15

☿⚹♀ 4:48 am
☽□♆ 2:57 pm v/c
☿⊼♃ 7:35 pm
☽→♑ 11:41 pm
♀⊼♃ 11:48 pm

──────────── ♃♃♃ brihospotibar ────────────

Jueves
16

☽⚹♄ 12:48 am
☽△♃ 2:48 pm
☽□♀ 4:16 pm

──────────── ♀♀♀ sukrobar ────────────

Viernes
17

♂△♆ 12:36 am
⊙△♆ 6:52 am
☽△♅ 11:51 am
☽⚹♆ 6:52 pm
⊙⚹☽ 7:49 pm
☽⚹♂ 7:51 pm
⊙☌♂ 9:42 pm

TODOS LOS DATOS ASTROLÓGICOS ESTÁN EN PST; AÑADIR 3 HORAS A EST; AÑADIR 8 HORAS AL GMT

Espacio liminal

En mi mundo hemos estado estirades tensamente,
como un yo-yo en su apogeo,
expulsado para hacer un relajo
en las aguas de lluvia apabulladas.
Resistimos nuestros brazos ante este momento radiante
de centrifugante posibilidad.
No estoy segura si estoy lista
para que mi vida me sacuda
de esta sensación de que
algo maravilloso está a punto de
moverse, cambiar, suceder.

Al mismo tiempo,
aunque estoy casi aniquilada,
me siento contenta por esta ruptura interna,
por el sentido de pertenencia
la gravedad de la tierra como amor,
columpiándome
entera y sagrada.

fragmento ¤ marna scooter 2020

ⵕⵕⵕ sonibar

♑
♒

Sábado
18

☽☌♇ 12:27 am v/c
☽→♒ 3:27 am
☽□♃ 5:50 pm

☉☉☉ robibar

♒

Domingo
19

☽△♀ 12:12 am
☽⚹♅ 2:39 am
☽□♅ 2:53 pm

Noviembre
Mí na Samhna

≈
♓

Lunes
20

☽□♂ 1:38 am
☉□☽ 2:50 am v/c
☽→♓ 6:29 am
☽♂♄ 7:45 am
☉⚹♇ 1:26 pm
♀△♅ 7:08 pm
☽⚹♃ 8:19 pm

Luna cuarto creciente en ≈ Acuario 2:50 am PST

♓

Martes
21

☽□♅ 11:16 am
☽PrG 12:56 pm
♂⚹♇ 5:18 pm
☽⚹♅ 5:35 pm

♓
♈

Miércoles
22

☽♂♆ 12:45 am
☉→♐ 6:03 am
☽⚹♇ 6:29 am
☽△♂ 7:09 am v/c
♀☍♃ 8:44 am
☽→♈ 9:19 am
☉△☽ 9:34 am

☉→♐

Sol en ♐ Sagitario 6:03 am PST

♈

Jueves
23

☉□♄ 1:47 am
☽☍♀ 2:57 pm
☽△♅ 7:52 pm

♈
♉

Viernes
24

☿⚹♅ 1:27 am
♂→♐ 2:15 am
☽□♇ 9:40 am v/c
☽→♉ 12:28 pm
☽⚹♄ 1:59 pm

Estoy aquí...
…para hacer que otra gente
se sienta tan incómoda con mi salvajismo
que revuelve y transforma.
Estoy aquí
para ser la expresión más completa
de quien soy.
fragmento © Brittany May Gill 2021

Año 2023: Una mirada para ♐ Sagitario (nov. 22–dic. 21)

Un espíritu de amor guía este año—¡muy afortunado para ti! A través del amor, podrás esperar nuevo/as amigues, nuevas experiencias, y muchas razones para tener una maleta de viaje preparada. Si estás preparade para aprender y mantener la mente abierta, el Universo te ofrecerá abundancia. Después de unos años forzándote a desnudarte y reconocerte sin adornos, este año te dará la capacidad para reinventar tu estilo. Serás desafiade a ser creative y pensar afuera de esquemas. Sé audaz y diseña tu estilo con invenciones de moda fabulosamente impresionantes o aporta ideas audaces para mejorar tu comunidad o apoyar hábitats a nivel local o en el extranjero. Intenta no estar disperse durante principios de año y toma en cuenta que el obtener muchos pretendientes amorosos pueden desviarte de tu camino. Mientras progresa el año, podrás centrarte mediante el auto-cuidado. Si no te encuentras participando en una comunidad de bienestar, el verano de 2023 es un momento excelente para participar en una. Descubrirás perlitas de sabiduría las cuales te proporcionarán ayuda en tu crecimiento personal. Este año deberás concéntrate en establecer una base sólida. Cultiva la casa de tus sueños, conéctate con tu sociedad espiritual y entiende cómo el cuidar mejor de ti misme, transformará tu vida para lo mejor. No hay prisa cuando nos referimos al crecimiento personal; afortunadamente las estrellas están de tu lado.

Astrologer Six © Mother Tongue Ink 2022

You have to go through the fire to come out gold
(Tú tienes que pasar por el fuego para salir dorada)
☿ Emma Abel 2021

——— ♄♄♄ Dé Sathairn ———

♉ ☽ Sábado
25

☽☌♃ 1:42 am
♂□♄ 8:57 am

——— ☉☉☉ Dé Domhnaigh ———

♉ ☽ Domingo
♊ 26

☽☌♅ 12:03 am   ☽→♊ 4:40 pm
☽⚹♆ 7:42 am   ☽□♄ 6:22 pm
♀⚻♅ 7:49 am   ☽☍♂ 8:08 pm
☽△♇ 1:52 pm v/c

Noviembre / Diciembre
November / December

Mushroom Studies
(*Estudios de hongas*)
¤ *Zoe Zum 2020*

——)))) Monday ——

♊

Lunes
27

☉☌☽ 1:16 am
☿□♆ 5:27 am

—— ♂♂♂ Tuesday ——

Luna llena en ♊ Géminis 1:16 am PST

♊
♋

Martes
28

☽△♀ 9:54 am
☽□♆ 1:30 pm
☽☌♅ 5:03 pm v/c
☽→♋ 10:54 pm

—— ☿☿☿ Wednesday ——

♋

Miércoles
29

☽△♄ 12:51 am
☉⊼♃ 9:38 am
☽✳♃ 12:21 pm

—— ♃♃♃ Thursday ——

♋

Jueves
30

♀⊼♆ 2:13 am
☽✳♅ 1:20 pm
☽△♆ 10:04 pm

—— ♀♀♀ Friday ——

♋
♌

Viernes
1

Diciembre

☽□♀ 12:09 am
☽☌♇ 5:07 am v/c
☿→♑ 6:31 am
☽→♌ 8:00 am
☽△♂ 6:48 pm
☽□♃ 9:44 pm

Oscuras señales de luz

Ellos sostienen a la tierra y salen a través del barro:
colmenilla, melenas peludas, chanterelles—
lodosas señales de luz en la oscuridad
susurrando lenguas extranjeras
Ellos mantienen la respiración de los bosques,
qué extrañas y brillantes criaturas
a menudo imperceptibles al ojo humano
laboriosos cremosos hongos transforman
venenos en pociones o flores escarlata
con puntos blancos, criaturas exóticas.
de planetas lejanos espiando
a través de piedras y ramas

En general no hay por qué temerles
sino más bien examinarles de cerca
los tipos venenosos
de los comestibles
y de los gentiles alucinógenos
búscalos y
cuidadosamente devóralos
pero deja a estos genios
revolver su poder

© Claire Blotter 2018
publicado anteriormente en Fungi Magazine

Fungi Love *(Amor a los hongas)*
© *Kristen Roderick 2020*

ꁼꁼꁼ Saturday ---

♌ Sábado
2

☉△☽ 3:45 am
☿⚹♄ 7:27 am

--- ☉☉☉ Sunday ---

♌ ♍ Domingo
3

☽□♅ 12:13 am   ☽⚹♀ 6:11 pm v/c
♀□♇ 5:29 am   ☽→♍ 7:50 pm
♂△♃ 3:20 pm   ☽☍♄ 10:26 pm

Diciembre
prosinac

Lunes
4

☽△♀ 2:12 am
☽△♃ 9:32 am
☽ApG 10:48 am
♀→♏ 10:51 am
☽□♂ 10:52 am
☉□☽ 9:49 pm

Luna cuarto menguante en ♍ Virgo 9:49 pm PST

━━━ ♂♂♂ utorak ━━━

Martes
5

☽△♅ 12:45 pm
♀△♄ 2:51 pm
☽☍♆ 10:17 pm

━━━ ☿☿☿ srijeda ━━━

Miércoles
6

♆D 5:22 am
☽△♇ 5:50 am v/c
☽→♎ 8:34 am
☽□♀ 8:00 pm

━━━ ♃♃♃ četvrtak ━━━

Jueves
7

☽⚹♂ 3:16 am
☉⚹☽ 3:37 pm
☉△♀ 4:12 pm
♀△♃ 8:08 pm

━━━ ♀♀♀ petak ━━━

Viernes
8

☽□♇ 5:05 pm v/c
☽→♏ 7:35 pm
☽△♄ 10:33 pm

TODOS LOS DATOS ASTROLÓGICOS ESTÁN EN PST; AÑADIR 3 HORAS A EST; AÑADIR 8 HORAS AL GMT

Atónita

Escucha, intento quedarme atónita
por la belleza del florecer
en cada primavera que yo viva
perpleja por la majestuosidad del cielo
transformada por la luz del rostro de mis amistades
déjame decirte
no voy a estar seria cuando jugar está permitido
he pasado por demasiados lugares oscuros
como para perder el tiempo censurando lo que está permitido
para darme alegría
me he puesto de rodillas y en alas
con un corazón
sorprendido día a día
por su elástica grandeza
de algún modo,
he convertido
paja en oro
carbón en diamantes
dolor en energía
pues me comprometo
a seguir amando
a este mundo desquiciado

© Nell Aurelia 2021

Rebirth (Renacer) © Raven Borgilt 2021

ⵢⵢⵢ subota

♏︎ Sábado

9

☽☌♀ 6:23 am
☽☍♃ 7:41 am
☽✶☿ 9:46 am
♀☍♃ 7:35 pm

☉☉☉ nedjelja

♏︎ Domingo

10

☽☍♅ 9:03 am
☽△♆ 5:58 pm

Mi naturaleza

Mi piel, simplemente creada del barro, tierra y lluvia
que se acumula en los lugares bajos que se esconden del sol
para hacer posibles la vida, los renacuajos y los foxinos, quizás.
Mis huesos, un tótem de calcio que dice,
Aquí estoy de pie, Allá corro,
Allá cerca de aquel lugar donde me caí y a pesar de todo eso
estoy aquí. Mi rostro, la luna del día y la noche, que
mira, a lo que se rehúsa a apartar la mirada, que conoce su hogar
como a ella misma entre las estrellas. Mi sangre, el río
que sostiene a las colinas y los valles, así como libre
recorre y alimenta cada pulgada mía. No hay Lewis o Clark
que puedan descubrir mi misterio. Mis manos, esas herramientas
de transformación, como hacen lo que les pido,
con sus dedos soldados en formación, siempre listos.
Mi respiración, el suave e irregular viento que va hacia
dentro y fuera de mí, tomando lo que necesito, dando a cambio
interminablemente, los momentos milagrosos de ser abundante.
Los dedos de mis pies,
los pequeños danzantes equilibristas que son
los últimos en besar la tierra mientras brinco,
mal o bien, no importa
como caigo, ellos están siempre conmigo y le dan la bienvenida a la
tierra que regresa a mi cuerpo. La tierra, lluvia, barro, calcio,
luna, río, colinas, valle, misterio, viento y
bailar, brincar y regresar: estos son los elementos
y movimientos mágicos que forman mi naturaleza.

◻ Cassie Premo Steele 2021

Into the Light (*Hacia la luz*) © *Catherine Molland 2020*

Cuando la oscuridad se voltea sobre ti

Camina hacia tu círculo sagrado
reúne todos los premios que el Universo
ha acumulado para ti como estrellas en el cielo
en anticipación a tu llegada
sabiendo que eres amada por las Diosas
lanza tu corazón hacia la vida y baila

fragmento ▫ Deborah K. Tash ∣ White Wolf Woman 2013

Diciembre

Ogrohaeon

Knitting Together a Life *(Tejiendo juntas una vida)*
© *Melissa Harris 2014*

Lunes
11

☽⚹♇ 12:57 am v/c
☽→♐ 3:11 am
☽□♄ 6:13 am
☿⚹♀ 11:18 am
☉⚻♅ 10:21 pm

Martes
12

☽☌♂ 2:05 am
☉☌☽ 3:32 pm
☽□♆ 10:48 pm v/c
☿R 11:09 pm

Luna nueva en ♐ Sagitario 3:32 pm PST

Miércoles
13

☽→♑ 7:31 am
☽⚹♄ 10:39 am
☽△♃ 5:51 pm
☽☌☿ 9:47 pm

Jueves
14

☽⚹♀ 2:55 am
☽△♅ 5:00 pm

Viernes
15

☽⚹♆ 1:27 am
☽☌♇ 8:03 am v/c
☽→♒ 9:56 am
♂△♇ 2:55 pm
☽□♃ 7:52 pm

Ese regocijo en la nada

Algunas veces te levantas con una inexplicable alegría
con las tripas enrolladas cual gato Cheshire sonriendo de oreja a oreja
y tu hombro izquierdo echado para atrás como guiñando el ojo
que nadie más puede ver.

Y miras alrededor
buscando la fuente de este engreído deleite

Pero no puedes con un vistazo explicar su origen
en nada en particular
ni en el susurro de la mañana
que te llama a despertarte sutilmente justo a tiempo

Antes que nadie ni siquiera piense en levantarse
a esa hora de café o té del sombrerero loco
incluso antes que la luz del sol se haya levantado
entonces sabes que ni la belleza es la responsable

No por eso.

Este es el mejor regocijo.
Este es el primer regocijo.
Este es el último regocijo.

Ese el regocijo en la nada.

© Nhien Vuong 2019

ㅅㅅㅅ sonibar

≈

Sábado
16

☽□♀ 9:33 am
☽PrG 10:58 am
☽⚹♂ 12:52 pm
☽□♅ 6:53 pm
☉□♆ 7:43 pm

☉☉☉ robibar

≈
⊬

Domingo
17

☉⚹☽ 4:04 am v/c
♀⚹♃ 11:49 am
☽→⊬ 11:58 am

☽♂♄ 3:32 pm
☽⚹♃ 9:49 pm
☽⚹☿ 10:20 pm

Wish (Deseo) © Brianna Capra 2015

Solsticio de invierno

¡Nos regocijamos! Porque la Luz nace una vez más y volvemos a descubrir nuevamente que el cuerpo y la divinidad están hechos de las mismas cosas. Renacido este día, existe el aliento de lo sagrado en cada labio, el beso de renovación en cada frente, el grito de conciencia recién nacido en cada garganta, el sabor fresco de la maravilla en cada lengua y debajo de la punta de cada dedo, el toque de alegría.

En las profundidades del tiempo de las cavernas, cuando el resplandor plateado de la sombra de la luna y el fuego del corazón del hogar nos reconforta, juntamos fibras para tejer nuestras comunidades en su totalidad. Puede haber franjas de incertidumbre y manchas de dolor, largas extensiones grises y estallidos de color, pero cada une de nosotres contribuye al patrón del alma del mundo.

Dejemos ir nuestras nociones de demasiado tarde, nunca y no hay tiempo suficiente y dejemos que nuestros dedos recorran nuestras vidas, recolectando experiencias del año pasado y sosteniéndolas con ternura, tanto las dulces, como las de espinas. Respira con facilidad. Mantén tus ojos en esos irreprimibles reflejos plateados y mantén las manos abiertas. Aún queda mucho trabajo por hacer.

Molly Remer © Mother Tongue Ink 2022

Sanando las heridas del agua

Reza por las aguas, sana el agua en ti misma y en tu comunidad, déjate apoyar, mientras (continuas) ofreciendo tu apoyo incansable y derramando tus dones para parar los oleoductos, liberar los ríos, sanar los bosques, cantándole a la vida silvestre. Sé más amorosa y desafiante como nunca lo has sido en tus acciones pasadas en el nombre de la tierra y el agua, cruza más barreras de las que ni siquiera te imaginabas.

Ten ceremonias de sanación para el agua y para nuestros cuerpos y pronuncia fuertemente nuestros nombres. Sánate a ti misma y a la tierra más y más y más. Cántale a la tierra y una a la otra y canten a sus cuerpos pujantes llenos de vida. Cántale a tu belleza, tu vida, tus sueños, tu dolor, tu pena, tus terrores y traumas y tus heridas. Canta a todos los seres en todas sus formas. Enséñense a llorar. Invoca la liberación de las aguas en tu cuerpo, en los cuerpos de todas, en todos los ríos. Deja que las aguas se enfurezcan. Deja que las aguas arrasen. Deja que las aguas se regeneren, se renueven y sanen.

fragmento ¤ amara hollow bones 2021

Emissary (*Emisaria*) ¤ *Melissa Winter 2017*

Diciembre
Mí na Nollag

 ▷▷▷ Dé Luain ───────

 ## Lunes
18

☿△♃ 6:28 am
☽△♀ 4:30 pm
☽□♂ 5:58 pm
☽⚹♅ 9:14 pm

En la oscuridad

En la oscuridad de la noche más larga
en el vientre de la madre cósmica,
rítmica y pulsante otra,
en la hora de la medianoche
el poder
de la luz renace . . .

fragmento ▢ Casey Sayre Boukus 2019

─────── ♂♂♂ Dé Máirt ───────

 ## Martes
19

☽♂Ψ 6:07 am
☉□☽ 10:39 am
☽⚹♇ 1:03 pm v/c
☽→♈ 2:47 pm
☽□♅ 9:42 pm

─────── ☿☿☿ Dé Céadaoin ───────

Luna cuarto creciente en ♓ Piscis 10:39 am PST

 ## Miercoles
20

♀☍♅ 11:04 pm

─────── ♃♃♃ Dé Ardaoin ───────

 ## Jueves
21

☽△♂ 12:23 am   ☽→♉ 6:50 pm
☿⚹♄ 4:33 am   ☉→♑ 7:27 pm
♂⚻♅ 6:44 am   ☽△♅ 9:21 pm
☽□♇ 5:11 pm   ☽⚹♄ 11:08 pm
☉△☽ 6:47 pm v/c

Solsticio de invierno

☉→♑

Sol en ♑ Capricornio 7:27 pm PST

─────── ♀♀♀ Dé Haoine ───────

 ## Viernes
22

☽♂♃ 4:53 am
☉♂♉ 10:54 am
☿PrH 6:20 pm
☿→♐ 10:17 pm

─────────────────────────────

Año 2023: Una mirada para ♑ Capricornio (dic. 21–enero 20)

Capricornio, el mundo es tu parque infantil. Independientemente de dónde vives, hay inspiración para ser encontrada. Si el lugar es una jungla de cemento, toma nota de cómo la vida salvaje alrededor interactúa con el pavimento. Para aquelles que viven rodeades de verde, presten especial atención a los detalles de la naturaleza. Cada planta, arroyo y nube tiene una historia para contar; si estás dispuesta a tener paciencia y escuchar. Cuando miras a tus alrededores con nuevos ojos, notarás mucha sabiduría para descubrir. Vuelve a conocer tus alrededores; aborda la vida como si fueras un visitante con los ojos nuevos y con ganas de explorar. Permítete el espacio para ser imaginative y creative y esto aportará vida incluso a los aspectos más mundanos de tu día a día. Practica el documentar tus observaciones diarias. Lo que parece sin sentido y normal un día, puede resultar ser un presagio de tu próxima aventura creativa. Toma tiempo para averiguar qué te trae alegría y te hace sonreír. A nivel económico, tendrás que mirar tu billetera durante 2023. Intenta no gastar demasiado—haz uso de lo que ya tienes. Mientras se acerca el final del año, encontrarás que tu energía creativa fluye libremente y con naturalidad. Puede que sientas dificultad expresando tus pensamientos y las ideas que burbujean en tu mente, e intenta no preocuparte de acelerar tu proceso. Cuando estés preparade para hablar, las palabras fluirán.

Astrologer Six © Mother Tongue Ink 2022

Sitting Pretty *(Bien sentada)*
© Poetically Illustrated 2018

ካካካ Dé Sathairn

♉ ☾ | Sábado
23

☽♂♅ 5:33 am
☽☍♀ 11:04 am
☽⚹♆ 3:12 pm
☽△♇ 10:40 pm v/c

☉☉☉ Dé Domhnaigh

♉ ☾ | Domingo
♊ | **24**

☽→♊ 12:15 am
☽□♄ 4:58 am
☉⚹♄ 9:28 am

Diciembre
December

♊ **Lunes**
25

♀△Ψ 9:15 am
☽☌♂ 6:08 pm
☽□Ψ 9:57 pm
☽☌♅ 11:55 pm v/c

♊
♋ **Martes**
26

☽→♋ 7:15 am
☽△♄ 12:29 pm
☉☍☽ 4:33 pm
☽⚹♃ 5:45 pm
☿D 5:50 pm
☿□Ψ 11:42 pm

Luna llena en ♋ Cáncer 4:33 pm PST

♋ **Miércoles**
27

☉△♃ 7:28 am
☿☌♂ 4:31 pm
☽⚹♅ 8:04 pm

♋
♌ **Jueves**
28

☽△Ψ 6:45 am
☽△♀ 2:12 pm
♂□Ψ 2:15 pm
☽☍♇ 2:57 pm v/c
☽→♌ 4:23 pm
♀⚹♇ 10:01 pm

♌ **Viernes**
29

☽□♃ 3:17 am
♀→♐ 12:23 pm

Ofrendas

Llevé una cubeta de luz de sol
a la cocina esta mañana

¿Cómo no pude haber notado
tanto placer
tanta magia
todos estos años?

lo que es gratis es generoso
como las plumas diarias
que he estado recibiendo

podría decir encontrado
pero ellas no están perdidas
ellas son las ofrendas arrojadas
que se elevan
al cielo desde la tierra

con una ligereza de ser
que quiero recordar

fragmento © Valerie A Szarek 2021

Yelapa Woman *(Mujer Yelapa)*
© Margriet Seinen 2014

ⵏⵏⵏ Saturday

♌ **Sábado**
30

☽□♅ 6:39 am
☽△♉ 1:00 pm
♄D 6:40 pm
☽△♂ 9:18 pm v/c

☉☉☉ Sunday

♌
♍ **Domingo**
31

☽→♍ 3:53 am
☽□♀ 8:23 am
☽☍♄ 10:24 am
☽△♃ 3:10 pm

Enero 2024

siječanj

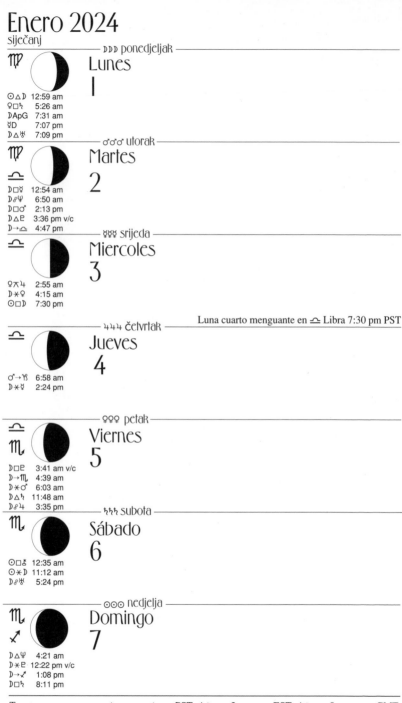

DDD ponedjeljak

Lunes
1

⊙△☽ 12:59 am
♀□♄ 5:26 am
☽ApG 7:31 am
☿D 7:07 pm
☽△♅ 7:09 pm

♂♂♂ utorak

Martes
2

☽□♅ 12:54 am
☽☍♆ 6:50 am
☽□♂ 2:13 pm
☽△♇ 3:36 pm v/c
☽→♎ 4:47 pm

☿☿☿ srijeda

Miercoles
3

♀⊼♃ 2:55 am
☽✳♀ 4:15 am
⊙□☽ 7:30 pm

Luna cuarto menguante en ♎ Libra 7:30 pm PST

♃♃♃ četvrtak

Jueves
4

♂→♑ 6:58 am
☽✳♅ 2:24 pm

♀♀♀ petak

Viernes
5

☽□♇ 3:41 am v/c
☽→♏ 4:39 am
☽✳♂ 6:03 am
☽△♄ 11:48 am
☽☍♃ 3:35 pm

♄♄♄ subota

Sábado
6

⊙□♅ 12:35 am
⊙✳☽ 11:12 am
☽☍♅ 5:24 pm

⊙⊙⊙ nedjelja

Domingo
7

☽△♆ 4:21 am
☽✳♇ 12:22 pm v/c
☽→♐ 1:08 pm
☽□♄ 8:11 pm

La primera luz

Una mano avejentada, áspera y torcida
se acerca a tocar tu mejilla,
mientras estás acurrucada en la oscuridad. Esperando.
Abuela Luna.
"Busca en el bolsillo de tu delantal, niña,
y mira qué semillas hay para sembrar.
Tenemos mucho por hacer."
Con un chirrido apenas audible,
como el abrir de una puerta en una vieja casa de finca,
una luz plateada aparece en el cielo de la noche.
Ahora, aquí está la Luna en su forma de doncella.
¿Puedes sentir la energía aumentar?
"¿Qué camino debemos escoger?" ella pregunta.
"Ven, es la hora de empezar. Yo alumbraré el camino."

Y así volvemos a comenzar . . .
□ *Heather Esterline 2018*

Wolf (Loba)
© Sigita Mockute (Psigidelia) 2021

Evolución de We´moon: Un esfuerzo comunitario

We´moon (nosotras, las mujeres luna) tiene sus raíces en la comunidad de mujeres conscientes. La agenda fue originalmente plantada como una semilla en Europa donde germinó en tierra de mujeres a principios de los años 80. Fue trasplantada a Oregon, Estados Unidos a finales del mismo año. En los 90s y hacia inicios del 2000, floreció como una empresa artesanal en La Tierra de We´Moon, cerca de Portland y ahora prospera en el rural Sureste de Oregon.

La primera We´Moon fue creada como un diario de bolsillo, manuscrito y un manual de los ritmos de Gaia, traducida a cinco idiomas, por mujeres que vivían juntas en Francia. Fue auto-publicada durante años como un trabajo voluntario "por amor", comercializada de boca en boca y distribuida en mochilas más allá de las fronteras nacionales. Cuando We´Moon se restableció en los Estados Unidos, cambió a un formato más grande y más fácil de usar al entrar en la era de la computación. A través de todos los cambios tecnológicos de este tiempo, aprendimos haciendo, paso a paso sin mucho entrenamiento formal. Crecimos hacia un negocio de publicación con lo poco que teníamos, iniciando con una pequeña semilla de dinero que reciclábamos cada año para imprimir la edición que seguía. A inicios de los 90s cuando finalmente vendimos suficientes copias que nos permitieron pagarnos a nosotras mismas por nuestro trabajo, *Mother Tongue Ink* (Tinta en Lengua Materna—en español) fue incorporada como la Empresa We´Moon, y desde entonces ha crecido mucho y ha dado nuevos y coloridos frutos: una agenda a todo color, un calendario de pared, tarjetas de notas, libro para niños, una antología de las artes y los escritos de We´Moon y nuevas aventuras dentro del campo de la publicación electrónica.

¡Uujuu! Siempre fue emocionante y siempre ¡mucho más trabajo que el que cualquiera hubiese pensado que sería! Aprendimos a hacer lo que se necesitaba hacer. Nos encontramos y sobrepasamos grandes obstáculos en el camino que nos llevaban a un nuevo nivel cada vez. Ahora la industria de publicación se ha transformado: distribuidoras independientes, tiendas de libros de mujeres y las publicaciones impresas están en declive. Sin embargo, las clientas siempre leales y cada vez más abundantes de We´Moon, continúan apoyando nuestros productos únicos, creados por mujeres conscientes, incluyendo la Antología como un libro virtual y la nueva editión: **¡We´Moon en Español!** Esta compañía de publicación casera está compuesta por un personal y equipo estable, talentoso y diverso—embebido en una comunidad de mujeres—quienes año tras año inspiran, crean, producen y distribuyen We'Moon.

Cada año, We´Moon es creada por una vasta red de mujeres conscientes. Nuestro "Llamado para Contribuyentes" llega a miles de mujeres, invitando al arte y escritos sobre el tema de cada año (ver pag. 234). El material es inicialmente revisado en *Círculos de Tejido*, donde mujeres locales dan sus opiniones, comentarios, y correcciones. La Red Creativa de We´Moon (Creatrix) se encarga luego de manera colectiva de seleccionar el material, diseñar, editar y entretejer todo el material entre la urdimbre y la trama de los ciclos naturales a través de las trece lunas del año. En la producción final, afinamos, a través de varias rondas de correspondencia con la contribuyente, editando y revisando.

Luego, nueve meses después de que sale el "Llamado a las Contribuyentes", la copia electrónica final es enviada a imprimir. Toda la actividad que va hacia la creación de We´Moon es la inhalación; todo lo demás que hacemos para sacarla hacia el mundo hasta tí, es la exhalación de nuestro ciclo anual. Para aprender más acerca de la historia de We´Moon, del creciente círculo de contribuyentes, del arte que ha embellecido sus páginas, de los escritos que han empoderado a las mujeres por más de tres décadas y media, revisa la edición electrónica de la antología We´Moon—y prueba la nueva aplicación para celulares We´Moon.

<u>Organizaciones de Hermanas</u>: La Tierra We´Moon la casa original de la Agenda We´Moon en Oregon, ha sido mantenida por y para mujeres desde 1973. Una de las primeras tierras comunitarias intencionales para mujeres en Oregon, ha continuado evolucionando orgánicamente como una comunidad sustentable de mujeres y santuario natural, con 52 acres (21 hectáreas) de jardines orgánicos comestibles, campos, bosques y una quebrada, con vista al Monte Hood, y se enquentra a una hora de Portland. Fue fundada con valores feministas, prácticas ecológicas y espiritualidad de la mujer basada en la tierra. Envisionamos crecer hacia una comunidad de amigas y familia extendida, diversa y generacionalmente entretejida, quienes comparten una visión de la vida en la tierra centrada en un espíritu creativo. **We´Mooniversity** es una organización 501(c)3 con estado exento de impuestos que fue creada en 1999 por los residentes de La Tierra We'Moon para alcanzar una amplia comunidad de mujeres. WMU periódicamente patrocina reuniones, retiros y talleres y aspira convertirse en un eje—virtual y una presencia en la tierra—ofreciendo cursos, proyectos y recursos de redes relacionados a We´Moon.

Visita nuestros sitios y únete a la conversación y actividades de la comunidad: wemoon.ws, wemoonland@gmail.com, wemoonland.org, wmu@wemoon.ws, wemooniversity.org

Musawa ▫ Mother Tongue Ink 2020

¡NUESTRO EQUIPO DE TRADUCCIÓN AL ESPAÑOL!

¡Un agradecimiento especial a nuestro equipo de traducción al español! ¡Mi agradecimiento especial al estupendo equipo que ha colaborado desde la primera edición en español de We'Moon! Ha sido un gozo trabajar con cada persona ya que nos ha ayudado a perfeccionar nuestro trabajo. He aprendido mucho en el proceso y espero con ilusión aprender más en las futuras ediciones de We'Moon. ¡Gracias de verdad desde el fondo de nuestros corazones! ¡Este ha sido uno de nuestros sueños durante años!

Alina Jiménez: Amante de mi familia, la música, las letras, la astrología y otras artes. He hecho estudios en psicología, musicoterapia, traducción e interpretación. Doy gracias por las bendiciones, lecciones y travesías que la vida me ha brindado; y pido luz y sanación para la Pachamama y todos los seres que la habitamos.

Maya Guirao: Traductora, asesora en educación bilingüe y amante de la música y la naturaleza, en particular el folk y el bosque. Me he formado individual y profesionalmente a caballo entre España y Estados Unidos y es en este 'entremundos' donde me siento más en casa. Me hago cargo de mi yo cultural, pero creo en nuestra aptitud nata para soltar conceptos socioculturales limitantes a través de un compromiso consciente con el aprendizaje y la práctica constantes, guiados—eso sí—por nuestro estado siempre-cambiante de concientización.

Migdalia Reyes: Crecí en la isla Puerto Rico, sumada por el control de la iglesia católica sobre la gente pobre, el patriarcado, y la lesbofobia, los cuales pavimentaron mi camino como activista. Mis bendiciones provienen de las mujeres fuertes en mi vida, que como mi abuela y madre, me han llevado a reclamar mi hembrismo, y el Espiritismo y la Santería. msregarc@gmail.com

Natalia Fernández: traductora, asesora en educación, herbolaria, madre de dos hijos. Obtuve el doctorado en Literatura Española de la Universidad de Barcelona sobre los místicos españoles. Viví muchos años en el Pirineo catalán y ahora en el campo en la zona de Girona. Una de las cosas que más valoro es vivir en comunión con la naturaleza y traspasar ese valor a mis hijos. Para compartir esto con ellos en casa tenemos un huerto, gallinas y un pequeño estanque con peces y ranas. ¡Para dar vida dentro de nuestra casa de campo, tocamos el piano, cocinamos en el fuego, cantamos y bailamos! fernandeznat@yahoo.com

Rosa Nurjamila Blanco: madre, terapeuta y odontóloga holística integrativa con énfasis en terapia neural, sintergética y psiconeuro odontología. Fundadora del Método YOGAia para el desarrollo del potencial humano, a través de la fusión entre las raíces védicas del Yoga y la conexión intuitiva y chamánica con la Madre Tierra. Colecciona y comparte cantos de medicina, facilita retiros de Inmersión YOGAia en la naturaleza y Círculos de Mujeres Semilla Creadora en Costa Rica. Emprendedora de www.glanzcare.com, IG: @rosaelena.coachderealidad

Verónica Iglesias: Nació en la Ciudad de México, creció en una familia que siempre ha honrado la Tierra, a las plantas y a todos los seres vivos. Fue iniciada a los 9 años como sahumadora, portadora del sagrado sahumador. También fue iniciada en el conocimiento sagrado del chamanismo mesoamericano y se ha convertido en portadora de la palabra de la tradición antigua. Practica la sanación con gemas, plantas y cristales. Es sacerdotisa de Ix'Cheel la diosa maya de la medicina. Practica la medicina prehispánica ancestral, ritos de pasaje femeninos, chamanismo y enseña como vivir con los arquetipos de las diosas mesoamericanas. mujerjade@gmail.com

APRECIACIÓN DE LA PERSONAL

Se dice que la cohorte We'Moon vive dentro del tema que estamos creando, y así fue con el tema de *La oscuridad mágica* del 2022 y, más recientemente, para el tema de *Luz de Esperanza* del 2023. Empezamos a crear cada edición casi dos años antes el comenzar el uso de esta agenda. Y así, caminamos hacia los límites del Ahora para sentir el presagio del mundo futuro.

En 2021, durante la creación de esta edición, cada una salimos del confinamiento físico, aventurándonos precavidamente para mantenernos a nosotras mismas y a los demás saludables. Fue una "normalidad modificada", y cómo imagino, todes se han familiarizado con el hacerse pruebas y usar mascarillas, aprendiendo a usar palabras más explícitas en lugar de apoyarnos en las expresiones faciales para comunicarnos. Incorporamos algunas de las habilidades y la tecnología que nos funcionaron durante el año anterior, lo algo que nos permitió a que un mayor número de nosotres participáramos desde nuestras casas.

La *Luz de Esperanza* sólo se vuelven lunares por las nubes: disfrutamos de la compañía de la una y la otra después de tanto tiempo separadas, aún tras mascarillas. Pudimos tomar decisiones con mayor rapidez en comparación con la moratoria sobre la colaboración en persona del año anterior. La gente clamó y se regocijó por tener en sus manos la nueva edición, la cual se retrasó por dos meses en el 2021, debido a retrasos de envío, portes y transporte. ¡Estábamos más que ansiosas! Gracias a todas por su paciencia.

Es una verdadera bendición poder trabajar con cada una de estas increíbles mujeres. Como equipo, navegamos estos tiempos precarios y colaboramos para hacer otra bellísima edición de We'Moon. Gracias. Y Dana, extrañaremos tu constante compañía en la oficina, pero tu rápido sentido de humor y camaradería permanecerán. Gracias por tantos años de servicio en el departamento de envíos. Erin, ¡bienvenida a bordo! ¡Esperamos con anticipación trabajar contigo!

Bendiciones a todes les que hacen posible We'Moon. Esperamos que La Luz de Esperanza brille sobre ti durante este este año y todos los años venideros.

Barbara Dickinson © Mother Tongue Ink 2022

ANTEPASADAS WE'MOON

Honramos a las mujeres wemoon que han transitado hace poco entre los mundos de la vida y de la muerte, amadas colaboradoras a la cultura wemoon que nos siguen bendiciendo desde el otro lado. Agradecemos haber recibido información sobre su fallecimiento.

Alix Dobkin (1940–2021) fue una cantautora de folk, escritora de memorias y activista feminista lesbiana. Viniendo de raíces progresistas judías y comunistas, Alix fue una leyenda en la escena musical fémina, actuando en festivales de música de mujeres en todo el país y el mundo durante décadas. Antes de dedicarse a la música, estudió pintura en la Universidad de Temple. Estuvo brevemente casada y tuvo una hija. Una foto de ella tomada en 1975, con una camiseta que decía "El Futuro es Femenino" (originalmente el eslogan de la primera librería para mujeres de la ciudad de Nueva York), se volvió viral 40 años después, inspirando a toda una nueva generación de feministas.

bell hooks (1952–2021) fue una querida autora, profesora, feminista y activista social. Su nombre, bell hooks, tomado de su bisabuela materna, y en minúsculas intencionalmente, estaba destinado a centrarse en la "sustancia de los libros, no en lo que soy". Hizo accesible la interseccionalidad de clase, raza y sexo para las mujeres Caucásicas. Anclando todo el activismo en el amor, el trabajo de bell como profesora en la Universidad de Stanford, la Universidad de Yale y el City College de Nueva York, buscó acabar con el sexismo, el racismo y todas las formas de opresión e injusticia. Más tarde creó el bell hooks Institute en el Berea College.

Sus creencias fundamentales eran que la comunidad, la educación y el amor son las semillas de la liberación y que el feminismo es para todes.

Carol Christ (1945–2021) fue una precursora del movimiento de la Diosa. Autora, teóloga, historiadora feminista, ofreció liderazgo espiritual e intelectual con su ensayo de 1978 "Why Women Need the Goddess." {I propose keeping the names of articles/books, etc., in Spanish so not to suggest they are available in Spanish; misleading} Entendió claramente que la centralidad religiosa de los dioses masculinos está críticamente asociada con la opresión de las mujeres y que afirmar a la Diosa es elevar el poder femenino. Celebrar la iconografía de la Diosa honra el cuerpo femenino.

Carol es autora de seis libros influyentes sobre la espiritualidad de la mujer y coeditora de dos colecciones de rituales y teología feminista. Como Directora del Instituto Ariadne, dirigió peregrinaciones a sitios sagrados de la Diosa en Grecia, estudiando artefactos de religiones matriarcales. Vivió muchos años en Lesbos.

Ivy Bottini (1926–2021) fue una de las Ella-roínas del activismo feminista lésbico, comenzando en 1966, cuando ayudó a fundar el capítulo de NOW en Nueva York y luego introdujo la concienciación feminista en su trabajo. En 1970, estaba entre las lesbianas expulsadas de NOW. Una mujer llena de color

Thoughtful Pelican *(Pelícano pesativo)*
© *Marianne Moskowitz 2010*

y magnética, Ivy era una artista escénica, una artista visual y una innovadora apasionada por los derechos de las mujeres y la igualdad de gays y lesbianas. Su activismo fue destacado durante décadas en California, luchando contra la homofobia, iniciando el apoyo a las comunidades LGBT (por ejemplo, atención al SIDA, vivienda para personas mayores). Siendo a menudo la primera lesbiana o gay nombrada en juntas y comisiones oficiales, Ivy abrió camino como mujer/feminista/lesbiana en la gobernabilidad.

Joan Didion (1934–2021) fue una célebre escritora, ensayista, autora de memorias y novelista. Los primeros trabajos publicados de Joan fueron una ventana a la contracultura de la década de 1960. Su prosa altamente observadora dió sentido a su vida, y sus ensayos abrieron camino a normalizar las luchas relativas a la salud mental. Trabajó con su esposo en guiones y juntos adoptaron una hija. Las memorias sobre su muerte nos dieron un modelo para entender el dolor. Recibió la Medalla Nacional de Humanidades en 2013.

Marianne Moskowitz (1936–2021) fue artista visual, escritora y psicóloga escolar talentosa. Se declaró lesbiana en el apogeo del activismo feminista y fue miembro del notable Coro de la Comunidad de Mujeres de Los Ángeles. En 1997 se mudó a Oregón. con su pareja Renée Côté. para ser parte de la cultura lésbica de regreso a la tierra. Su jardinera floreció; su artista maduró. Su rol de escritora de poemas y memorias se remonta a sus años de juventud como una niña alemana que creció durante la Segunda Guerra Mundial. Sus amigues del grupo de escritores se sintieron conmovides por la inmediatez y la importancia de estas historias, contadas por una mujer europea de su generación.

Sally Miller Gearhart (1931–2021) fue una carismática impulsora del movimiento feminista lésbico. Su presencia era majestuosa y su brillantez legendaria. Activista, educadora, autora, defensora del medio ambiente, fue reverenciada por su sabiduría franca, su humor impertérrito y su compasión por toda la vida terrestre. Ayudó a fundar el campo de Estudios de la Mujer y fue la primera lesbiana en convertirse en profesora titular. Sally trabajó arduamente contra el prejuicio hacia las personas gay y lesbianas, incluyendo la legislación propuesta que prohibía que los maestros LGBT trabajaran en las escuelas públicas. Su novela visionaria de 1978, *The Wanderground*, inspiró a decenas de mujeres, las cuales que crearon territorios lésbicos y presagiando la propia "jubilación" de Sally en las colinas de California, donde se continuó su revolución lésbica feminista como duena nino ano ujjnj de su tierra lésbica.

Tangren Alexander (1940–2021) fue una querida e imaginativa maestra, escritora, artista y un pilar de la vibrante comunidad lésbica feminista del sur de Oregón. Fue la primera mujer a la que se le otorgó un doctorado en Filosofía de la Universidad de Oregón. Una profesora innovadora y popular, enseñó y escribió sobre feminismo y filosofía, mujeres y ética, muerte, historia, cosmología: su reverencia por el universo resplandeciente de magia e ingenio.

Creó arte e historias con muñecas: docenas de muñecas al estilo Barbie, re-disfrazadas, filmadas/fotografiadas en representaciones feministas, a veces místicas, a veces en base a la justicia social. (Ver tangrenalexander.com)

La brillantez creativa y el sentido de la maravilla de Tangren perduran e inspiran.

© Derechos de autor y contacto con los contribuyentes

Biografías e índice

CONSULTE LA PÁGINA 236 PARA OBTENER INFORMACIÓN SOBRE CÓMO PUEDES CONVERTIRTE EN ARTISTA O ESCRITORA PARA WE'MOON!

A. Levemark (Tranas, Suecia) Soy jardinera e ilustradora, apasionada por la permacultura. Mis raíces están en Escandinavia y Gran Bretaña, y me atrae el folclore de ambos lugares. levemark@protonmail.com avalanasart.co.uk **p. 97**

Alexa Iya Soro (Wakefield, RI) es un terapeuta, dentro de una larga línea de generaciones que humildemente desempeñan el papel de ayudar al nuevo mundo a encaminarse más profundamente hacia la armonía. Alexa guía a las personas hacia un mayor nivel de amor propio, una calidad de vida enriquecida y el servicio de Heartsong a través de consejería, retiros, plantas aliadas y rituales. alexaiyasoros@gmail.com livinglovingbeing.life **p. 156**

Alexa Sunshine Rose (Port Townsend, WA) es madre, músico, artista y visionaria. Encuentra su música y aprende más en alexasunshinerose.com **p. 18**

amara hollow bones (Somes Bar, CA) los dibujos de amara surgen de experiencias vividas en lugares salvajes; cantando canciones de reverencia, dolor y asombro por la tierra. Son oraciones por el regreso de la magia, la resiliencia de lo salvaje, por recordar a nuestros ancestros y nuestro hogar. amarahollowbones.com **p. 171**

Amy Haderer-Swagman (Thornton, CO) es artista, muralista, trapecista de circo, douala y mamá de seis, la cual vive en Denver, CO. Su trabajo de mándala (mandalajourney.com) se concentra en el nacimiento, la maternidad y la divinidad femenina, mientras que su obra más reciente (willowaerial.com) muestra artistas de circo, acróbatas y bailarinas. **p. 49**

Angela Bigler (Lancaster, PA) está jugando con las palabras y el espíritu entre los árboles y los campos de maíz. Visítala en dreambigwords.com o email a angelabigler42@gmail.com **p. 94**

Anna Lindberg (Stockholm, Suecia) Soy una artista profesional que trabaja en el estudio de mi casa. A menudo uso lo Divino Femenino como mi fuente de inspiración, representando a Diosas de muchas culturas y usando diferentes técnicas en mi obra de arte. Deseo inspirar y empoderar a las mujeres de todo el mundo a través de mi arte. annalindbergart.com IG: @anna.lindberg.art **p. 141**

Anna McKay (Christchurch, Nueva Zelanda) se especializa en arte digital con un enfoque en retratos y el amor por lo místico. Ella tiene su sol en Virgo, ascendente en Escorpio y su luna está en Acuario. Ve a IG: @annamckayartist para ver más de su trabajo. **p. 95**

Anne Jewett (Crawfordville, FL) es escultora de arcilla, pintora y sacerdotisa de la Diosa. Hago bendiciones y oraciones por la Sanación, Alegría y el Amor. IG: @purple_full_moon_studio, purplefullmoonstudio.com **p. 67, 131**

Annika Gemlau aSombrasDelSur (Essen, Alemania) Artista, Ilustradora y Experta en aspectos relativos a Anti-Discriminación, Vulnerabilidad y Empoderamiento. asombrasdelsur.com IG: @asombrasdelsur, annikagemlau@gmail.com **p. 120**

Astrea Taylor (Kettering, OH) es autora de la publication *Air Magic and Intuitive Witchcraft: How to Use Intuition to Elevate your Craft* (Llewellyn Worldwide). Ella hace presentaciones de talleres y rituales en-línea y en festivales por todo el país. astreataylor.com **p. 138**

Astrologer Six, MSW (Lehigh Acres, FL) es astróloga, tiene una maestría en trabajo social, es "experta en sexualidad" y espiritista. Su enfoque en la astrología es el desarrollo personal y el autodescubrimiento. Cómo astróloga y defensora de la salud mental, el mensaje de Monisha es que "la sanación es posible". Visita su pagina web, blackwomenbeing.com para más información. **p. 15, 39, 51, 63, 75, 87, 99, 111, 125, 137, 149, 161, 173**

Barb Kobe (Minneapolis, MN) Artista, Autora, artista docente, mentora, entrenadora de creatividad, Barb guía, asesora, enseña y apoya a mujeres que desean volver a conectarse con su intuición, cuerpos, emociones y sabiduría mediante la fabricación artísticas de muñecas y otros procesos creativos. barbkobe.com, healingdollways.com, barbkobe@healingdollways.com **p. 133**

Barbara Dickinson (Sunny Valley, OR) está rodando felizmente en esta aventura que es la vida, siempre curiosa, siempre aprendiendo, y constantemente corrigiendo el curso de las cosas. Qué todes cosechemos hasta la última gota de alegría de cada momento. **p. 181**

Barbara Landis (San Francisco, CA) es fotógrafa de bellas artes, la cual crea imágenes a nivel local y en el extranjero. Es practicante, desde el 1968 del budismo Nichiren Shoah, pertenece al Templo Myoshinji y es además miembro del grupo Mujeres Artistas de San Francisco. IG: @barbara_landis_photography **p. 132**

Beate Metz (Berlin, Alemania) era astróloga, feminista, traductora y pilar de la edición alemana de We'Moon y de la comunidad astrológica europea. **p. 205**

Bethroot Gwynn (Myrtle Creek, OR) 27 años como editora especial de We'Moon y 47 años en Fly Away Home, tierra de mujeres, cultiva de alimentos, teatro y rituales. Para obtener información sobre reuniones espirituales, visitas de verano, envía SASE a POB 593, Myrtle Creek, OR 97457. Para obtener información sobre su libro de poesía y obras de teatro, *Preacher Woman for the Goddess*, consulte la pág. 233. **p. 23, 25**

Betty LaDuke (Ashland, OR) "Sus creaciones están llenas de alegría, encanto y esperanza, todo lo que desesperadamente necesitamos ahora" Gov. Kate Brown, 2020. bettyladuke.com **p. 98**

Brianna Capra (Menomonie, WI) Ilustradora, artista, activista ambiental, jardinera y madre del Wisconsin rural. Mira su portafolio en bcaprastudioarts.com, síguela en @briannacapra_studioarts, o compra sus trabajos impresos y accesorios de vestir a través de Etsy and Redbubble. **p. 170**

Brighdelynne Stewart (Sussex Este, Inglaterra) Ecos del pasado—Las Venus de Willendorf y Laussel, La Diosa Maltesa Durmiente y muchas más, me inspiran a crear y celebrar. Trato de interpretar estas imágenes antiguas de una manera que espero tengan resonancia hoy, creando esculturas que son reflejos de las mujeres reales que somos, expresando alegría y confianza en la belleza de la voluptuosa forma femenina. **p. 56**

Brigidina (Elgin, IL) Soy HermanaÁrbol y mi Arte Tierra Sagrada es creada usando pigmentos naturales, cedro sagrado & aceites de rosa, carbón de fuegos de paz y agua de 54 sitios sagrados. brigidina.com, treesisters.org **p. 71**

Brittany May Gill (Kamloops, BC) artista, protectora del agua, activista de la tierra y madre. Ella aspira dirigir una vida fuera del sistema y empoderar a otres a vivir bajo sus propios términos. **p. 147, 160**

Carol Wylie (Saskatoon, SK) artista de retrato, viviendo en las praderas de Canadá. Territorio Treaty 6 y hogar tradicional de los Metis. ¡Se especialista en retratos, ama las personas y los rostros de todo tipo! carolwylie.ca, IG: @carol.wylie.71 **p. 155**

Casey Sayre Boukus (Nantucket, MA) bruja, masajista, artista textiles, madre de adolescentes y gatos, con alma pagana; su trabajo sagrado incluye el arte de hacer-creer. Ama los libros, el vino, bailar, disfrazarse, los rituales y las reuniones con familia y amiges. bycasendra.massagetherapy.com **p. 172**

Cassie Premo Steele (Columbia SC) lesbiana, ecofeminista, madre, poeta, novelista y ensayista; sus escritos se enfocan en temas de trauma, sanación, creatividad, consciencia y ambiente. Vive en Carolina del Sur con su esposa. cassiepremosteele.com **p. 80, 166**

Catherine Molland (Santa Fe, NM) Mi vida está reflejada en mi Arte. Mi nueva serie *SeedPod* es sobre ocupaciones. En mis encantadores 5 acres, cultivo comida orgánica, crío gallinas ponedoras de huevos y hago abono. ¡Aquí está, para les Creadores de todas partes! catherinemolland.com **p. 167**

Cathy McClelland (Kings Beach, CA) pinta desde su corazón e imaginación. Su amor por la naturaleza, sujetos míticos transculturales, magia, lugares sagrados y símbolos, dan combustible a su espíritu creativo. cathymcclelland.com **p. Portada frontal**

Christine Irving (Denton, TX) sacerdotisa y poeta, Christine dibuja conexiones significativas entre el pasado y el presente, entre lo ordinario y lo luminoso, mientras revela la relevancia con las vidas de las mujeres contemporáneas: christineirving.com contiene muestras, información y enlaces para comprar sus libros. **p. 119, 139**

Christien Lowther (Tofino, BC) Se desempeñó como poeta laureada de Tofino 2020–2022. Está compilando dos antologías de poemas de árboles: uno para niñes y jóvenes, y otro para adultos. Vive en los bosques lluviosos templados de la costa oeste de Cascadia. FB: christinelowtherauthor, christinelowther.blogspot.com **p. 59**

Claire Blotter (San Rafael, CA) escribe e interpreta poemas con movimiento y percusión corporal. Enseña escritura e interpretación a estudiantes de escuela. Posee un video documental ganador de un premio, *Wake-up Call: Saving the Songbirds* el cual es distribuido por Video Project. Ama la oscuridad. claireblotter.com **p. 163**

Colleen Clifford (Humboldt, CA) es una artista de vidrio de colores, la cual ilumina con luz, lino, color y textura. colleencliffordart.com **p. 130**

Corinne "Bee Bop" Trujillo (Denver, CO) hace dúo de colaboración con Koco Collab, explora las odiseas de las mujeres. corinnebeebop.com **p. 38, 86**

Cosmic Gazer Art (Keaau, HI) nació de una creadora que se activó en la Big Island de Hawái y comenzó a pintar en 2015. Siente una profunda conexión con el espacio, los seres estelares, la geometría sagrada y la combinación de estos elementos. "Me encanta compartir mi trabajo porque siento que la energía que surge eleva tu vibración". cosmicgazerart.com **p. 28**

D. Woodring–Portrait Priestess (Milwaukee, WI) Soy Damara Woodring, La Sacerdotisa del Retrato. Creo trabajos de arte que se centran en conexiones ancestrales, educación espiritual, auto-estima y empoderamiento, reconectándonos de regreso al espíritu, a la naturaleza, a la sabiduría de nuestras madres anteriores a nosotras. IG:@ dwoodring_portraitpriestess, portraitpriestess.com **p. 69, 99**

Dana Wheeles (Charlottesville, VA) artista, mujer que encuentra caminos, hacedora de mándalas que vive en Virginia Central. Aprende más sobre ella en: deerhawkhealing.com **p. 48**

Danielle Helen Ray Dickson (Nanaimo, BC) considera que su arte tiene el poder de sanar a las personas, cambiar vidas y entregar luz sobre el mundo de un modo nuevo. Ella infunde esto en su trabajo con cada pincelada intencional. danielledickson.com **p. 135**

Deborah K. Tash/White Wolf Woman (San Francisco, CA) Llama a les Guías Espirituales, Animales Aliadxs, Ángeles y arquetipos a crear una práctica espiritual en honor a la Divinidad Femenina y cómo medio de auto-expresión tanto como artista visual y como poeta. Su arte está disponible en: inherimagestudio.com **p. 167**

Debra Hall (Dumfriesshire, Scotland) Soy profesora de meditación, guía de ritos de paso, campeona de la naturaleza y de las mujer, creadora de almas, poeta, artista y sanadora natural. herwholenature.com, IG: @her_whole_nature **p. 65, 128**

Diana Denslow (Poulsbo, WA) madre, artista, hechicera y mujer gata, ahora emergiendo después de 5 años sabáticos. Puedes encontrarla en: Etsy at etsy.com/shop/MysticVisionsGallery **p. 33, 101**

Diane Norrie (Coquitlam, BC) Artista visual y lectora del té. Vive en Fraser River Valley en Small Red Salmon, BC. Estoy influenciada fuertemente por una conexión espiritual. Hace que mi trabajo esté constantemente cambiando y evolucionando. **p. 22**

Dorrie Joy (Somerset, UK) artista intuitiva prolífica trabajando en diferentes medios de arte, Abuela, constructora, Habitante de Moon Lodge, está comprometida con la descolonización activa y enseña artesanía tradicional y habilidades ancestrales. Libros, grabados, artesanía, arte original. dorriejoy.co.uk **p. 123**

Eefje Jansen (Flevoland, Paises Bajos) artista holandesa intuitiva y trabajadora de luz cuyas pinturas y dibujos se desarrollan desde su mundo interior. Crea piezas terrenales y mágicas llenas de luz, amor, fuerza y sanación. eefje-jansen.com **p. 55, 75**

Elizabeth Diamond Gabriel (St. Paul, MN) artista profesional, ilustradora, escritora y profesora-en-práctica desde 1975. Le encantan los animales, la naturaleza, un buen burrito de verduras y largas caminatas para escuchar entre sus amados bosques de Minnesota y las aguas del lago. **p. 46, 137**

Elspeth McLean (Pender Island, BC) crea pinturas vívidas y vibrantes hechas completamente con puntos. Cada punto es como una estrella en el universo. Elspeth espera que su arte conecte al espectador con su niñe interior. **p. 80**

Emily Kedar (Toronto, ON) poeta, escritora y psicoterapeuta, trabaja y vive en la Isla de Salt Spring. Puedes contactarla para su poesía o sus terapias en emilykedar.com **p. 36, 103**

Emily Kell (Boulder, CO) visiones femeninas brujas, IG: @emilythefunkypriestess, en la red: emilykell.com **p. 150**

Emma Abel (West Sussex, UK) practicante de yoga, maestra y artista que crea desde un espacio de quietud y conexión con la Divinidad, que se mueve dentro de todo. @emma.abel.art, emmabeldrawings.com **p. 121, 161**

Erin Guntis (Asheville, NC) El pasatiempo favorito de Erin es quedarse despierta hasta tarde y caminar bajo la callada luna. Cuando no está enseñando yoga y haciendo masajes para amiges y familiares, está ocupada amando a sus cuatro hijos y escribiendo uno o dos poemas. Puedes localizarla en hometreeyogamassagetherapy.com **p. 29**

Francene Hart Visionary Artist (Honaunau, HI) es una artista visionaria reconocida internacionalmente cuyo trabajo utiliza la sabiduría y las imágenes simbólicas de la geometría sagrada, la reverencia por el Entorno Natural y la interconexión entre todas las cosas. francenehart.com **p. 157**

Geneva Toland (Middletown, RI) escritora, cantante, agricultora y maestra que actualmente reside en el territorio ocupado de Munsee Lenape a lo largo del Río Hudson. Ella pasa su tiempo creando relaciones recíprocas con semillas, pájaros, agua, árboles y personas en su comunidad. IG: @evtoland **p. 52, 141**

Gloria Campuzano (Cottage Grove, OR) Nativa de Colombia. Maestra de Yoga. Nutricionista jubilada. Ama pintar para la paz y coser muñecas y criaturas caprichosas con motivo de sanación y el perdón. Ella y su familia son voluntaries en la zona rural de Oregón. Ama la naturaleza, su esposo, mascotas, almas afines . . . Visionaria. goyayoga@icloud.com **p. 1**

Gretchen Butler (Cazadero, CA) La vida y el arte están enclavados entre bosque y praderas. Visita su sitio web repleto de arte e historias desde un área autónoma remota del norte de California. gretchenbutlerwildart.com **p. 103**

Gretchen Lawlor (México y Whidbey Island, WA) Oráculo de We'Moon, ahora mentora de nuevos oráculos y astrólogos. La astrología es mi gran pasión—las estrellas mis amigas, mis amores, mis aliadas. Déjame ayudarte a conectarte con estas sabias guías. Lecturas en persona, Skype o Zoom. 206-698-3741 (llamar o enviar mensaje de texto) light@whidbey. com; gretchenlawlor.com **p. 11, 12**

Haley Neddermann (Torrington, CT) Soy educadora, poeta y herbolaria, apasionada por explorar la magia de la naturaleza y el parentesco de todos los seres. Que mis palabras sean medicina para tu corazón y para la tierra. Sweetfernbotanicals.com **p. 67**

Heather Esterline (Walloon Lake, MI) es una vieja bruja de cocina que vive en el norte de Michigan. Tengo una historia de amor con los bellos bosques que me rodean, y soy consumidora y recolectora de hierbas medicinas desde hace largo. Hago mis propias fórmulas, tinturas y ungüentos. **p. 177**

Heather Roan Robbins (Ronan, MT) ceremonialista, consejera y astróloga desde hace más de 40 años, creadora de la baraja *Starcodes Astro-Oracle*, autora de *Moon Wisdom, Everyday Palmistry* y varios libros infantiles, escribe la columna semanal para We'Moon y Santa Fe New Mexican y trabaja con clientes en persona en Montana y por teléfono o Zoom. roanrobbins.com **p. 8, 202, 204**

Heidi Van Impe (Salt Spring Island, BC) es una artista y terapeuta de arte que disfruta brindando vitalidad y regeneración a través de las artes a personas de mayor edad en residencias de ancianos. Las aves y la naturaleza son una gran influencia en su trabajo, así como parte de su simbolismo interno. heidivanimpe.com **p. 57**

Helen Smith (Herefordshire, UK) es una druida, terapeuta, poeta y artista de Welsh Marshes. Su trabajo está inspirado en la mitología, la relación entre las personas y la naturaleza, y el paisaje del cuerpo humano. FB: earthbodyartstudio IG: @earth.body.art **p. 90**

Jana Parkes (Grants Pass, OR) Arte creado desde el corazón. Nunca sé de antemano lo que voy a pintar. Simplemente con el corazón abierto pido el mayor bien. Mi esperanza es que otros encuentren el arte tan curativo e inspirador como yo. Janaparkesart.com **p. 126**

Jakki Moore (Co. Leitrim, Ireland) Las circunstancias de la vida llevaron a Jakki a una cabaña mágica en el oeste de Irlanda. Rodeada de naturaleza, pinta, escribe y conduce visitas ocasionales a sitios de Diosas Sagradas. jakkiart.com **p. 34, 72**

Janet Newton (Peoria, IL) es una profesora de diseño gráfico retirada que finalmente tiene tiempo para dedicarse a su amor por el dibujo y la pintura. **p. 109**

Janey Brims (Somerset, UK) Soy una artista y amante de la luz, viviendo felizmente mi mejor vida en un escondite. Información de contacto: thewillowballerina@gmail.com o através de Naomi de Inanna's Festival, 2 St. Andrews Hill, Norwich, UK **p. 76**

Janis Dyck (Golden, BC) Soy artista y arte-terapeuta y me siento honrada y asombrada por la creatividad de las mujeres y su capacidad para transformar vidas. Me siento honrada de trabajar en un linaje de mujeres creativas; su fuerza y la belleza de nuestro planeta me dan inspiración y me sirven de guías. janisdyck.com **p. 101**

Jeannette M. French (Gresham, OR) Mi propósito es inspirar una relación con el Espíritu a través de portales de luz, amor, belleza, alegría, esperanza y gratitud. Ver más visitando jeanette-french.pixels.com **p. 151, Contraportada**

Jennifer Highland (Plymouth, NH) practica osteopatía en una oficina que se alimenta únicamente de energía solar en el centro de New Hampshire. También pasa su tiempo cultivando vegetales y poesía, haciendo caminatas y practicando Tai Chi. **p. 89**

Jiling Lin L.Ac. (Venture, CA) es una acupunturista, herbolaria y profesora de yoga con prácticas centradas en la Tierra. Nutre la resiliencia a través de clínicas, clases y retiros que integran la naturaleza, la creatividad y el Espíritu. Visita a Jiling en jilinglin.com   **p. 58**

Joan Zehnder (Louisville, KY) Artista y arte-terapeuta licenciada. Mi arte se crea a partir de la conciencia de que la Vida nos llama a SER; estar presente, escuchar con plena atención, aprender y crecer. Su voz se escucha en los elementos que componen nuestro cuerpo terrestre y nos dan sustento. Éste nos habla haciendo uso de poderosos símbolos del espíritu y el alma.   **p. 16**

Joanne M. Clarkson (Port Townsend, WA) Escribir poesía ha sido la práctica espiritual y artística de Joanne a lo largo de toda su vida. Su libro más reciente es *The Fates* publicado por Bright Hill Press. También es lectora de palmas y de tarot, enseñada por su abuela. Ver más en joanneclarkson.com   **p. 55, 93, 123, 135**

Johanna Elise (Salt Spring Island, BC) vive cerca de la naturaleza enseñando a les niñes a amar la tierra y a todos los seres. Canta, escribe, baila y elabora chai para expresar su espíritu creativo.   **p. 35**

Joy Brady (San Francisco, CA) sabia mayor, usa arte y poesía como expresiones de su segunda mitad de vida. Tienen una clínica de consulta simbólica en San Francisco. sacredintention@gmail.com   **p. 116**

Julia Jenkins Art (Haiku, HI) es una pintora profundamente inspirada por la feminidad, los sueños y nuestra conexión con la Madre Tierra. Crea con su alma en la isla de Maui. juliajenkinsart.com, IG: @juliajenkins_   **p. 127**

Karen L. Culpepper (DC, Maryland, Virginia área tri estatal) es una mamá, una creativa, una soñadora y herbolaria practicante. Le encanta la profundidad en sus relaciones, la luz del sol, estar en agua salada y la risa. Conectémonos: karenculpepper.com, IG: @rhythmicbotanicals, rhythmicbotanicals@gmail.com   **p. 18**

Karen Russo (Elmira, OR) A través de la arcilla y la pintura, mis esculturas son un mosaico de forma, textura y color. Mis obras encarnan el arquetipo maternal, destacando su emoción y espíritu así como su vulnerabilidad y resiliencia. karenrusso.studio   **p. 89**

Katheryn M. Trenshaw (Devon, UK) es la fundadora del Centro para expresión creativa *Passionate Presence Center for Creative Expression*. Se deleita con los espacios intermedios y se siente cómoda con la incomodidad. Su vida, arte y enseñanza descubren lo que ya está allí esperando ser revelado como amor y como algo que ya está entero. Vive y hace arte en una pequeña propiedad orgánica en la ciudad rural notablemente moderna de Totnes, en Devon, Reino Unido, con vistas a Dartmoor. katheryntrenshaw.com   **p. 25**

Katie Ree (Durham, NC) se encuentra fascinada por las energías sutiles que nos conectan con todes, y las expresa a través de líneas y colores. Su esperanza es que todes podamos volver a nosotres mismes—lo mejor de nosotros mismos—en la naturaleza. katieree.com   **p. 31**

Katya Sabaroff Taylor (Tallahassee, FL) es una poeta/escritora/autora cuya gran alegría es incitar a otres a encontrar sus voces auténticas a través de "la sabiduría de la pluma". Es la autora de *My Haiku Life*, y *Prison Wisdom: Writing With Inmates*. katyata@earthlink.net, creativeartsandhealing.com   **p. 92**

Kay Kemp (Bastrop, TX) se deleita en crear arte centrado en el corazón que honra e inspira el poder del espíritu. Es la fundadora de *Spirit Works 4 U*, donde busca amplificar un mensaje de amor y respeto alrededor del mundo. spiritworks4u.com   **p. 64, 139**

Kimberly Webber (Taos, NM) es una pintora simbolista contemporánea que trabaja con pigmentos puros de tierra en polvo, brea de pino, cera de abejas, los arquetipos, animales medicinales y pájaros para crear una alquimia visual. Las pinturas son ofrendas de inspiración, sanación y esperanza. kimberlywebber.com   **p. 149**

Koco Collab (Denver, CO) es la fusión de Aiko Szymczak y Corinne Trujillo. En nuestra práctica, desentrañamos linajes y exploramos nuestros pasados. Como mujeres y personas de color, se ha vuelto imprescindible en nuestra práctica desentrañar y tejer nuevas historias. IG: @kococollab **p. 45**

Kristen Roderick (Toronto, ON) es ceremonialista, escritora, mamá y guía de ritos de iniciación. Cuando no está diseñando cursos, está recorriendo el boque en busca de hongos o aprendiendo las antiguas formas de tejer y el arte de la fibra. spiritmoving.org **p. 163**

Kro (Chicago, IL) es artista de la palabra hablada, poeta de máquina de escribir a pedido, druida queer/no binaria, Toda la vida ha sido propietaria de una pequeña empresa y es residente de Chicago. Sigue su poesía en IG and TikTok @kroetry y ponte en contacto a través de knkroger@gmail.com linktr.ee/Kroetry **p. 136**

KT InfiniteArt (Freeport, NY) Creatrix, artista, escritora inspirada por la sensualidad y el espíritu. IG: @KTInfiniteArt. Visita infiniteartworld.com para ver más obras de arte y e impresos. **p. 12, 63. 200**

L. Sixfingers (Sacramento, CA) (ella/elles) es herbolaria interseccional y bruja que ayuda a las personas a regresar a su hogar de magia. Organiza cursos en línea parasanadores de corazones estrellados, además de enseñar y ofrecer servicios en persona, basados en la inclusividad y la justicia. wortsandcunning.com **p. 104, 120**

Lani Kai Weis (Flagstaff, AZ) es una artista visionaria, inspirada por las bellas tecnologías y patrones que presenta el mundo natural. Su deseo es proporcionar alimentación para los ojos de las almas hambrientas e inspiración para los corazones creativos. Seguir en las redes sociales: @lanikai_art **p. 105**

Leah Marie Dorian (Prince Albert, SK) Artista interdisciplinaria Métis, las pinturas de Leah honran la fuerza spiritual de la mujer aborigen, el Sagrado Femenino. Su creencia es que las mujeres juegan un papel clave en la transmisión de conocimientos vitales para toda la humanidad, lo que se refleja profundamente en su práctica artística. Visítala en leahdorion.ca **p. 79**

Leah Markman (Eugene, OR) Una aficionada del Tarot, amante de la astrología y artesana del cuero. Pasa su tiempo bajo el sol con su perro, su caballo y su furgoneta VW. ¡Visita su Etsy para más sobre su trabajo escrito y en cuero! Etsy.com/shop/DreamtenderLeather IG: @DreamtenderLeather **p. 4, 22**

Lindsay Carron (Los Angeles, CA) Los dibujos y murales de Lindsay son una oda vibrante al espíritu de este planeta y cuentan una historia rebosante de esperanza. Su trabajo está dedicado a la justicia social y ambiental y a la resiliencia. lindsaycarron.com **p. 134**

Lindy Kehoe (Gold Hill, OR) ¡En constante gratitud por formar parte de este maravilloso tejido de creación de mujeres! Viviendo en el asombrosamente inspirador Rogue Valley del sur de Oregón y pintando desde un lugar maravilloso. lindykehoe.com **p. 20**

lisa kemmerer (Ocean Shores, WA) Jubilada para poder trabajar para la tierra, los animales y todos las personas marginadas y desposeídas. Lisa es artista, académica y fundadora de Tapestry. Para mayor información, visita lisakemmerer.com **p. 84**

LorrieArt (Cleveland, OH) En mi fase de bruja sabia. Me encantan los animales y puedes verlos con frecuencia en mi obra. Me estoy curando de un trauma y peleo mis propias batallas de enfermedades mentales con depresión crónica, ansiedad social y agorafobia. Estos aspectos de mi vida contribuyen a mi tapiz, el cual es único y me unen con muchas otras mujeres, tal vez incluso contigo. IG: @lattesmith05, email: lattesmith@yahoo.com **p. 65**

Lyla June (Albuquerque, NM) es un músico indígena, erudita y organizadora comunitaria de los linajes diné (navajo), tsétsêhéstâhese (cheyenne) y europeos. El dinamismo y carácter multigénero de su estilo de presentación ha atraído a audiencias de todo el mundo hacia la sanación personal, colectiva y ecológica. Combina estudios en Ecología Humana en Stanford, trabajo de posgrado en Pedagogía Indígena y la cosmovisión tradicional con la que se crio, para informar su música, perspectivas y soluciones. Actualmente está cursando un doctorado centrándose en la revitalización de los sistemas alimentarios indígenas. lylajune@dreamwarriors.co **p. 41**

Mandalamy Arts (Tokepa, KS) Amy Allen es artista, psicóloga aprendiz de la vida y madre que educa en el hogar. Encuentra inspiración en la naturaleza, la vida silvestre, la observación de las estrellas, el senderismo, los viajes, el yoga, el arte y la música. Se la puede encontrar en FB e IG como Mandalamy Arts. **p. 3, 14**

Margriet Seinen (Redway, CA) descubrió la pintura sobre seda a principios de los años 80. Pintó bufandas y fundas de almohadas, pasando luego a las bellas artes, las cuales incluyeron imágenes de sirenas, divas de la naturaleza, paisajes y mandalas. También imparte clases de mandala en las que los alumnos aprenden a pintar sobre seda. seinensilk.com **p. 175**

Maria Cristina Guerriero (Punalu'u, HI) es enfermera educadora y artista. Sus imágenes se centran en la Divinidad Femenina y la naturaleza. Correo electrónico:marieange2001@ hotmail.com, IG: @mariacristinaguerriero **p. 152**

Marianne Moskowitz (Sunny Valley, OR) fue una artista visual, escritora, talentosa psicóloga escolar, y madre devota de tres hijas. Lee más sobre su vida en pág. 183. **p. 182**

marna scooter (Portland, OR) cataliza la creatividad de la tierra en regeneradores jardines de Diosas y cuida estrellas y sueños de sacerdotisas en florecimiento terrenal (deeperharmony.com), como visitante invitada en las tierras tradicionales de las Naciones de Chinookan. **p. 26, 116, 131, 159**

Marnie Recker (Tofino, BC) Fotógrafa y pintora. Mis fotografías son cápsulas del tiempo de gente, lugares, luz y amor. Yo creo pinturas para honrar al espíritu de la creatividad y para celebrar la belleza y los ciclos de vida. marnierecker.com **p. 100**

Maya Spector (Oakland, CA) es una poeta, ritualista, facilitadora de *SoulCollage®* y bibliotecaria infantil retirada. Autora de un libro de poesía, *The Persephone Cycle* ha sido publicado en varias antologías de poesía, y ha actuado en varios eventos de palabras recitadas y Caravanas de Rumi. Blog: hangingoutwithhecate.blogspot.com **p. 130**

Megan Welti (Clarksburg, MA) es una artista, poeta y trabajadora de energía que vive en el oeste de Massachusetts con su esposo, cuatro hijes, y muchos bebés peludos. Puedes encontrar copias de sus acuarelas originales en redrootrising.squarespace.com **p. 33, 117, 133**

Melissa Harris (West Hurley, NY) Artista, autora e intuitiva. Acompáñale en uno de sus retiros de Arte y Espíritu en lugares mágicos. Autora de *100 Keys to a Creative Life.* en Amazon, *Anything is Possible* cartas de activación y *Goddess on the Go* cartas de afirmación. melissaharris.com **p. 168**

Melissa Kae Mason, "Mooncat!" (TIERRA) Astróloga Viajera, Artista, DJ de Radio, Fotógrafa, Joyera, Enviadora de postales, Creadora de Cartas de Diosas, Adivina de patrones, Aventurera y Buscadora de Hogar. Chequea: LifeMapAstrology.com Contacto: LifeMapAstrology@gmail.com **p. 204**

Melissa Winter (San Antonio, TX) Pinturas originales y copias pueden encontrarse en el sitio web de Melissa: honeybart.com. Para encargos, por favor contáctate con Melissa a mwinter1103@gmail.com **p. 171**

Meridian Azura (New Boston, NH) es una artista de medios mixtos y hechicera que trabaja con la divinidad femenina. Puedes encontrar sus obras en IG: @meridian.azura o en su sitio web: meridianazura.com **p. 106**

Mindi Meltz (Hendersonville, NC) es la autora de las cartas *Animal Wisdom Cards* y varias novelas míticas explorando la divinidad y la naturaleza como sueños-reflejo para el alma. Ella vive fuera de la red en la Cordillera Azul. Más información en: mindimeltz.com **p. 48, 107**

Mojgan Abolhassani (Vancouver, BC) es una artista y Terapista de Arte Expresivo. Ella también ha obtenido un sólido entrenamiento en una gran variedad de programas de arte intuitivo. Meditación cíclica, Sanación Theta y muchas otras modalidades de sanación. mojgana66@gmail.com **p. 40**

Molly Remer, MSW, D.Min (Rolla, MO) es una sacerdotisa que facilita círculos de mujeres, rituales de estaciones yceremonias familiares. Molly y su esposo, Mark, conjuntamente crearon lahistoria original Diosas en Brigid's Grove (brigidsgrove. etsy.com). Molly es la autora de nueve libros, incluyendo *Walking with Persephone, Whole and Holy, Womanrunes,* y *The Goddess Devotional.* Ella es la creadora de la experiencia devocional *#30DaysofGoddess* y disfruta degustando de la magia simple y encantamientos del día a día.
p. 20, 43. 60, 64, 79, 100, 108, 115, 124, 134, 151, 170

Monika Denise (Rockingham, VA) Sigo el hilo rojo que se desenreda, dejando atrás los monolitos de los viejos paradigmas hacia la libertad. Que mi propia liberación sirva de ayuda para la restauración de la interconexión, el sentirnos vivas, enteras, la belleza y el amor entre la gente y la naturaleza. mburkholder12@gmail.com **p. 83**

Morgen Maier (Arcata, CA) Artista, mamá, habitante de la montaña, del bosque de Redwood, la energía del océano de California del Norte. *Earthen Furrow Studio* es donde transmuto la magia diaria del mundo natural como lo veo. La eufórica belleza nos rodea y mi arte se esmera en horrarla. IG: @earthen_furrow, earthenfurrowstudio.org **p. 53**

Moss Wildwing (Arcata, CA) Expresión creativa es una parte integral de ambos mi proceso de sanación y mi práctica espiritual. Las imágenes y símbolos que me vienen centran y guían mi camino hacia la sabiduría, paz y alegría. Si quieres contactarme, búscame en mindfulnetdesigns.com **p. 119**

Musawa (Estacada, OR y Tesuque, NM) Estamos celebrando el 50 aniversario de We'Moon Land este verano—¡una de las primeras tierras comunitarias reservadas para mujeres del país! Habiendo empezado en 1973, cuando estaba en mis veintes, ahora ya en mis setentas, busco nuevas generaciones de mujeres wemoon que deseen apoyar y continuar esta tierra comunitaria intergeneracional 'dyke' en el espíritu de We'Moon— ¡por los siguientes 50 años! FFI: wemoonland@gmail.com **p. 6, 179, 180, 196**

Natasza Zurek (Naramata, BC) Con espíritu lúdico, uso el lenguaje visual de la luz y la sombra para crear dimensiones de posibilidades donde sueños coloridos y visiones puedan ser compartidas para descubrir el mundo y explorar la ilimitada potencialidad humana. nataszazurekart.com, IG: @natka01 **p. 91**

Nell Aurelia (Devon, UK) es una escritora, artista, madre y consejera. Escribe sobre trauma, transformación, duelo, autovaloración radical, aplastar al patriarcado, amoríos con la naturaleza. IG: @nellaureliapoetry **p. 82, 165**

Nhein Vuong, J.D., M.Div. (Kansas City, MO) Fundadora de *Evolving Enneagram* y ministra, Rev. ordenada de la *Inner Unity* espiritual. Nhien Vuong es una consejera y asesorareconocida internacionalmente, y una constructora comunitaria enfocada en transformación usando el Eneagrama como mapa para nuestra evolución colectiva consciente. evolvingenneagram.com **p. 169**

Oak Chezar (Jamestown, CO) es una dyke radical que vive en las Montañas Rocosas de Colorado y es una colaboradora frecuente de We'Moon. Su sitio web estará listo pronto. oakchezar.com **p. 77**

Pam Taylor Photography (Sedona, AZ) Su sitio web, pamtaylormultimedia.com demuestra una carrera completa de 4 décadas. Comenzando con el fotoperiodismo, Pam progresó a la fotografía de performance e imágenes más líricas. Su trabajo reciente explora la narración psicológica y espiritual. **p. 115**

Patricia Soper (Patchogue, NY) Explora y se profundiza en la sabiduría hechicera, de la naturaleza, lo espiritual, la sagrada feminidad yprácticas antiguas. **p. 44**

Patricia Wyatt (Santa Fe, NM) artista gráfica, que usa collage, papel de acuarela, lienzos y papeles impresos y texturas y papel repujado para crear un sentido de conexión espiritual con la tierra, el cielo, los animales, las aves y las plantas. patriciawyatt.com **p. 113**

Poetically Illustrated (Murfreesboro, TN) Destiney Powell es una artista visual especializada en la narración visualde historias de la cultura negra a través de pinturas coloridas. Más información en: poeticallyillustrated.net **p. 153, 173**

Rachel Creager Ireland (Austin, TX) es buena para hacer fogatas y recordar sueños. Ella ha publicado: *Flight of Unknown Birds: Poems About the Wildness and the Weirdness Within* y su blog es: veronicasgarden.wordpress.com. **p. 32**

Raven Borgilt (Ashland, OR) Estudió arte durante su niñez. Siempre ha recibido inspiración de la naturaleza, y los animales que le rodean. Ahora practica masaje terapéutico y es una artista en el Sur de Oregón. thrivemassageashland.com **p. 165**

Robin Lea Quinlivan (Thomas, WV) es una pintora de óleos que vive en una remota área de los Apalaches donde es copropietaria de una galería de arte. Ella se inspira en el amor por el mundo natural, así como la mutable naturaleza y la interconexión de todas las cosas. robinquinlivan.etsy.com **p. 19**

Sabina Jones (Taos, NM) ha escrito desde que supo como. Ella tiene 23 añosy se encuentra en un peregrinaje del corazón. Escribe poesía para la gente en las calles con su clásico Corona-Smith. Tu puedes escoger el tema y ella escribe el poema. Puedes encontrarle y sus ideas en eartothelight.tumblr.com **p. 122**

Sandra Pastorius (Ashland, OR) ha sido un practicante de la Astrología desde 1979, y una escritora frecuente en We'Moon desde 1990. Por su Sol en Géminis, ella se deleita en combinar lo lúdico y lo profundo. Sandra ofrece cartas individuales y de pareja, lecturas y actualizaciones de tránsitos en persona o por teléfono. Escríbele sobre sus clases de astrología al email: sandrapastorius@gmail.com. Lee más artículos aquí: wemoon.ws/blogs/sandras-cosmic-trip. ¡Paz! **p. 10, 16, 206**

Sandra Stanton (Farmington, ME) Continúa explorando las conexiones empáticas entre personas, otras especies y la Madre Tierra. Diosas del Mundo y Sabiduría del árbol combinadas en *The Green World Oracle*, con Kathleen Jenks, publicados por Schiffer. Goddessmyths.com, sandrastantonart.com **p. 144**

Sandy Bot-Miller (St. Cloud, MN) Ama jugar con palabras, fibras y pasteles de óleo. Ella crea para nutrir su propio bienestar y para conectarse con los demás para hacer del mundo un mejor lugar para todes. sandybotmiller@gmail.com **p. 85**

Serena Supplee (Moab, UT) Cuarenta años de vivir y amar la meseta de Colorado le ha servido como la fuente de inspiración para sus obras llenas de gozo. Ella pinta con acuarelas y óleos, trabajando con sus dibujos en vez de fotos, confiando en su proceso creativo. serenasupplee.com **p. 44, 145**

Shauna Crandall (Driggs, ID) Vive en el hermoso Valle de Teton y se inspira en la feminidad encontrada en mitos, la naturaleza y el cosmos. Chequea su sitio shaunacrandall. com o escribele a su email skcrandall@yahoo.com **p. 50**

Sierra Lonepine Briano (Gaston, OR) Celebrando mi Cronedom, me reconozco como artista, pintora, Bruja, amante de la Madre Tierra y el Océano. Quiero, ahora, pintar a mis amigas, mis "Cronies" y cómo estamos conectadas con la Tierra, tanto en esta vida como en la próxima. FB: Sierra Briano TripOut **p. 110**

Sigita Mockute (Psigidelia) (Lithuania) Inspirados en la naturaleza y las experiencias de la vida cotidiana, estos dibujos provienen de Inner World, más allá de la identidad personal, vibrando a través de las capas más profundas de mi propio ser y expresándose en el papel. Utilizo lápices de colores como medio para descargarlos en papel. Para obtener más información, visite psigidelia.com **p. 43, 177**

Sophia Faria (Salt Spring Island, BC) es un entrenadora en el ámbito del sexo y relaciones la cual trabaja con individuos, parejas y grupos. Como consultora creativa, ofrece a los líderes encarnados, apoyo práctico para crear, diseñar, refinar y ayudarles a crear contenido para negocios en línea. Conectar: sophiafaria.com **p. 95**

Sophia Rosenberg (Lasqueti Island, BC) Gracias We'Moon creatrixes por ayudarnos a hacer un seguimiento de los días y las lunas de nuestras vidas, así como inspirar y apoyar la creatividad de las mujeres durante décadas. sophiarosenberg.com, Blue Beetle Studio en Etsy **p. 144**

Stephanie A. Sellers (Fayetteville, PA) Muy agradecida de ser parte de la comunidad de We'Moon una vez más este año y para añadir mi voz a este bello colectivo de mujeres. Yo fundé una red internacional de apoyo para mujeres (y cualquiera) que hayan sido rechazades por sus familias de origen: sednasdaughters.com **p. 69, 96, 113, 143, 155**

Susa Silvermarie (Ajijíc, México) Canalizo el Espíritu en poesía. A los 76 me entrego a mi mayor arte, la creación de armonía en mi vida y en el mundo. Por favor visítame en susasilvermarie.com o en el correo electrónico ssilvermarie@gmail.com **p. 31, 72, 127**

Susan Baylies (Durham, NC) vende sus fases lunares como tarjetas, gráficos impresos más grandes y carteles en snakeandsnake.com El correo electrónico es baylies@gmail.com **p. 226**

Susan Levitt (San Francisco, CA) es astróloga, lectora de cartas del tarot y consultora de feng shui desde 1986. Sus publicaciones incluyen *Taoist Astrology* y *The Complete Tarot Kit*. Para obtener actualizaciones sobre la Luna nueva y la Luna llena, sigue el boletín de astrología lunar de Susan. susanlevitt.com **p. 19, 197**

Suzanne Grace Michell (Sacramento, CA) Me apasiona y me encanta la interacción entre el espíritu, la humanidad, el mundo natural y la creatividad. Estas conexiones inspiran mi vida y mi arte. Es mi alegría compartirlo contigo. rockmama.com **p. 230**

Tamara Phillips (Vancouver, BC) es un acuarelista canadiense inspirado por la belleza natural del mundo natural y nuestra conexión con él. Explora la profundidad entre el mito, el sueño, la intuición y la realidad. Ve más de su trabajo aquí: tamaraphillips.ca **p. 37, 61, 146**

Tara deForest Hansen (Camas, WA) es un artista autodidacta, especializado en pintura al óleo. Ella espera traer, además de expresar, belleza y cambio a este mundo. IG: @ tara_de_forest_hansen Sitio web: janesinspiration.com **p. 81**

Tasha Zigerelli (Santa Cruz, CA) es una guía de duelo y educadora, escritora, cantante, trabajadora de la muerte/nacimiento. Ella usa su escritura y creatividad para crear ceremonias, poesía y música de sanación a las heridas más profundas, apoyada e inspirada por sus amados muertos. IG: @tendingtogrief **p. 47, 152**

Terri Watrous Berry (Erie, MI) El trabajo de Terri ha aparecido durante las últimas cuatro décadas en varias antologías, diarios, revistas y periódicos. Septuagenaria desde el septiembre pasado, ella reside en Michigan y se la puede contactar por correo electrónico a tgwberry@yahoo.com **p. 57**

Tessa Mythos (Hornby Island, BC) es un artista visual de Hornby Island B.C. Está profundamente inspirada por la belleza salvaje y la magia de la naturaleza y lo divino. La puedes encontrar en su pagina web: artbymythos.com, FB: Art by Mythos y IG: tessa_mythos **p. 27**

Tonya J. Cunningham (Lake Forest Park, WA) Como maestra a nivel preescolar y madre, tengo el privilegio todos los días de ver la maravilla del mundo que me rodea. Como poeta, espero compartir esa maravilla y crear una chispa de esperanza y empatía por medio de mi escritura. **p. 70**

Valerie A Szarek (Louisville, CO) es una Poeta de Rendimiento, una flautista nativa americana y una practicante/sanadora chamánica. Ofrece talleres en línea y en Louisville, Colorado sobre escritura centrados en aspectos del Alma. poetval.com para escuchar sus poemas y música. Vaya a poetval.com para escuchar sus poemas y música. **p. 175**

Van Lefan (Mission, BC) Para chequear mi blog, música y enlaces en medios sociales, visita mi sitio web: vanessalyuen.com **p. 4**

Verlena Lisa Johnson (Tarzana, CA) Los trabajos de la artista se pueden encontrar en su sitio web: verlenajohnson.com **p. 87**

Viandara (Hillsboro, OR) Soy una emisaria del amor, soñando en ser una nueva cosmología. Pintando metarealismo místico: poesía pictórica donde las imágenes se encuentran con el mito. Creo heART ofrendas artísticas del corazón que vienen de nuestra evolución colectiva. viandarasheart.com **p. 125**

Xelena González (San Antonio, TX) practica artes de sanación a través de la escritura y el movimiento. Es la autora de los aclamados libros de imágenes *All Around US* y *Where Wonder Grows* y La guía de adivinación Lotería Remedios. Conéctate a xelena.space o por xelenag@gmail.com **p. 129**

Zoe Zum (Victoria, BC) es una artista visionaria que reside en la Isla de Vancouver Canadá. Su trabajo está inspirado en el continuo estudio de la magia, sueños, visiones, animales y folklore. Su trabajo se puede encontrar en FB y en IG: @zoezum, también en etsy: ZoeZumArt **p. 162**

ERRORES/CORRECCIONES

Cometimos un error en *We'Moon 2022*: escribimos mal el nombre de Katharyn Howd Machan en la página 26. ¡Nuestras disculpas, Katharyn!

Agradecemos todos los comentarios que recibamos, así que háganos saber si encuentra algo incorrecto. Visite nuestro sitio web cerca del comienzo del año para ver las correcciones publicadas para esta edición de We'Moon.

Teoría We'Moon

Ritmos de Gaia: mostramos los ciclos naturales de la Luna, el Sol, los planetas y las estrellas en su relación a la Tierra. Al fijarnos en nuestras actividades, poniéndolas en relación con esos cuerpos celestes, si es que tenemos alguna, podremos darnos cuenta de la conexión que tenemos. La Tierra gira sobre su eje en un día; la Luna orbita alrededor de la Tierra en un mes (29 días y medio); la Tierra orbita alrededor del Sol en un año. Experimentamos cada uno de esos ciclos en los ritmos alternos del día y la noche, de la luna creciente y decreciente o del verano y el invierno. La Tierra, la Luna y el Sol son el círculo del que formamos parte dentro del universo. En todo momento sabemos dónde estamos en relación a ellos gracias a la danza de luces y sombras que se produce cuando van girando unos alrededor de otros.

Los ojos del cielo: Los ojos del cielo: vistos desde la Tierra, la Luna y el Sol tienen el mismo tamaño; según la astrología de la India son "el ojo derecho e izquierdo del cielo". A diferencia de los calendarios solares del patriarcado cristiano (occidental), We'Moon aborda nuestra experiencia mirando a través de ambos ojos por igual. **El ojo lunar** del cielo se ve cada día en las fases de la Luna, ya que ella es tanto un reflector, como una sombra, recorriendo su camino de 29 días y medio alrededor de la Tierra en un mes lunar (de cada luna nueva a la siguiente, 13 veces en un año lunar). Como la Tierra está al mismo tiempo orbitando alrededor del Sol, a la Luna le cuesta 27 días y un tercio recorrer todos los signos del zodíaco (un mes sideral). **El ojo solar** del cielo se hace visible en los puntos de inflexión del ciclo solar. El año empieza con el solsticio de invierno (en el hemisferio norte), el oscuro momento de la renovación, y viaja a través del ciclo completo de estaciones y de los puntos de equilibrio (solsticios, equinoccios y los cuatro días a mitad entre solsticios y equinoccios). **El tercer ojo del cielo** podrían ser las estrellas. La astrología mide los ciclos en relación con el Sol, la Luna y el resto de planetas de nuestro universo, con los signos de las constelaciones (el zodíaco) como trasfondo. Así, ayudándonos a situarnos dentro de los más amplios ciclos del universo.

Midiendo el tiempo y el espacio: La Tierra es el centro desde donde vemos nuestro universo. El Sol, la Luna y los planetas son como las manos del reloj. Cada una tiene su propio ritmo de movimiento a lo largo del ciclo. La eclíptica, línea de cielo alrededor de la Tierra a 17°, en ella se encuentran las órbitas de todos los planetas y la zona más externa del reloj, aquella en que se encuentran los números. Las estrellas se agrupan a lo largo de la eclíptica en constelaciones que forman los signos del zodíaco (los doce signos son como los doce números del reloj). Estos marcan los movimientos de los planetas a lo largo del círculo de 360 grados del cielo, el reloj del espacio y del tiempo.

Perspectiva de toda la Tierra: es importante destacar que todos los ciclos naturales tienen una imagen simétrica cuando adoptamos una perspectiva de toda la Tierra (las estaciones se dan en momentos opuestos en los hemisferios norte y sur y el día y la noche se dan en momentos opuestos en lados opuestos de la Tierra. También la Luna participa de este juego (una luna creciente en Australia mira hacia la derecha (☽), mientras que en América del Norte

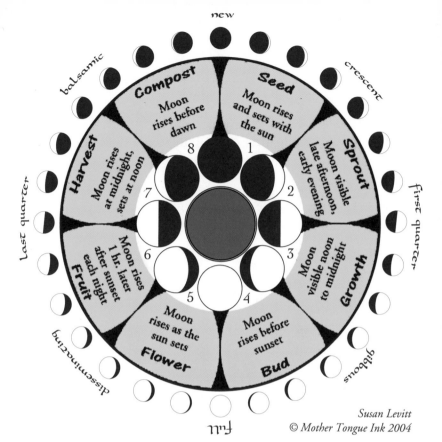

new

balsamic

crescent

Compost
Moon rises before dawn

Seed
Moon rises and sets with the sun

Sprout
Moon visible late afternoon, early evening

Harvest
Moon rises at midnight, sets at noon

Growth
Moon visible noon to midnight

Fruit
Moon rises 1 hr. later after sunset each night

Flower
Moon rises as the sun sets

Bud
Moon rises before sunset

last quarter

first quarter

disseminating

gibbous

8 1 7 2 6 3 5 4

Susan Levitt
© Mother Tongue Ink 2004

mira hacia la izquierda (☽). We'Moon utiliza una perspectiva del hemisferio norte por lo que respecta al tiempo, los días festivos, las estaciones y las fases lunares. Las mujeres wemoon que viven en el hemisferio sur, deberían transformar las descripciones de los días festivos para que cuadren con las estaciones de su zona. Honramos una perspectiva cultural de toda la Tierra al incluir cuatro lenguajes de diferentes lugares del mundo para los días de la semana.

Perspectiva de todo el cielo: también resulta importante destacar que por toda la Tierra existen diversidad de culturas y de épocas que han interactuado con la cúpula celeste de innumerables maneras. El zodíaco del que hablamos no es más que una de las muchas maneras en que la humanidad ha dibujado y relacionado con las estrellas. En este calendario utilizamos el zodíaco del trópico en el que el punto del equinoccio vernal se mantiene a cero grados en Aries. La astrología occidental utiliza básicamente este sistema. La astrología védica u oriental utiliza el zodíaco sideral, que basa las posiciones de los signos en las estrellas fijas y en qué tiempo el equinoccio vernal se ha desplazado unos 24° más allá de los cero grados de Aries.

Musawa © Mother Tongue Ink 2008

CONOCIMIENTOS BÁSICOS ASTROLÓGICOS

Planetas: Los planetas son como los chakras de nuestro sistema solar, permiten que diferentes frecuencias o tipos de energías se expresen. Ver el artículo "Mooncat" (pag. 204) para los atributos planetarios.

Signos: Los doce signos del zodíaco son un mandala en el cielo, marcando segmentos de 30° en el círculo de 360° alrededor de la Tierra. Los signos muestran cambios importantes en la energía planetaria mediante sus ciclos.

Glifos son los símbolos que se usan para representar planetas y signos. Ver "Signos y símbolos a simple vista" (pag. 201).

Signo solar: El Sol entra en un nuevo signo una vez al mes (alrededor del 21 de cada mes), y completa el ciclo entero del zodíaco en un año. El signo solar refleja las cualidades del ser externo luminoso.

Signo lunar: La Luna cambia signos aproximadamente cada 2 días a $2^1/_2$ días, pasando por los doce signos del zodíaco cada $27^1/_3$ días (el mes sidéreo). El signo lunar refleja las cualidades del fondo del ser interior.

Fase lunar: Cada día del calendario está marcado con un gráfico que representa la fase de la Luna. En los cuatro puntos de cuarto del ciclo lunar (nueva, creciente, llena y menguante), indicamos la fase, signo y hora exacta para cada uno. Estos puntos marcan la "semana lunar".

Día de la semana: Cada día se asocia con un planeta cuyo símbolo aparece en la línea por encima (por ej.: ☽☽☽ es para la Luna: Moonday, Monday, Luna Day, lundi, lunes).

Eclipse: El tiempo dado es para el ápice del eclipse, que está cerca de, pero no a la hora exacta de la conjunción (☉☌☽) u oposición (☉☍☽). Las ubicaciones de donde son visibles los eclipses también se dan. Ver "Eclipses" (pag. 10).

Aspectos (□ △ ☍ ☌ ✶ ⊼): Éstos muestran el ángulo de relación entre los diferentes planetas. Los aspectos diarios proporcionan algo como el pronóstico del tiempo astrológico, indicando qué energías trabajan juntas fácilmente y qué combinaciones son más desafiantes.

Ingresos (→): Cuando el Sol, la Luna y los planetas se mueven a signos nuevos.

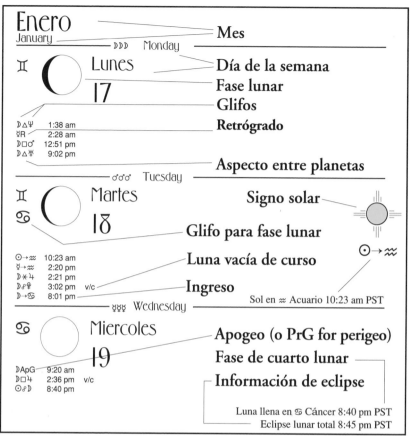

Ejemplo de página de calendario para referencia solamente

Luna "Vacía de Curso" (☽ v/c): Se dice que la Luna está "vacía de curso" del último aspecto lunar significativo en cada signo hasta que la Luna entra en un nuevo signo. Este es un buen momento para anclarse y centrarse en sí misma.

Super Luna es una luna nueva o llena que ocurre cuando la Luna está en o dentro de 90% de su perigeo, su aproximación más cercana a la Tierra. Como promedio, hay de cuatro a seis super lunas cada año. Las super lunas llenas podrían aparecer visualmente más cerca y luminosas, y promover corrientes más fuertes. A nivel personal, podríamos usar la mayor proximidad de las super lunas para iluminar nuestros horizontes interiores y profundizar en nuestras auto-reflexiones y meditaciones.

Apogeo (ApG): El punto en la órbita de la Luna que está más *lejos* de la Tierra. En este momento, los efectos de los tránsitos podrían ser menos evidentes inmediatamente, pero podrían aparecer más tarde.

Perigeo (PrG): El punto en la órbita de la Luna que está más *cerca* de la Tierra. Tránsitos con la Luna, cuando está en perigeo, serán más intensos.

Aphelio (ApH): El punto en la órbita de un planeta que está más *lejos* del Sol. En este momento, los efectos de los tránsitos (cuando los planetas pasan a través del paso de otro planeta) podrían ser menos evidentes inmediatamente, pero podrían aparecer más tarde.

Perihelio (PrH): El punto en la órbita de un planeta que está más *cerca* del Sol. Los tránsitos con los planetas, cuando están en perihelio serán más intensos.

Nodos lunares son los puntos más al norte y al sur del ciclo mensual de la Luna cuando cruza la eclíptica del Sol o la trayectoria anual, ofreciendo integrar las direcciones pasadas (sur) y futuras (norte) en la vida.

Directo o Retrógrado (D o R): Estos son momentos cuando un planeta se mueve hacia delante (D) o hacia atrás (R) mediante los signos del zodíaco (una ilusión óptica, como cuando un tren en movimiento pasa un tren más lento parece ir hacia atrás). Cuando un planeta

está en un movimiento directo, las energías planetarias son más directas; en retrógrado, las energías planetarias vuelven en sí mismas y son más involutas. Ver "Mercurio Retrógrado" (pag. 10).

© Mother Tongue Ink 2000

***The Regal Moon
and Her Phases***
(La luna regia y sus fases)
© KT InfiniteArt 2020

Una Mirada a los Signos y Símbolos

Planetas

Los planetas personales son los más cercanos a la Tierra.

☉ **Sol:** auto radiante hacia afuera, carácter, ego.

☽ **Luna:** yo reflexive, emociones, psique.

☿ **Mercurio:** comunicación, viajes, pensamiento.

♀ **Venus:** relaciones, amor, sentido de belleza, empatía.

♂ **Marte:** deseo de acción, iniciativa, ambición.

Los asteroides están entre Marte y Júpiter y reflejan el despertar de los centros energéticos femeninos en la conciencia humana. Ver "planetas de la Diosa" (p. 207).

Los planetas sociales están entre los planetas personales y los externos.

♃ **Júpiter:** expansión, oportunidades, liderazgo.

♄ **Saturno:** límites, estructura, disciplina.

⚷ **Quirón:** es un pequeño cuerpo planetario entre Saturno y Urano que representa al curandero herido.

Los planetas transpersonales son los planetas externos.

♅ **Urano:** consciencia cósmica, cambio revolucionario.

♆ **Neptuno:** despertar espiritual, amor cósmico, todo uno.

♇ **Plutón:** muerte y renacimiento, cambio profundo.

Zodíaco

♈ Aries

♉ Tauro

♊ Géminis

♋ Cáncer

♌ Leo

♍ Virgo

♎ Libra

♏ Escorpio

♐ Sagitario

♑ Capricornio

♒ Acuario

♓ Piscis

Aspectos

Los aspectos muestran el ángulo entre planetas, éste determina qué influencia ejercen entre sí y hacia nosotras. We'Moon sólo enumera los aspectos más significativos:

☌ CONJUNCIÓN (los planetas están a 0–5°) unidos, la energía de los Planetas con este aspecto se potencia mútuamente.

☍ OPOSICIÓN (los planetas están a 180°) polarizadas o complementarias, Sus energías son diametralmente opuestas.

△ TRÍGONO (los planetas están a 120°) en armonía, las energías de este Aspecto están en el mismo elemento.

□ CUADRATURA (los planetas están a 90°) desafiantes, las energías de Este aspecto son diferentes entre sí.

✳ SEXTIL (los planetas están a 60°) cooperativas, las energías de este Aspecto se llevan bien.

⚻ QUINCUNCIO (los planetas están a 150°) variables, las energías de Este aspecto combinan elementos contrarios.

Otros Símbolos

☽ **v/c**–La Luna está "fuera de curso" cuando abandona el aspecto anterior y hasta que entra en el nuevo signo.

ApG–Apogeo: punto en que la Luna está más alejada de la Tierra.

PrG–Perigeo: punto en que la Luna está más cerca de la Tierra.

ApH–Afelio: punto en la órbita de un planeta en que este está más alejado del Sol.

PrH–Perihelio: punto en la órbita de un planeta en que este está más cerca del Sol.

D o R–Directo o retrógrado: describe cuándo un planeta se mueve hacia delante. (D) en el zodíaco o parece moverse hacia atrás (R).

CONSTELACIONES DEL ZODÍACO

Las estaciones del zodíaco fueron nombradas hace miles de años por las constelaciones que estuvieron detrás de ellas en ese momento. Los signos del zodíaco actúan como un filtro leve, coloreando las cualidades de la fuerza de vida. Mientras el Sol, la Luna y otros planetas se mueven a través del zodíaco, sus energías tienen las siguientes influencias:

♒ **Acuario (Aire):** Comunidad, ingenuidad, colaboración, idealismo. Es tiempo de honrar la filosofía del amor y el poder de la comunidad.

♓ **Piscis (Agua):** Introspección, imaginación, sensibilidad e intuición. Procesamos y gestamos nuestros sueños.

♈ **Aries (Fuego):** Valiente, directa, rebelde, enérgetica. Nuestra adolescente interna cobra vida; nuestro ser adulto necesita dirigir la energía sabiamente.

♉ **Tauro (Tierra):** Sensual, enraizada, nutritiva, manifestación material. Vamos más despacio, aterrizamos, despertamos nuestros sentidos, iniciamos una forma de construcción, raíces y fuerza obstinada.

♊ **Géminis (Aire):** Comunicación, enlaces, curiosidad, ingenio. Conectamos con mentes afines y construimos redes de entendimiento.

♋ **Cáncer (Agua):** Familia, hogar, conciencia emocional, alimento. Necesitamos tiempo en nuestra concha y con nuestros familiares.

♌ **Leo (Fuego):** Creatividad, carisma, calidez y entusiasmo. Reúnete con otres para celebrar y compartir generosidad.

♍ **Virgo (Tierra):** Mercuriana, curiosa, crítica y comprometida. La actitud afina nuestras mentes y nervios y nos manda de regreso a trabajar.

♎ **Libra (Aire):** Belleza, igualdad, igualitarismo, cooperación. Crecemos más amistosamente, orientadas hacia las relaciones indignadas por la injusticia.

♏ **Escorpio (Agua):** Enfoque nítido, perceptiva, empoderada, misteriosa. La actitud es ahumada, primitiva, oculta y curiosa; aguas tranquilas corren profundo.

♐ **Sagitario (Fuego):** Curiosidad, honestidad, exploración, juego. Nos volvemos más curiosas sobre lo que no nos es familiar.

♑ **Capricornio (Tierra):** Familia, historia, sueños, tradiciones. Necesitamos montañas para escalar y problemas para resolver.

Adaptado de Signos y tránsitos solares *de Heather Roan Robbins © Mother Tongue Ink 2016*

TRÁNSITOS LUNARES

La Luna cambia de signo cada 2 días y medio. El signo que la luna transita, es el que establece el tono anímico del día.

♒ Luna en Acuario nos llama al círculo y a alejarnos de las preocupaciones personales; nos recuerda lo sagrado de la colaboración y colectividad. Es tiempo de buscar nuevas alianzas, conexiones, y vivir nuestra filosofía.

♓ Luna en Piscis nos hace más conscientes, a veces de una manera dolorosa, de nuestras emociones. Realza la compasión, intuición. Tal vez tengamos que fortalecer los límites. Explora el templo de la imaginación.

♈ Luna en Aries abre paso a nuestro fuego; temperamento, impaciencia y pasión. Sentimos una urgencia de enfocarnos, pero podemos perder nuestra empatía. Es tiempo de hacer lo que realmente nos hace sentir con vida, iniciar proyectos y establecer límites.

♉ La Luna en Tauro nos desacelera; raíces crecen profundamente en este obstinado, creativo y sensual período. Es tiempo de cultivar nuestros recursos terrenales: jardín, hogar y cuerpo. Siembra semillas en suelo fértil, escucha la magia de la Tierra.

♊ La luna en Géminis acelera nuestros pensamientos y nervios. Es tiempo de entretejer las palabras: hablar, escuchar, reír, cantar y escribir. Conéctate, negocia, reorganiza; haz malabares con las posibilidades; sólo no abarques demasiado al mismo tiempo.

♋ La Luna en Cáncer nos reconecta con nuestras emociones. Podemos sentir agobio y estar a la defensiva, o podemos auto-nutrirnos y reconectarnos con nuestros sentimientos más genuinos. Agua es sanación, limpia, hidrata, haz sopa.

♌ La Luna en Leo nos lleva al centro de la acción. Es tiempo de brillar, expresarse y apreciar las historias únicas de los demás. Celebra, ritualiza, dramatiza. Comparte con genuina generosidad Leonina.

♍ La Luna en Virgo agudiza nuestra mente y nervios. Nos ayuda a digerir la información y evaluar la situación. Invoca la compasión Virgoniana y su técnica brillante de resolución de problemas. Limpia, organiza, edita, deshierba y cura.

♎ La Luna en Libra calienta nuestro corazón y realza nuestro sentido estético. Belleza, justicia y balance nos alimenta. Queremos que la gente se lleve bien, y nos volvemos alérgicas a la discordia cultural y entre los que amamos.

♏ La Luna en Escorpio nos vuelve hacia nuestro interior, profundiza nuestra curiosidad y enfoque, pero nos da una cierta actitud. Necesitamos privacidad, ya que el ánimo se vuelve quisquilloso. Retira la madera seca del alma y el jardín. Busca una más profunda y revitalizada contemplación.

♐ La Luna en Sagitario nos pone en movimiento alrededor del mundo, o en nuestra mente. Nos presta una fresca (a veces sin tino) honestidad, una chispa aventurera, una perspectiva filosófica y un mejor entendimiento con el mundo natural.

♑ La Luna en Capricornio afila nuestra ambición y pone a prueba nuestro sentido del humor. Es tiempo de ponerle manos a la obra para lograr nuestros sueños; organiza, construye, manifiesta. Establece claros objetivos a corto plazo y siente la felicidad de lograrlos.

Adaptado de Signos y tránsitos lunares *de Heather Roan Robbins © Mother Tongue Ink 2020*

CONÓCETE A TI MISMA—MAPA DE ASPECTOS PLANETARIOS

La mayoría de las personas, cuando consideran consultar los beneficios de la astrología, se familiarizan sólo con su signo solar. Sin embargo, cada uno de los planetas dentro de nuestro sistema solar desempeñan un rol específico en el conocimiento completo de "El Ser".

Esta es una revisión rápida de los efectos astrológicos de nuestros planetas:

☉ **El Sol** representa el propósito de nuestra alma. Habla del por qué estamos aquí en la Tierra, lo que nos toca hacer o cumplir, y nos informa de nuestro avance en esta tarea. Responde a la vieja pregunta: ¿Por qué estoy aquí?

☽ **La Luna** representa nuestra capacidad para sentir y tener empatía con aquellos alrededor de nosotras así como con nuestra propia alma. Despierta nuestra intuición y el cuerpo emocional.

☿ **Mercurio** es "el pensador", e involucra nuestras habilidades de comunicación: lo que decimos, nuestras palabras, nuestra voz y nuestros pensamientos, incluyendo los roles de maestra/estudiante y maestra/aprendiz. Mercurio afecta cómo nos conectamos con todas las herramientas de comunicación mediática—nuestras computadoras, teléfonos, e incluso la comunicación con correo tradicional, e incluso ¡los sistemas de publicación y grabación!

♀ **Venus** es nuestro reconocimiento del amor, arte y belleza. Venus es armonía como forma de expresión, así como compasión, bendición y aceptación.

♂ **Marte** es quien dice "levántate y ve". Es la capacidad de tomar acción y hacer; representa el inicio del movimiento. Puede también afectar nuestro temperamento.

♃ **Júpiter** es nuestra búsqueda de la verdad, el vivir de acuerdo a nuestro sistema de creencias y andar nuestro camino con lo que estas creencias dicen acerca de nosotras. Involucra un deseo en expasión constante de educar al "Ser" a través conocimientos que hablan de la ley superior. Es la aventura y la oportunidad de estar en el camino—algunas veces literalmente se relaciona con viajes, culturas foráneas o internacionales, lenguajes y costumbres.

♄ **Saturno** es el maestro de las tareas, está activo cuando establecemos una meta o un plan para luego trabajar fuerte y diligentemente y cumplir lo que dijimos que haríamos. Saturno toma la vida muy en serio a lo largo del camino y puede ser bastante severo, eligiendo poner carga extra en su responsabilidad y esfuerzo.

⚷ **Quirón** es "el sanador herido". Se relaciona con lo que hemos traído a esta vida para arreglar o perfeccionar, y nos invita a hacerlo de la mejor manera posible. Es cuando competimos con nosotras mismas para mejorar nuestro resultados previos. Está también relacionado con la salud física y nutricional de nuestro cuerpo.

♅ **Urano** es nuestra capacidad para experimentar "la revolución", es la libertad para hacer las cosas a nuestra manera, exponiendo nuestra expresión individual, incluso con cierta picardía, mientras nos lanzamos hacia una visión colectiva del futuro. Urano inspira el deseo personal de "déjame ser" y conecta con un oceáno humano (un grupo de gente) que está haciendo lo mismo.

Ψ **Neptuno** es el velo espiritual, nuestra conexión con nuestra psicología interna y la conciencia que dirige nuestra experiencia del alma. También la presencia psíquica y las capacidades de medium están influenciadas por Neptuno.

♇ **Plutón** es la transformación, la energía de muerte/renacimiento—a nivel extremo. Para que la mariposa emerja, la oruga que una vez fue debe dar su vida completamente. No hay retorno, es quemar el puente, es la explosión volcánica del poder propio. Es estar parada en la cima de la montaña y agarrar el rayo del relámpago con tu mano.

Además de todo lo anterior debe ser considerado nuestro **ascendente**. Este signo se calcula usando la hora del día en que naciste en relación con la rotación de la tierra, describe como nos relacionamos con el mundo exterior y cómo éste se relaciona con nosotras—nuestra apariencia, cómo nos ven los demás y cómo nos vemos a nosotras mismas. ¡Es la combinación de todos los otros elementos planetarios lo que nos hace únicas entre todas las otras personas que están vivas!

Por eso tener tu signo solar no es suficiente para ubicarte en una categoría específica. Ésta es nuestra forma de entender las cosas. ¡Conócete a ti misma!

Melissa Kae Mason, MoonCat! © Mother Tongue Ink 2011

PLANETAS DE LAS DIOSAS: CERES, PALLAS JUNO Y VESTA

Los "asteroides" son pequeños planetas situados entre los planetas personales interiores (Sol a Marte), los cuales se mueven más rápidamente a través del zodíaco, y los exteriores son planetas sociales y colectivos (Júpiter a Plutón) y tienen movimientos más lentos y marcan los cambios generacionales. Ceres, Pallas, Juno y Vesta son los rostros de la Gran Diosa, los cuales despiertan nuestra conciencia, y aceleran aquellas habilidades nuestras, tan urgentemente necesarias para resolver nuestros muchos problemas personales, sociales, ecológicos y políticos.

⚳ **Ceres** (Diosa de los granos y la cosecha) simboliza la capacidad de nutrirnos a nosotras mismas, y a los demás, de manera sustancial y metafóricamente. Así como en la mitología griega de Deméter y Perséfone, ella nos ayuda a dejar ir y simbólicamente morir, a entender las dinámicas madre-hija, a ser madre de nosotras mismas, y a educar por medio del uso de nuestros sentidos.

⚵ **Juno** (Reina de los Dioses y de las relaciones) nos muestra qué tipo de relación de compromiso anhelamos, y nuestra propia manera de encontrar satisfacción personal y profesional. Mas, ésta anhela que las socias trabajen en equipo, con igualdad de derechos y responsabilidades.

⚴ **Palas** (Atenas) es un símbolo de nuestra inteligencia creativa y a menudo hace insinuaciones relacionadas al sacrificio de la creatividad de la mujer o la falta de respeto a la creatividad de la fémina. Ella trae a colación cuestiones relativas a relaciones entre padre e hija, y señala dificultades en cuanto a la vinculación entre cabeza, corazón y útero.

⚶ **Vesta** (Virgen Vestal/Sacerdotisa del Fuego) nos recuerda en primer lugar y más que todo, que nos permanezcamos a nosotras mismas ¡y estamos autorizadas a hacerlo! Ella nos enseña cómo regenerarnos, a activar nuestra pasión y cómo velar cuidadosamente de nuestro fuego interior durante las tormentas de la vida cotidiana.

fragmento Beate Metz © Mother Tongue Ink 2009

Efemérides 101

Las efemérides planetarias consisten en un listado de las posiciones diarias de los cuerpos celestes en nuestro sistema solar.

Aunque nos referimos a ellos como "errantes" los planetas cuentan con órbitas individuales y predecibles. Esta regularidad resulta útil para la navegación, la observación del cielo y la elaboración de mapas para una fecha concreta.

Los primeros astrólogos desarrollaron y utilizaron tablas de efemérides para elaborar cartas astrales individuales o para acontecimientos concretos. Crearon mapas circulares en los que marcaban las posiciones de los planetas en un "estado del sistema solar" simbólico para utilizarlo como representación permanente o mandala. Las efemérides se podían consultar para ver cuándo los planetas en tránsito ocupaban el mismo símbolo y en el mismo ángulo que los planetas del mapa, y la relación que adoptaban con los planetas natales. Esta referencia permite la exploración de las tendencias y las dinámicas que pueden tener una correspondencia con la vida de una persona, o para utilizar el enfoque "así en la Tierra como en el cielo".

Las efemérides nos dan la posición de los planetas y el signo en el que se encuentra cada uno, así como el Sol, la Luna y sus nodos para ese día. El cuadro de la parte de abajo nos ofrece un resumen de datos, entre ellos, el cambio de signo de los planetas, los aspectos de los planetas más alejados y sus cambios de dirección o sus periodos retrógrados. Los cuadros del medio muestran las fases de la luna y en qué días entra en cada una de ellas, las fechas de los eclipses lunares o solares y las fechas en que la luna no está alineada con ningún otro cuerpo celeste. CG nos da la posición del centro de la galaxia para cada mes.

Utiliza la sección "Una mirada a los signos y simbolos" de la página 201 para conocer los símbolos o imágenes que corresponden a planetas, signos y aspectos.

Sandra Pastorius © Mother Tongue Ink 2018

Nota: La sección de las efemerides planetarias se encuentran en inglés. Por lo tanto, necesitan ser traducidos del inglés al español.

Luna: O hr = medianoche y mediodía = 12 p.m.

Planeta gifos (p. 206)

R = Planeta retrógrado se muestra en la gris

Ingreso: 1 de enero el sol se mueve en 10° Capricornio

Day	Sid.Time	☉	0 hr ☽	Noon ☽	True ☊	☿
1 Tu	6 41 26	10♑15 21	12♏21 35	18♏49 44	26♋52.2	23♐51.2
2 W	6 45 22	11 16 31	25 14 11	1♐35 10	26R 50.0	25 19.2
3 Th	6 49 19	12 17 42	7♐52 52	14 07 28	26 47.6	26 47.7
4 F	6 53 15	13 18 52	20 19 08	26 28 04	26 45.5	28 16.7
5 Sa	6 57 12	14 20 03	2♑34 27	8♑38 27	26 43.9	29 46.2
6 Su	7 01 08	15 21 14	14 40 17	20 40 08	26 42.9	1♑16.2
7 M	7 05 05	16 22 25	26 38 13	2♒34 48	26D 42.6	2 46.7
8 Tu	7 09 01	17 23 36	8♒30 08	14 24 32	26 42.9	4 17.6

Aries de ingreso de Marte 1 de enero a las 2:21 p.m.

Astro Data Dy Hr Mn	Planet Ingress Dy Hr Mn	Last Aspe[ct] Dy Hr Mn
♂0N 2 0:5[illegible]	♂ ♈ 1 2:21	1 22:27 ♀
♅ D 6 20:28	☿ ♑ 5 3:41	4 17:43 ☿
☊ D 7 0:06	♀ ♐ 7 11:19	7 6:21 ♀

2023 Efemérides Planetarias

LONGITUDE — Enero 2023

Day	Sid.Time	☉	0 hr ☽	Noon ☽	True ☊	☿	♀	♂	⚳	♃	♄	♅	♆	♇
1 Su	6 41 33	10♑16 59	3♉38 16	9♉57 50	11♉45.0	23♑42.1	27♑22.9	9♊04.0	3♎09.3	1♈11.6	22♒25.1	15♉08.9	22♓52.2	27♑39.5
2 M	6 45 30	11 18 08	16 13 36	22 26 01	11R45.1	23R05.8	28 38.0	8R54.8	3 21.9	1 18.9	22 31.1	15R07.8	22 53.2	27 41.4
3 Tu	6 49 26	12 19 16	28 35 33	4♊42 33	11 43.6	22 18.1	29 53.2	8 46.4	3 34.2	1 26.4	22 37.2	15 06.7	22 54.2	27 43.3
4 W	6 53 23	13 20 24	10♊47 26	16 50 28	11 39.5	21 20.0	1♒08.3	8 38.9	3 46.1	1 34.0	22 43.3	15 05.7	22 55.2	27 45.2
5 Th	6 57 19	14 21 32	22 51 58	28 52 09	11 32.6	20 13.0	2 23.4	8 32.2	3 57.8	1 41.8	22 49.5	15 04.8	22 56.3	27 47.1
6 F	7 01 16	15 22 40	4♋51 15	10♋49 27	11 23.0	18 59.0	3 38.5	8 26.3	4 09.1	1 49.7	22 55.7	15 03.9	22 57.4	27 49.0
7 Sa	7 05 13	16 23 48	16 46 55	22 43 47	11 11.1	17 40.3	4 53.6	8 21.3	4 20.2	1 57.8	23 02.0	15 03.1	22 58.5	27 51.0
8 Su	7 09 09	17 24 56	28 40 15	4♌36 26	10 57.9	16 19.7	6 08.7	8 17.0	4 30.9	2 06.0	23 08.3	15 02.3	22 59.7	27 52.9
9 M	7 13 06	18 26 04	10♌32 33	16 28 45	10 44.5	14 59.6	7 23.7	8 13.6	4 41.2	2 14.4	23 14.7	15 01.5	23 00.9	27 54.9
10 Tu	7 17 02	19 27 11	22 25 18	28 22 27	10 31.9	13 42.5	8 38.8	8 11.0	4 51.3	2 22.9	23 21.1	15 00.8	23 02.1	27 56.8
11 W	7 20 59	20 28 18	4♍20 30	10♍19 48	10 21.2	12 30.7	9 53.8	8 09.1	5 00.9	2 31.6	23 27.5	15 00.2	23 03.4	27 58.8
12 Th	7 24 55	21 29 26	16 20 44	22 23 46	10 13.1	11 26.0	11 08.8	8D08.0	5 10.3	2 40.4	23 34.0	14 59.6	23 04.6	28 00.7
13 F	7 28 52	22 30 33	28 29 21	4♎38 01	10 07.8	10 29.5	12 23.8	8 07.8	5 19.3	2 49.4	23 40.5	14 59.0	23 05.9	28 02.7
14 Sa	7 32 48	23 31 40	10♎50 19	17 06 51	10 05.1	9 42.3	13 38.8	8 08.2	5 27.9	2 58.4	23 47.1	14 58.5	23 07.3	28 04.6
15 Su	7 36 45	24 32 47	23 28 10	29 54 52	10D04.4	9 04.7	14 53.7	8 09.5	5 36.2	3 07.7	23 53.7	14 58.1	23 08.6	28 06.6
16 M	7 40 42	25 33 54	6♏27 31	13♏06 37	10R04.6	8 36.9	16 08.7	8 11.5	5 44.1	3 17.0	24 00.4	14 57.7	23 10.0	28 08.6
17 Tu	7 44 38	26 35 01	19 52 35	26 45 46	10 04.3	8 18.6	17 23.6	8 14.2	5 51.6	3 26.5	24 07.1	14 57.4	23 11.5	28 10.5
18 W	7 48 35	27 36 07	3♐46 20	10♐54 18	10 02.4	8D09.4	18 38.6	8 17.7	5 58.7	3 36.1	24 13.8	14 57.1	23 12.9	28 12.5
19 Th	7 52 31	28 37 14	18 09 29	25 31 27	9 58.1	8 09.0	19 53.5	8 21.8	6 05.5	3 45.8	24 20.5	14 56.8	23 14.4	28 14.5
20 F	7 56 28	29 38 20	2♑59 32	10♑32 49	9 50.8	8 16.6	21 08.4	8 26.7	6 11.9	3 55.7	24 27.3	14 56.7	23 15.9	28 16.4
21 Sa	8 00 24	0♒39 26	18 10 10	25 50 15	9 41.0	8 31.7	22 23.2	8 32.3	6 17.9	4 05.7	24 34.2	14 56.5	23 17.4	28 18.4
22 Su	8 04 21	1 40 31	3♒31 36	11♒12 42	9 29.6	8 53.7	23 38.1	8 38.6	6 23.5	4 15.8	24 41.0	14D56.5	23 19.0	28 20.4
23 M	8 08 17	2 41 35	18 52 00	26 28 05	9 17.9	9 21.9	24 52.9	8 45.6	6 28.6	4 26.1	24 47.9	14 56.4	23 20.6	28 22.3
24 Tu	8 12 14	3 42 39	3♓59 39	11♓25 37	9 07.4	9 55.9	26 07.7	8 53.2	6 33.4	4 36.4	24 54.8	14 56.5	23 22.2	28 24.3
25 W	8 16 11	4 43 41	18 45 09	25 57 36	8 59.0	10 34.9	27 22.5	9 01.5	6 37.8	4 46.9	25 01.8	14 56.5	23 23.8	28 26.3
26 Th	8 20 07	5 44 43	3♈02 39	10♈00 10	8 53.5	11 18.7	28 37.3	9 10.4	6 41.7	4 57.5	25 08.8	14 56.7	23 25.5	28 28.2
27 F	8 24 04	6 45 43	16 50 12	23 33 01	8 50.6	12 06.6	29 52.0	9 20.0	6 45.3	5 08.2	25 15.8	14 56.9	23 27.1	28 30.2
28 Sa	8 28 00	7 46 43	0♉08 58	6♉38 33	8 49.7	12 58.4	1♓06.7	9 30.2	6 48.4	5 19.0	25 22.8	14 57.1	23 28.8	28 32.1
29 Su	8 31 57	8 47 41	13 02 17	19 20 47	8 49.7	13 53.6	2 21.4	9 40.9	6 51.1	5 29.9	25 29.8	14 57.4	23 30.6	28 34.1
30 M	8 35 53	9 48 38	25 34 38	1♊44 28	8 49.1	14 52.0	3 36.0	9 52.3	6 53.4	5 40.9	25 36.9	14 57.7	23 32.3	28 36.0
31 Tu	8 39 50	10 49 34	7♊50 53	13 54 25	8 47.0	15 53.3	4 50.7	10 04.2	6 55.2	5 52.0	25 44.0	14 58.1	23 34.1	28 37.9

LONGITUDE — Febrero 2023

Day	Sid.Time	☉	0 hr ☽	Noon ☽	True ☊	☿	♀	♂	⚳	♃	♄	♅	♆	♇
1 W	8 43 46	11♒50 28	19♊55 38	25♊55 00	8♉42.3	16♑57.2	6♓05.2	10♊16.7	6♎56.6	6♈03.3	25♒51.1	14♉58.6	23♓35.9	28♑39.9
2 Th	8 47 43	12 51 22	1♋52 59	7♋49 58	8R34.6	18 03.4	7 19.8	10 29.7	6 57.6	6 14.6	25 58.2	14 59.1	23 37.7	28 41.8
3 F	8 51 40	13 52 14	13 46 17	19 42 16	8 23.9	19 11.8	8 34.3	10 43.3	6R58.2	6 26.0	26 05.3	14 59.6	23 39.5	28 43.7
4 Sa	8 55 36	14 53 05	25 38 10	1♌34 12	8 10.9	20 22.3	9 48.8	10 57.3	6 58.3	6 37.5	26 12.5	15 00.3	23 41.4	28 45.6
5 Su	8 59 33	15 53 55	7♌30 33	13 27 23	7 56.3	21 34.6	11 03.2	11 11.9	6 58.0	6 49.2	26 19.7	15 00.9	23 43.3	28 47.5
6 M	9 03 29	16 54 43	19 24 51	25 23 06	7 41.3	22 48.6	12 17.6	11 27.0	6 57.3	7 00.9	26 26.9	15 01.6	23 45.2	28 49.4
7 Tu	9 07 26	17 55 31	1♍22 15	7♍22 30	7 27.3	24 04.3	13 32.0	11 42.5	6 56.1	7 12.7	26 34.1	15 02.4	23 47.1	28 51.3
8 W	9 11 22	18 56 17	13 23 59	19 26 55	7 15.2	25 21.4	14 46.4	11 58.6	6 54.5	7 24.6	26 41.3	15 03.2	23 49.0	28 53.2
9 Th	9 15 19	19 57 02	25 31 32	1♎38 06	7 05.8	26 40.0	16 00.7	12 15.0	6 52.4	7 36.5	26 48.5	15 04.1	23 51.0	28 55.0
10 F	9 19 15	20 57 46	7♎46 56	13 58 23	6 59.6	27 59.9	17 14.9	12 32.0	6 49.9	7 48.6	26 55.7	15 05.0	23 52.9	28 56.9
11 Sa	9 23 12	21 58 29	20 12 50	26 30 43	6 56.2	29 21.0	18 29.2	12 49.3	6 47.0	8 00.7	27 02.9	15 06.0	23 54.9	28 58.7
12 Su	9 27 09	22 59 11	2♏52 30	9♏18 40	6D55.0	0♒43.4	19 43.4	13 07.1	6 43.6	8 13.0	27 10.2	15 07.0	23 56.9	29 00.6
13 M	9 31 05	23 59 52	15 49 40	22 25 58	6R55.1	2 07.0	20 57.5	13 25.3	6 39.8	8 25.3	27 17.4	15 08.0	23 59.0	29 02.4
14 Tu	9 35 02	25 00 31	29 08 01	5♐56 11	6 55.2	3 31.6	22 11.6	13 43.9	6 35.6	8 37.7	27 24.7	15 09.2	24 01.0	29 04.2
15 W	9 38 58	26 01 10	12♐50 43	19 51 48	6 54.0	4 57.4	23 25.7	14 02.9	6 30.9	8 50.2	27 31.9	15 10.3	24 03.0	29 06.0
16 Th	9 42 55	27 01 48	26 59 26	4♑13 27	6 50.8	6 24.2	24 39.8	14 22.3	6 25.8	9 02.7	27 39.2	15 11.6	24 05.1	29 07.8
17 F	9 46 51	28 02 24	11♑33 27	18 58 51	6 44.9	7 52.0	25 53.8	14 42.1	6 20.2	9 15.3	27 46.5	15 12.8	24 07.2	29 09.6
18 Sa	9 50 48	29 02 59	26 28 50	4♒02 24	6 36.7	9 20.9	27 07.7	15 02.3	6 14.3	9 28.0	27 53.7	15 14.1	24 09.3	29 11.3
19 Su	9 54 45	0♓03 33	11♒38 20	19 15 19	6 26.8	10 50.7	28 21.7	15 22.8	6 07.9	9 40.8	28 01.0	15 15.5	24 11.4	29 13.1
20 M	9 58 41	1 04 06	26 51 58	4♓26 52	6 16.4	12 21.5	29 35.6	15 43.7	6 01.1	9 53.7	28 08.2	15 16.9	24 13.5	29 14.8
21 Tu	10 02 38	2 04 37	11♓58 42	19 26 14	6 06.9	13 53.3	0♈49.4	16 05.0	5 53.8	10 06.6	28 15.5	15 18.4	24 15.7	29 16.5
22 W	10 06 34	3 05 06	26 48 26	4♈04 29	5 59.3	15 26.0	2 03.2	16 26.6	5 46.2	10 19.6	28 22.7	15 19.9	24 17.8	29 18.2
23 Th	10 10 31	4 05 33	11♈13 44	18 15 49	5 54.2	16 59.8	3 16.9	16 48.5	5 38.2	10 32.6	28 30.0	15 21.5	24 20.0	29 19.9
24 F	10 14 27	5 05 58	25 10 33	1♉57 58	5D51.7	18 34.4	4 30.6	17 10.7	5 29.8	10 45.7	28 37.2	15 23.1	24 22.1	29 21.6
25 Sa	10 18 24	6 06 22	8♉38 14	15 11 42	5 51.2	20 10.1	5 44.2	17 33.3	5 21.1	10 58.9	28 44.4	15 24.7	24 24.3	29 23.2
26 Su	10 22 20	7 06 44	21 38 47	28 00 00	5 51.9	21 46.7	6 57.8	17 56.2	5 11.9	11 12.1	28 51.7	15 26.4	24 26.5	29 24.9
27 M	10 26 17	8 07 04	4♊15 57	10♊27 15	5R52.6	23 24.3	8 11.3	18 19.3	5 02.5	11 25.4	28 58.9	15 28.2	24 28.7	29 26.5
28 Tu	10 30 13	9 07 22	16 34 30	22 38 21	5 52.3	25 02.9	9 24.8	18 42.8	4 52.6	11 38.7	29 06.1	15 29.9	24 30.9	29 28.1

Astro Data Dy Hr Mn	Planet Ingress Dy Hr Mn	Last Aspect Dy Hr Mn	☽ Ingress Dy Hr Mn	Last Aspect Dy Hr Mn	☽ Ingress Dy Hr Mn	☽ Phases & Eclipses Dy Hr Mn	Astro Data
☊ R 1 15:26	♀ ♒ 3 2:11	2 22:18 ♇ △	♊ 3 2:45	1 11:59 ♄ △	♋ 1 20:13	6 23:09 ○ 16♋22	1 January 2023
♄⚺♆ 6 7:57	☉ ♒ 20 8:31	5 0:09 ♆ □	♋ 5 14:16	4 6:20 ♇ ☍	♌ 4 8:50	15 2:11 ☾ 24♎38	Julian Day # 44926
♂ D 12 20:58	♀ ♓ 27 2:34	7 22:24 ♇ ☍	♌ 8 2:41	6 14:17 ♄ ☍	♍ 6 21:15	21 20:54 ● 1♒33	SVP 4♓56'29"
♃0N 13 5:57		10 1:54 ♄ ☍	♍ 10 15:16	9 6:41 ♇ △	♎ 9 8:48	28 15:20 ☽ 8♉26	GC 27♐09.6 ⚴ 20♋49.4R
☽0S 13 15:34	☿ ♒ 11 11:23	12 23:08 ♇ △	♎ 13 2:58	11 16:42 ♇ □	♏ 11 18:36		Eris 23♈55.8R ⚵ 24♓34.1
☊ D 15 2:21	☉ ♓ 18 22:35	15 8:41 ♇ □	♏ 15 12:09	13 23:53 ♇ ⚹	♐ 14 1:32	5 18:30 ○ 16♌41	⚷ 11♈58.1 ⚶ 14♓01.2
☊ R 16 6:34	♀ ♈ 20 7:57	17 14:28 ♇ ⚹	♐ 17 17:34	16 1:07 ♄ ⚹	♑ 16 5:01	13 16:02 ☾ 24♏40	☽ Mean ☊ 10♉12.1
☿ D 18 13:13		19 10:10 ♄ ⚹	♑ 19 19:13	18 4:19 ♇ ☌	♒ 18 5:36	20 7:07 ● 1♓22	
♅ D 22 23:00		21 15:53 ♇ ☌	♒ 21 18:30	20 2:01 ♄ ☌	♓ 20 4:57	27 8:07 ☽ 8♊27	1 February 2023
☽0N 26 5:33		23 10:20 ♀ ☌	♓ 23 17:37	22 4:07 ♇ ⚹	♈ 22 5:15		Julian Day # 44957
⚳ R 3 19:14		25 16:13 ♇ ⚹	♈ 25 18:49	24 7:23 ♇ □	♉ 24 8:30		SVP 4♓56'23"
☽0S 9 20:32		27 21:02 ♇ □	♉ 27 23:44	26 14:44 ♇ △	♊ 26 15:49		GC 27♐09.7 ⚴ 11♋47.2R
☊ D 12 7:35	☽0N22 15:01	30 5:53 ♇ △	♊ 30 8:36				Eris 23♈57.5 ⚵ 9♈05.9
☊ R 13 16:10	☊ D24 18:59						⚷ 12♈38.2 ⚶ 26♓51.8
♀0N 22 2:56	☊ R27 7:58						☽ Mean ☊ 8♉33.7

* Posiciones de los planetas diariamente al medianoche, en LONGITUD Greenwich Mean Time (UT) El período retrógrado de cada planeta está sombreado en gris.

Marzo 2023

LONGITUDE

Day	Sid.Time	☉	0 hr ☽	Noon☽	True☊	☿	♀	♂	⚳	♃	♄	♅	♆	♇
1 W	10 34 10	10♓07 38	28♊39 25	4♋38 19	5♉50.3	26♒42.5	10♈38.2	19♊06.6	4♎42.5	11♈52.1	29♒13.2	15♉31.8	24♓33.1	29♑29.7
2 Th	10 38 07	11 07 52	10♋35 35	16 31 46	5R46.0	28 23.1	11 51.6	19 30.6	4R32.0	12 05.6	29 20.4	15 33.7	24 35.4	29 31.3
3 F	10 42 03	12 08 04	22 27 21	28 22 47	5 39.4	0♓04.7	13 04.9	19 54.9	4 21.2	12 19.1	29 27.6	15 35.6	24 37.6	29 32.8
4 Sa	10 46 00	13 08 13	4♌18 27	10♌14 44	5 30.8	1 47.4	14 18.1	20 19.4	4 10.1	12 32.7	29 34.7	15 37.5	24 39.8	29 34.3
5 Su	10 49 56	14 08 21	16 11 54	22 10 14	5 21.1	3 31.2	15 31.3	20 44.3	3 58.7	12 46.3	29 41.8	15 39.6	24 42.1	29 35.9
6 M	10 53 53	15 08 27	28 09 57	4♍11 15	5 10.9	5 16.0	16 44.4	21 09.3	3 47.1	12 59.9	29 48.9	15 41.6	24 44.3	29 37.3
7 Tu	10 57 49	16 08 31	10♍14 16	16 19 10	5 01.3	7 01.9	17 57.4	21 34.6	3 35.1	13 13.6	29 56.0	15 43.7	24 46.6	29 38.8
8 W	11 01 46	17 08 33	22 26 04	28 35 05	4 53.2	8 48.9	19 10.4	22 00.2	3 23.0	13 27.4	0♓03.1	15 45.8	24 48.8	29 40.3
9 Th	11 05 42	18 08 34	4♎46 19	10♎59 55	4 47.0	10 37.0	20 23.3	22 25.9	3 10.6	13 41.1	0 10.1	15 48.0	24 51.1	29 41.7
10 F	11 09 39	19 08 32	17 16 01	23 34 46	4 43.2	12 26.2	21 36.2	22 51.9	2 58.0	13 55.0	0 17.1	15 50.2	24 53.3	29 43.1
11 Sa	11 13 36	20 08 29	29 56 21	6♏20 59	4D41.6	14 16.6	22 49.0	23 18.1	2 45.2	14 08.8	0 24.1	15 52.4	24 55.6	29 44.5
12 Su	11 17 32	21 08 24	12♏48 53	19 20 18	4 41.8	16 08.0	24 01.7	23 44.5	2 32.2	14 22.7	0 31.1	15 54.7	24 57.9	29 45.9
13 M	11 21 29	22 08 17	25 55 29	2♐34 41	4 43.0	18 00.6	25 14.3	24 11.2	2 19.1	14 36.7	0 38.0	15 57.1	25 00.2	29 47.2
14 Tu	11 25 25	23 08 09	9♐18 09	16 06 06	4 44.4	19 54.3	26 26.9	24 38.0	2 05.7	14 50.7	0 44.9	15 59.4	25 02.4	29 48.5
15 W	11 29 22	24 07 59	22 58 41	29 56 01	4R45.1	21 49.0	27 39.4	25 05.1	1 52.3	15 04.7	0 51.8	16 01.8	25 04.7	29 49.9
16 Th	11 33 18	25 07 47	6♑58 06	14♑04 50	4 44.5	23 44.9	28 51.9	25 32.3	1 38.8	15 18.8	0 58.7	16 04.3	25 07.0	29 51.1
17 F	11 37 15	26 07 34	21 15 59	28 31 13	4 42.2	25 41.7	0♉04.3	25 59.7	1 25.1	15 32.8	1 05.5	16 06.8	25 09.3	29 52.4
18 Sa	11 41 11	27 07 19	5♒50 01	13♒11 42	4 38.2	27 39.4	1 16.6	26 27.4	1 11.4	15 47.0	1 12.3	16 09.3	25 11.6	29 53.6
19 Su	11 45 08	28 07 03	20 35 31	28 00 33	4 33.2	29 38.1	2 28.8	26 55.2	0 57.6	16 01.1	1 19.1	16 11.8	25 13.8	29 54.8
20 M	11 49 05	29 06 44	5♓25 48	12♓50 16	4 27.6	1♈37.5	3 41.0	27 23.2	0 43.7	16 15.3	1 25.8	16 14.4	25 16.1	29 56.0
21 Tu	11 53 01	0♈06 24	20 12 54	27 32 43	4 22.5	3 37.5	4 53.0	27 51.4	0 29.8	16 29.5	1 32.5	16 17.0	25 18.4	29 57.2
22 W	11 56 58	1 06 01	4♈48 47	12♈00 19	4 18.5	5 38.1	6 05.0	28 19.7	0 16.0	16 43.8	1 39.2	16 19.7	25 20.6	29 58.3
23 Th	12 00 54	2 05 37	19 06 37	26 07 12	4 16.0	7 38.9	7 17.0	28 48.2	0 02.1	16 58.0	1 45.8	16 22.3	25 22.9	29 59.4
24 F	12 04 51	3 05 10	3♉01 41	9♉49 54	4D15.1	9 39.9	8 28.8	29 16.9	29♍48.3	17 12.3	1 52.4	16 25.1	25 25.2	0♒00.5
25 Sa	12 08 47	4 04 42	16 31 47	23 07 26	4 15.6	11 40.8	9 40.6	29 45.8	29 34.5	17 26.6	1 58.9	16 27.8	25 27.4	0 01.6
26 Su	12 12 44	5 04 11	29 37 05	6♊01 02	4 17.0	13 41.4	10 52.3	0♋14.8	29 20.8	17 40.9	2 05.4	16 30.6	25 29.7	0 02.6
27 M	12 16 40	6 03 38	12♊19 42	18 33 34	4 18.7	15 41.2	12 03.9	0 44.0	29 07.2	17 55.3	2 11.9	16 33.4	25 31.9	0 03.6
28 Tu	12 20 37	7 03 03	24 43 09	0♋49 01	4 20.1	17 40.0	13 15.4	1 13.3	28 53.7	18 09.6	2 18.3	16 36.2	25 34.2	0 04.6
29 W	12 24 34	8 02 25	6♋51 45	12 51 57	4R20.7	19 37.5	14 26.8	1 42.8	28 40.3	18 24.0	2 24.7	16 39.1	25 36.4	0 05.6
30 Th	12 28 30	9 01 45	18 50 14	24 47 10	4 20.3	21 33.2	15 38.1	2 12.4	28 27.1	18 38.4	2 31.0	16 42.0	25 38.7	0 06.5
31 F	12 32 27	10 01 03	0♌43 20	6♌39 17	4 18.7	23 26.8	16 49.3	2 42.1	28 14.1	18 52.8	2 37.3	16 44.9	25 40.9	0 07.4

Abril 2023

LONGITUDE

Day	Sid.Time	☉	0 hr ☽	Noon☽	True☊	☿	♀	♂	⚳	♃	♄	♅	♆	♇
1 Sa	12 36 23	11♈00 18	12♌35 33	18♌32 36	4♉16.1	25♈17.8	18♉00.5	3♋12.0	28♍01.2	19♈07.3	2♓43.5	16♉47.9	25♓43.1	0♒08.3
2 Su	12 40 20	11 59 31	24 30 53	0♍30 49	4R12.8	27 05.9	19 11.5	3 42.0	27R48.5	19 21.7	2 49.7	16 50.8	25 45.3	0 09.2
3 M	12 44 16	12 58 42	6♍32 47	12 37 04	4 09.2	28 50.6	20 22.4	4 12.2	27 36.0	19 36.1	2 55.9	16 53.8	25 47.5	0 10.0
4 Tu	12 48 13	13 57 51	18 43 57	24 53 39	4 05.8	0♉31.6	21 33.2	4 42.5	27 23.7	19 50.6	3 02.0	16 56.9	25 49.7	0 10.8
5 W	12 52 09	14 56 57	1♎06 22	7♎22 13	4 03.0	2 08.5	22 44.0	5 12.9	27 11.7	20 05.0	3 08.0	16 59.9	25 51.9	0 11.6
6 Th	12 56 06	15 56 02	13 41 19	20 03 42	4 01.1	3 41.0	23 54.6	5 43.4	26 59.9	20 19.5	3 14.0	17 03.0	25 54.1	0 12.3
7 F	13 00 02	16 55 04	26 29 26	2♏58 30	4D00.1	5 08.8	25 05.1	6 14.0	26 48.4	20 34.0	3 20.0	17 06.1	25 56.2	0 13.0
8 Sa	13 03 59	17 54 04	9♏30 53	16 06 34	4 00.0	6 31.6	26 15.5	6 44.7	26 37.2	20 48.4	3 25.8	17 09.2	25 58.4	0 13.7
9 Su	13 07 56	18 53 03	22 45 30	29 27 37	4 00.7	7 49.1	27 25.7	7 15.6	26 26.2	21 02.9	3 31.7	17 12.3	26 00.5	0 14.4
10 M	13 11 52	19 52 00	6♐12 52	13♐01 12	4 01.7	9 01.1	28 35.9	7 46.6	26 15.6	21 17.4	3 37.5	17 15.5	26 02.6	0 15.0
11 Tu	13 15 49	20 50 55	19 52 31	26 46 44	4 02.9	10 07.5	29 46.0	8 17.7	26 05.2	21 31.9	3 43.2	17 18.7	26 04.8	0 15.7
12 W	13 19 45	21 49 48	3♑43 45	10♑43 27	4 03.8	11 08.1	0♊55.9	8 48.9	25 55.2	21 46.4	3 48.8	17 21.9	26 06.9	0 16.2
13 Th	13 23 42	22 48 39	17 45 39	24 50 09	4R04.2	12 02.7	2 05.8	9 20.2	25 45.5	22 00.8	3 54.5	17 25.1	26 09.0	0 16.8
14 F	13 27 38	23 47 29	1♒56 44	9♒05 07	4 04.2	12 51.3	3 15.5	9 51.6	25 36.1	22 15.3	4 00.0	17 28.3	26 11.0	0 17.3
15 Sa	13 31 35	24 46 17	16 14 55	23 25 46	4 03.7	13 33.6	4 25.1	10 23.1	25 27.1	22 29.8	4 05.5	17 31.6	26 13.1	0 17.8
16 Su	13 35 32	25 45 04	0♓37 12	7♓48 43	4 02.9	14 09.8	5 34.6	10 54.7	25 18.5	22 44.3	4 10.9	17 34.9	26 15.1	0 18.3
17 M	13 39 28	26 43 48	14 59 47	22 09 48	4 02.0	14 39.7	6 43.9	11 26.4	25 10.2	22 58.7	4 16.3	17 38.2	26 17.2	0 18.7
18 Tu	13 43 25	27 42 31	29 18 13	6♈24 26	4 01.2	15 03.3	7 53.2	11 58.2	25 02.2	23 13.2	4 21.6	17 41.5	26 19.2	0 19.1
19 W	13 47 21	28 41 12	13♈27 53	20 28 03	4 00.6	15 20.6	9 02.3	12 30.1	24 54.7	23 27.6	4 26.8	17 44.8	26 21.2	0 19.5
20 Th	13 51 18	29 39 51	27 24 27	4♉16 40	4D00.4	15 31.8	10 11.3	13 02.1	24 47.6	23 42.1	4 32.0	17 48.1	26 23.2	0 19.9
21 F	13 55 14	0♉38 29	11♉04 24	17 47 23	4 00.4	15R36.9	11 20.1	13 34.2	24 40.8	23 56.5	4 37.1	17 51.5	26 25.2	0 20.2
22 Sa	13 59 11	1 37 04	24 25 28	0♊58 36	4 00.5	15 36.1	12 28.8	14 06.4	24 34.5	24 10.9	4 42.1	17 54.8	26 27.1	0 20.5
23 Su	14 03 07	2 35 37	7♊26 49	13 50 15	4 00.7	15 29.6	13 37.4	14 38.6	24 28.5	24 25.3	4 47.1	17 58.2	26 29.0	0 20.7
24 M	14 07 04	3 34 09	20 09 04	26 23 35	4R00.8	15 17.6	14 45.8	15 11.0	24 23.0	24 39.7	4 52.0	18 01.6	26 31.0	0 21.0
25 Tu	14 11 00	4 32 38	2♋34 09	8♋41 09	4 00.8	15 00.5	15 54.1	15 43.4	24 17.9	24 54.1	4 56.8	18 05.0	26 32.9	0 21.2
26 W	14 14 57	5 31 05	14 45 03	20 46 22	4 00.7	14 38.7	17 02.2	16 16.0	24 13.2	25 08.4	5 01.6	18 08.4	26 34.7	0 21.4
27 Th	14 18 54	6 29 30	26 45 37	2♌43 21	4D00.6	14 12.7	18 10.2	16 48.6	24 08.9	25 22.8	5 06.3	18 11.8	26 36.6	0 21.5
28 F	14 22 50	7 27 53	8♌40 09	14 36 35	4 00.6	13 42.9	19 18.0	17 21.3	24 05.0	25 37.1	5 10.9	18 15.2	26 38.4	0 21.7
29 Sa	14 26 47	8 26 14	20 33 15	26 30 43	4 00.7	13 10.0	20 25.6	17 54.1	24 01.5	25 51.4	5 15.4	18 18.7	26 40.3	0 21.7
30 Su	14 30 43	9 24 33	2♍29 33	8♍30 16	4 01.0	12 34.6	21 33.1	18 26.9	23 58.5	26 05.7	5 19.9	18 22.1	26 42.1	0 21.8

Astro Data

	Dy Hr Mn
♄⚺♇	3 22:27
☽0S	9 1:55
☊D	11 8:56
☊R	15 2:21
♃⚺♅	19 22:07
☿0N	20 10:54
☉0N	20 21:26
♃∠♄	21 9:27
☽0N	22 1:33
☊D	24 2:10
☊R	29 2:29
☽0S	5 8:55
☊D	7 13:56
☊R	13 9:37
☽0N	18 10:57

Planet Ingress

		Dy Hr Mn
☿	♓	2 22:53
♄	♓	7 13:36
♀	♉	16 22:35
☿	♈	19 4:25
☉	♈	20 21:26
⚳	♍R	23 3:39
♇	♒	23 12:14
♂	♋	25 11:46
☿	♉	3 16:23
♀	♊	11 4:48
☉	♉	20 8:15

Last Aspect / ☽ Ingress

Dy Hr Mn				Dy Hr Mn
1 1:08	♄	△	♋	1 2:41
3 14:24	♇	☍	♌	3 15:17
6 3:20	♄	☍	♍	6 3:40
8 14:08	♇	△	♎	8 14:45
10 23:38	♇	□	♏	11 0:07
13 7:00	♇	⚹	♐	13 7:22
15 8:51	♀	△	♑	15 12:07
17 14:15	♇	☌	♒	17 14:26
19 10:34	♂	△	♓	19 15:13
21 15:59	♇	⚹	♈	21 16:02
23 17:14	♂	⚹	♉	23 18:43
25 16:20	♆	⚹	♊	26 0:43
28 1:40	♆	□	♋	28 10:23
30 13:47	♆	△	♌	30 22:32

Last Aspect / ☽ Ingress

Dy Hr Mn				Dy Hr Mn
2 6:04	☿	△	♍	2 10:58
4 13:51	♆	☍	♎	4 21:52
6 12:44	♃	☍	♏	7 6:30
9 9:10	♀	☍	♐	9 12:58
11 10:49	♆	□	♑	11 17:34
13 14:15	♆	⚹	♒	13 20:43
15 15:17	☉	⚹	♓	15 22:58
17 18:58	♆	☌	♈	18 1:10
20 4:14	☉	☌	♉	20 4:31
22 3:42	♆	⚹	♊	22 10:12
24 12:16	♆	□	♋	24 19:00
26 23:42	♆	△	♌	27 6:31
29 10:54	♃	△	♍	29 19:00

☽ Phases & Eclipses

Dy Hr Mn	
7 12:42	○ 16♍40
15 2:09	☾ 24♐13
21 17:24	● 0♈50
29 2:34	☽ 8♋09
6 4:36	○ 16♎07
13 9:13	☾ 23♑11
20 4:14	● 29♈50
20 4:17:56	● AT01'16"
27 21:21	☽ 7♌21

Astro Data

1 March 2023
Julian Day # 44985
SVP 4♓56'20"
GC 27♐09.8 ⚴ 11♋12.9
Eris 24♈07.5 ⚵ 24♈01.1
⚷ 13♈50.8 ⚶ 9♈15.2
☽ Mean ☊ 7♉04.7

1 April 2023
Julian Day # 45016
SVP 4♓56'16"
GC 27♐09.8 ⚴ 18♋23.3
Eris 24♈25.3 ⚵ 11♉40.5
⚷ 15♈34.5 ⚶ 23♈18.9
☽ Mean ☊ 5♉26.2

* Posiciones de los planetas diariamente al medianoche, en LONGITUD Greenwich Mean Time (UT) El período retrógrado de cada planeta está sombreado en gris.

2023 Efemérides Planetarias

LONGITUDE — Mayo 2023

Day	Sid.Time	☉	0 hr ☽	Noon☽	True☊	☿	♀	♂	⚳	♃	♄	♅	♆	♇
1 M	14 34 40	10♉22 49	14♍33 23	20♍39 24	4♉01.6	11♉57.3	22♊40.4	18♋59.8	23♍55.9	26♈19.9	5♓24.3	18♉25.6	26♓43.8	0♒21.8
2 Tu	14 38 36	11 21 04	26 48 44	3♎01 45	4 02.3	11R 19.0	23 47.5	19 32.8	23R 53.7	26 34.1	5 28.6	18 29.0	26 45.6	0R 21.9
3 W	14 42 33	12 19 17	9♎18 47	15 40 05	4 03.0	10 40.1	24 54.5	20 05.9	23 51.9	26 48.3	5 32.8	18 32.5	26 47.3	0 21.8
4 Th	14 46 29	13 17 27	22 05 52	28 36 12	4R 03.6	10 01.6	26 01.2	20 39.0	23 50.5	27 02.5	5 37.0	18 35.9	26 49.0	0 21.8
5 F	14 50 26	14 15 36	5♏11 10	11♏50 40	4 03.8	9 23.9	27 07.8	21 12.2	23 49.6	27 16.6	5 41.1	18 39.4	26 50.7	0 21.7
6 Sa	14 54 23	15 13 44	18 34 37	25 22 48	4 03.5	8 47.9	28 14.1	21 45.4	23D 49.0	27 30.7	5 45.1	18 42.9	26 52.4	0 21.6
7 Su	14 58 19	16 11 49	2♐14 55	9♐10 39	4 02.6	8 14.0	29 20.3	22 18.8	23 48.9	27 44.8	5 49.0	18 46.3	26 54.0	0 21.5
8 M	15 02 16	17 09 53	16 09 35	23 11 18	4 01.2	7 42.8	0♋26.3	22 52.2	23 49.2	27 58.9	5 52.8	18 49.8	26 55.7	0 21.3
9 Tu	15 06 12	18 07 56	0♑15 18	7♑21 08	3 59.4	7 14.8	1 32.0	23 25.6	23 49.9	28 12.9	5 56.6	18 53.3	26 57.3	0 21.1
10 W	15 10 09	19 05 57	14 28 17	21 36 18	3 57.7	6 50.4	2 37.6	23 59.2	23 51.0	28 26.9	6 00.3	18 56.7	26 58.8	0 20.9
11 Th	15 14 05	20 03 57	28 44 43	5♒53 07	3 56.2	6 29.9	3 42.9	24 32.8	23 52.5	28 40.9	6 03.9	19 00.2	27 00.4	0 20.7
12 F	15 18 02	21 01 55	13♒01 07	20 08 22	3D 55.4	6 13.5	4 48.1	25 06.4	23 54.3	28 54.8	6 07.4	19 03.7	27 01.9	0 20.4
13 Sa	15 21 59	21 59 53	27 14 32	4♓19 22	3 55.3	6 01.5	5 53.0	25 40.1	23 56.6	29 08.7	6 10.8	19 07.2	27 03.4	0 20.1
14 Su	15 25 55	22 57 49	11♓22 36	18 24 02	3 56.0	5 54.0	6 57.6	26 13.9	23 59.3	29 22.5	6 14.1	19 10.7	27 04.9	0 19.8
15 M	15 29 52	23 55 43	25 23 27	2♈20 39	3 57.1	5D 51.0	8 02.1	26 47.7	24 02.4	29 36.3	6 17.4	19 14.1	27 06.3	0 19.4
16 Tu	15 33 48	24 53 37	9♈15 28	16 07 43	3 58.5	5 52.7	9 06.3	27 21.6	24 05.8	29 50.1	6 20.6	19 17.6	27 07.8	0 19.0
17 W	15 37 45	25 51 29	22 57 14	29 43 51	3R 59.6	5 59.0	10 10.2	27 55.6	24 09.7	0♉03.8	6 23.6	19 21.0	27 09.2	0 18.6
18 Th	15 41 41	26 49 20	6♉27 23	13♉07 42	3 59.9	6 09.9	11 13.9	28 29.6	24 13.9	0 17.5	6 26.6	19 24.5	27 10.5	0 18.2
19 F	15 45 38	27 47 09	19 44 39	26 18 07	3 59.1	6 25.2	12 17.4	29 03.7	24 18.5	0 31.1	6 29.5	19 28.0	27 11.9	0 17.7
20 Sa	15 49 34	28 44 57	2♊48 01	9♊14 17	3 57.0	6 45.1	13 20.6	29 37.9	24 23.5	0 44.7	6 32.3	19 31.4	27 13.2	0 17.2
21 Su	15 53 31	29 42 44	15 36 53	21 55 53	3 53.8	7 09.2	14 23.5	0♌12.1	24 28.9	0 58.3	6 35.1	19 34.9	27 14.5	0 16.7
22 M	15 57 28	0♊40 30	28 11 20	4♋23 22	3 49.7	7 37.6	15 26.1	0 46.3	24 34.6	1 11.8	6 37.7	19 38.3	27 15.8	0 16.2
23 Tu	16 01 24	1 38 14	10♋32 12	16 38 03	3 45.2	8 10.1	16 28.4	1 20.6	24 40.7	1 25.2	6 40.2	19 41.7	27 17.0	0 15.6
24 W	16 05 21	2 35 56	22 41 15	28 42 09	3 40.7	8 46.6	17 30.5	1 55.0	24 47.1	1 38.6	6 42.7	19 45.1	27 18.2	0 15.0
25 Th	16 09 17	3 33 37	4♌41 08	10♌38 40	3 36.8	9 27.0	18 32.2	2 29.4	24 53.9	1 51.9	6 45.0	19 48.5	27 19.4	0 14.4
26 F	16 13 14	4 31 17	16 35 16	22 31 26	3 34.0	10 11.1	19 33.6	3 03.9	25 01.0	2 05.2	6 47.3	19 51.9	27 20.5	0 13.8
27 Sa	16 17 10	5 28 55	28 27 44	4♍24 46	3D 32.5	10 58.9	20 34.6	3 38.4	25 08.5	2 18.5	6 49.4	19 55.3	27 21.6	0 13.1
28 Su	16 21 07	6 26 31	10♍23 07	16 23 23	3 32.3	11 50.2	21 35.3	4 13.0	25 16.3	2 31.6	6 51.5	19 58.7	27 22.7	0 12.4
29 M	16 25 03	7 24 06	22 26 12	28 32 09	3 33.2	12 45.0	22 35.7	4 47.6	25 24.5	2 44.8	6 53.5	20 02.0	27 23.8	0 11.7
30 Tu	16 29 00	8 21 40	4♎41 48	10♎55 42	3 34.8	13 43.2	23 35.7	5 22.3	25 33.0	2 57.8	6 55.4	20 05.4	27 24.8	0 11.0
31 W	16 32 57	9 19 12	17 14 21	23 38 10	3 36.3	14 44.6	24 35.3	5 57.0	25 41.8	3 10.8	6 57.1	20 08.7	27 25.8	0 10.2

LONGITUDE — Junio 2023

Day	Sid.Time	☉	0 hr ☽	Noon☽	True☊	☿	♀	♂	⚳	♃	♄	♅	♆	♇
1 Th	16 36 53	10♊16 43	0♏07 30	6♏42 38	3♉37.2	15♉49.2	25♋34.5	6♌31.8	25♍50.9	3♉23.7	6♓58.8	20♉12.0	27♓26.8	0♒09.4
2 F	16 40 50	11 14 12	13 23 42	20 10 44	3R 36.9	16 56.9	26 33.3	7 06.6	26 00.3	3 36.6	7 00.4	20 15.4	27 27.7	0R 08.6
3 Sa	16 44 46	12 11 41	27 03 38	4♐02 09	3 34.9	18 07.7	27 31.7	7 41.5	26 10.1	3 49.4	7 01.9	20 18.6	27 28.6	0 07.8
4 Su	16 48 43	13 09 08	11♐05 53	18 14 18	3 31.1	19 21.4	28 29.6	8 16.4	26 20.1	4 02.2	7 03.3	20 21.9	27 29.5	0 06.9
5 M	16 52 39	14 06 35	25 26 45	2♑42 28	3 25.9	20 38.1	29 27.1	8 51.3	26 30.5	4 14.9	7 04.6	20 25.2	27 30.4	0 06.1
6 Tu	16 56 36	15 04 00	10♑00 35	17 20 14	3 19.8	21 57.7	0♌24.2	9 26.3	26 41.1	4 27.5	7 05.8	20 28.4	27 31.2	0 05.2
7 W	17 00 32	16 01 25	24 40 30	2♒00 29	3 13.6	23 20.2	1 20.8	10 01.4	26 52.0	4 40.0	7 06.9	20 31.7	27 32.0	0 04.3
8 Th	17 04 29	16 58 49	9♒19 22	16 36 26	3 08.1	24 45.5	2 16.9	10 36.5	27 03.2	4 52.5	7 08.0	20 34.9	27 32.7	0 03.3
9 F	17 08 26	17 56 13	23 51 01	1♓02 37	3 04.1	26 13.7	3 12.5	11 11.6	27 14.7	5 04.9	7 08.9	20 38.1	27 33.5	0 02.4
10 Sa	17 12 22	18 53 36	8♓10 50	15 15 24	3D 01.9	27 44.6	4 07.6	11 46.8	27 26.5	5 17.3	7 09.7	20 41.2	27 34.1	0 01.4
11 Su	17 16 19	19 50 58	22 16 09	29 13 01	3 01.5	29 18.3	5 02.2	12 22.0	27 38.5	5 29.5	7 10.4	20 44.4	27 34.8	0 00.4
12 M	17 20 15	20 48 20	6♈05 59	12♈55 09	3 02.2	0♊54.7	5 56.2	12 57.3	27 50.8	5 41.7	7 11.0	20 47.5	27 35.4	29♑59.4
13 Tu	17 24 12	21 45 41	19 40 35	26 22 28	3 03.3	2 33.9	6 49.6	13 32.6	28 03.4	5 53.8	7 11.5	20 50.6	27 36.0	29 58.4
14 W	17 28 08	22 43 02	3♉00 54	9♉36 03	3R 03.9	4 15.8	7 42.5	14 07.9	28 16.2	6 05.9	7 12.0	20 53.7	27 36.6	29 57.3
15 Th	17 32 05	23 40 22	16 08 02	22 37 00	3 03.0	6 00.4	8 34.7	14 43.4	28 29.3	6 17.8	7 12.3	20 56.7	27 37.1	29 56.2
16 F	17 36 01	24 37 42	29 03 01	5♊26 11	3 00.2	7 47.7	9 26.4	15 18.8	28 42.6	6 29.7	7 12.5	20 59.8	27 37.6	29 55.1
17 Sa	17 39 58	25 35 02	11♊46 34	18 04 13	2 54.9	9 37.6	10 17.3	15 54.3	28 56.2	6 41.5	7R 12.6	21 02.8	27 38.1	29 54.0
18 Su	17 43 55	26 32 21	24 19 11	0♋31 33	2 47.4	11 30.0	11 07.6	16 29.9	29 10.0	6 53.2	7 12.6	21 05.8	27 38.5	29 52.9
19 M	17 47 51	27 29 39	6♋41 21	12 48 43	2 38.2	13 24.9	11 57.2	17 05.5	29 24.1	7 04.8	7 12.6	21 08.8	27 38.9	29 51.8
20 Tu	17 51 48	28 26 57	18 53 43	24 56 32	2 27.9	15 22.2	12 46.1	17 41.1	29 38.4	7 16.3	7 12.4	21 11.7	27 39.3	29 50.6
21 W	17 55 44	29 24 15	0♌57 21	6♌56 24	2 17.6	17 21.8	13 34.2	18 16.8	29 52.9	7 27.8	7 12.1	21 14.6	27 39.7	29 49.4
22 Th	17 59 41	0♋21 31	12 53 58	18 50 23	2 08.3	19 23.5	14 21.6	18 52.5	0♎07.7	7 39.1	7 11.7	21 17.5	27 40.0	29 48.3
23 F	18 03 37	1 18 47	24 46 02	0♍41 21	2 00.6	21 27.3	15 08.1	19 28.3	0 22.7	7 50.4	7 11.3	21 20.4	27 40.2	29 47.1
24 Sa	18 07 34	2 16 02	6♍36 48	12 32 56	1 55.1	23 32.8	15 53.7	20 04.1	0 37.9	8 01.6	7 10.7	21 23.2	27 40.5	29 45.8
25 Su	18 11 30	3 13 17	18 30 17	24 29 28	1 51.9	25 39.9	16 38.5	20 39.9	0 53.3	8 12.6	7 10.0	21 26.0	27 40.7	29 44.6
26 M	18 15 27	4 10 31	0♎31 06	6♎35 49	1D 50.7	27 48.3	17 22.4	21 15.8	1 09.0	8 23.6	7 09.2	21 28.8	27 40.8	29 43.4
27 Tu	18 19 24	5 07 45	12 44 15	18 57 03	1 50.8	29 57.8	18 05.3	21 51.7	1 24.8	8 34.5	7 08.4	21 31.5	27 41.0	29 42.1
28 W	18 23 20	6 04 57	25 14 50	1♏38 11	1R 51.4	2♋08.0	18 47.2	22 27.7	1 40.9	8 45.2	7 07.4	21 34.2	27 41.1	29 40.8
29 Th	18 27 17	7 02 10	8♏07 36	14 43 32	1 51.4	4 18.8	19 28.1	23 03.7	1 57.1	8 55.9	7 06.4	21 36.9	27 41.2	29 39.5
30 F	18 31 13	7 59 22	21 26 18	28 16 05	1 49.8	6 29.9	20 07.9	23 39.7	2 13.6	9 06.5	7 05.2	21 39.6	27R 41.2	29 38.2

Astro Data	Dy Hr Mn
♇ R	1 17:10
☽ 0S	2 17:17
♃⚺♆	2 22:05
☊ R	4 21:56
⚳ D	6 19:25
☊ D	12 14:36
☿ D	15 3:18
☽ 0N	15 17:55
☊ R	17 19:36
♃□♇	18 1:12
☊ D	27 15:15
☽ 0S	30 1:50
☊ R	1 6:24
☊ D	10 19:43
☽ 0N	11 22:58

Planet Ingress	Dy Hr Mn
♀ ♋	7 14:26
♃ ♉	16 17:21
♂ ♌	20 15:33
☉ ♊	21 7:10
♀ ♌	5 13:48
♇ ♑R	11 9:48
☿ ♊	11 10:28
⚳ ♎	21 11:31
☉ ♋	21 14:59
☿ ♋	27 0:25

Last Aspect Dy Hr Mn		☽ Ingress Dy Hr Mn
1 23:54	♆ ☍	♎ 2 6:10
4 9:18	♃ ☍	♏ 4 14:33
6 14:39	♆ △	♐ 6 20:05
8 20:29	♃ △	♑ 8 23:34
10 23:53	♃ □	♒ 11 2:07
13 3:16	♃ ⚹	♓ 13 4:40
15 2:58	♆ ☌	♈ 15 7:57
17 9:11	♂ □	♉ 17 12:29
19 17:52	♂ ⚹	♊ 19 18:49
21 22:13	♆ □	♋ 22 3:30
24 9:13	♆ △	♌ 24 14:36
26 6:39	♅ □	♍ 27 3:06
29 9:47	♆ ☍	♎ 29 14:52
31 14:55	♀ □	♏ 31 23:46

Last Aspect Dy Hr Mn		☽ Ingress Dy Hr Mn
3 0:52	♀ △	♐ 3 5:05
5 3:25	♆ □	♑ 5 7:32
7 4:41	♆ ⚹	♒ 7 8:43
9 4:25	☿ □	♓ 9 10:15
11 13:21	♇ ⚹	♈ 11 13:22
13 18:28	♇ □	♉ 13 18:32
16 1:38	♇ △	♊ 16 1:47
18 6:25	♆ □	♋ 18 10:59
20 21:44	♇ ☍	♌ 20 22:05
22 17:02	♅ □	♍ 23 10:36
25 22:25	♇ △	♎ 25 22:58
28 8:20	♇ □	♏ 28 8:57
30 14:21	♇ ⚹	♐ 30 15:01

☽ Phases & Eclipses Dy Hr Mn	
5 17:35	○ 14♏58
5 17:24	☊ A 0.963
12 14:29	☾ 21♒37
19 15:54	● 28♉25
27 15:23	☽ 6♍06
4 3:43	○ 13♐18
10 19:33	☾ 19♓40
18 4:38	● 26♊43
26 7:51	☽ 4♎29

Astro Data

1 May 2023
Julian Day # 45046
SVP 4♓56'13"
GC 27♐09.9 ⚴ 29♋18.7
Eris 24♈44.9 ⚵ 29♉17.4
⚷ 17♈18.6 ⚶ 6♉54.7
☽ Mean ☊ 3♉50.9

1 June 2023
Julian Day # 45077
SVP 4♓56'08"
GC 27♐10.0 ⚴ 12♌23.4
Eris 25♈02.5 ⚵ 17♊32.3
⚷ 18♈49.4 ⚶ 20♉39.7
☽ Mean ☊ 2♉12.4

* Posiciones de los planetas diariamente al medianoche, en LONGITUD Greenwich Mean Time (UT) El período retrógrado de cada planeta está sombreado en gris.

Julio 2023

LONGITUDE

Day	Sid.Time	☉	0 hr ☽	Noon☽	True☊	☿	♀	♂	⚳	♃	♄	♅	♆	♇
1 Sa	18 35 10	8♋56 34	5♐12 57	12♐16 44	1♉46.0	8♋40.9	20♌46.6	24♌15.8	2♎30.2	9♉16.9	7♓04.0	21♉42.2	27♓41.2	29♑36.9
2 Su	18 39 06	9 53 45	19 27 06	26 43 30	1R 39.8	10 51.5	21 24.1	24 51.9	2 47.0	9 27.3	7R 02.6	21 44.8	27R 41.2	29R 35.6
3 M	18 43 03	10 50 56	4♑05 12	11♑31 16	1 31.4	13 01.6	22 00.4	25 28.1	3 04.0	9 37.6	7 01.2	21 47.3	27 41.1	29 34.3
4 Tu	18 47 00	11 48 07	19 00 36	26 32 02	1 21.7	15 10.9	22 35.5	26 04.3	3 21.2	9 47.7	6 59.7	21 49.8	27 41.1	29 33.0
5 W	18 50 56	12 45 18	4♒04 18	11♒36 08	1 11.7	17 19.2	23 09.3	26 40.5	3 38.6	9 57.8	6 58.1	21 52.3	27 40.9	29 31.6
6 Th	18 54 53	13 42 29	19 06 20	26 33 50	1 02.7	19 26.3	23 41.7	27 16.8	3 56.1	10 07.7	6 56.3	21 54.8	27 40.8	29 30.3
7 F	18 58 49	14 39 40	3♓57 41	11♓17 05	0 55.6	21 32.1	24 12.8	27 53.1	4 13.9	10 17.5	6 54.5	21 57.2	27 40.6	29 28.9
8 Sa	19 02 46	15 36 52	18 31 29	25 40 29	0 50.9	23 36.3	24 42.4	28 29.4	4 31.7	10 27.2	6 52.7	21 59.6	27 40.4	29 27.5
9 Su	19 06 42	16 34 03	2♈43 51	9♈41 33	0 48.6	25 39.0	25 10.5	29 05.8	4 49.8	10 36.8	6 50.7	22 01.9	27 40.2	29 26.2
10 M	19 10 39	17 31 16	16 33 39	23 20 20	0D 48.0	27 40.0	25 37.1	29 42.2	5 08.0	10 46.2	6 48.6	22 04.2	27 39.9	29 24.8
11 Tu	19 14 35	18 28 28	0♉01 52	6♉38 33	0R 48.1	29 39.3	26 02.1	0♍18.7	5 26.4	10 55.6	6 46.4	22 06.5	27 39.6	29 23.4
12 W	19 18 32	19 25 41	13 10 45	19 38 49	0 47.7	1♌36.8	26 25.4	0 55.2	5 44.9	11 04.8	6 44.2	22 08.7	27 39.2	29 22.0
13 Th	19 22 29	20 22 55	26 03 07	2♊23 59	0 45.6	3 32.4	26 47.0	1 31.8	6 03.6	11 13.9	6 41.9	22 10.9	27 38.8	29 20.6
14 F	19 26 25	21 20 09	8♊41 44	14 56 40	0 41.1	5 26.3	27 06.9	2 08.4	6 22.5	11 22.9	6 39.4	22 13.1	27 38.4	29 19.2
15 Sa	19 30 22	22 17 24	21 09 02	27 19 03	0 33.7	7 18.2	27 24.9	2 45.0	6 41.5	11 31.7	6 36.9	22 15.2	27 38.0	29 17.8
16 Su	19 34 18	23 14 39	3♋26 54	9♋32 46	0 23.5	9 08.3	27 41.0	3 21.7	7 00.6	11 40.5	6 34.3	22 17.3	27 37.5	29 16.3
17 M	19 38 15	24 11 54	15 36 46	21 39 05	0 11.2	10 56.5	27 55.2	3 58.4	7 19.9	11 49.0	6 31.7	22 19.4	27 37.0	29 14.9
18 Tu	19 42 11	25 09 10	27 39 48	3♌39 06	29♈57.6	12 42.8	28 07.4	4 35.2	7 39.4	11 57.5	6 28.9	22 21.4	27 36.5	29 13.5
19 W	19 46 08	26 06 26	9♌37 06	15 33 59	29 43.8	14 27.3	28 17.5	5 12.0	7 59.0	12 05.8	6 26.1	22 23.3	27 36.0	29 12.1
20 Th	19 50 04	27 03 42	21 29 58	27 25 17	29 31.1	16 09.8	28 25.5	5 48.9	8 18.7	12 14.0	6 23.2	22 25.2	27 35.4	29 10.7
21 F	19 54 01	28 00 59	3♍20 12	9♍15 03	29 20.3	17 50.6	28 31.3	6 25.7	8 38.6	12 22.0	6 20.2	22 27.1	27 34.8	29 09.2
22 Sa	19 57 58	28 58 16	15 10 13	21 06 06	29 12.1	19 29.4	28 34.9	7 02.7	8 58.6	12 29.9	6 17.2	22 29.0	27 34.1	29 07.8
23 Su	20 01 54	29 55 34	27 03 10	3♎01 57	29 06.7	21 06.4	28R 36.2	7 39.6	9 18.7	12 37.7	6 14.0	22 30.8	27 33.4	29 06.4
24 M	20 05 51	0♌52 51	9♎03 00	15 06 53	29 03.9	22 41.5	28 35.2	8 16.6	9 38.9	12 45.3	6 10.8	22 32.5	27 32.7	29 04.9
25 Tu	20 09 47	1 50 09	21 14 15	27 25 42	29 02.9	24 14.7	28 31.8	8 53.7	9 59.3	12 52.8	6 07.5	22 34.2	27 32.0	29 03.5
26 W	20 13 44	2 47 28	3♏41 53	10♏03 26	29 02.8	25 46.1	28 26.1	9 30.8	10 19.8	13 00.1	6 04.2	22 35.9	27 31.2	29 02.1
27 Th	20 17 40	3 44 47	16 30 56	23 04 56	29 02.5	27 15.5	28 17.9	10 07.9	10 40.5	13 07.3	6 00.8	22 37.5	27 30.4	29 00.7
28 F	20 21 37	4 42 06	29 45 53	6♐34 07	29 00.8	28 43.1	28 07.4	10 45.0	11 01.2	13 14.3	5 57.3	22 39.1	27 29.6	28 59.2
29 Sa	20 25 33	5 39 26	13♐29 52	20 33 08	28 56.9	0♍08.7	27 54.4	11 22.2	11 22.1	13 21.2	5 53.8	22 40.6	27 28.8	28 57.8
30 Su	20 29 30	6 36 46	27 43 46	5♑01 23	28 50.6	1 32.4	27 39.1	11 59.5	11 43.0	13 27.9	5 50.2	22 42.1	27 27.9	28 56.4
31 M	20 33 27	7 34 07	12♑25 20	19 54 46	28 41.9	2 54.0	27 21.4	12 36.7	12 04.1	13 34.5	5 46.5	22 43.5	27 27.0	28 55.0

Agosto 2023

LONGITUDE

Day	Sid.Time	☉	0 hr ☽	Noon☽	True☊	☿	♀	♂	⚳	♃	♄	♅	♆	♇
1 Tu	20 37 23	8♌31 28	27♑28 37	5♒05 37	28♈31.7	4♍13.7	27♌01.5	13♍14.1	12♎25.3	13♉40.9	5♓42.8	22♉44.9	27♓26.1	28♑53.6
2 W	20 41 20	9 28 51	12♒44 25	20 23 34	28R 21.2	5 31.3	26R 39.3	13 51.4	12 46.6	13 47.2	5R 39.0	22 46.3	27R 25.1	28R 52.2
3 Th	20 45 16	10 26 14	28 01 38	5♓37 15	28 11.5	6 46.7	26 15.0	14 28.8	13 08.0	13 53.3	5 35.2	22 47.6	27 24.1	28 50.8
4 F	20 49 13	11 23 38	13♓09 11	20 36 25	28 03.8	8 00.0	25 48.6	15 06.2	13 29.5	13 59.2	5 31.3	22 48.8	27 23.1	28 49.4
5 Sa	20 53 09	12 21 03	27 58 06	5♈13 37	27 58.6	9 11.0	25 20.3	15 43.7	13 51.2	14 05.0	5 27.3	22 50.1	27 22.1	28 48.0
6 Su	20 57 06	13 18 29	12♈22 34	19 24 47	27 55.9	10 19.8	24 50.3	16 21.2	14 12.9	14 10.6	5 23.3	22 51.2	27 21.0	28 46.7
7 M	21 01 02	14 15 56	26 20 13	3♉09 03	27D 55.2	11 26.1	24 18.6	16 58.7	14 34.7	14 16.1	5 19.3	22 52.3	27 19.9	28 45.3
8 Tu	21 04 59	15 13 25	9♉51 32	16 28 01	27R 55.3	12 29.9	23 45.5	17 36.3	14 56.6	14 21.4	5 15.2	22 53.4	27 18.8	28 43.9
9 W	21 08 56	16 10 55	22 58 57	29 24 46	27 55.2	13 31.1	23 11.2	18 14.0	15 18.6	14 26.5	5 11.1	22 54.4	27 17.7	28 42.6
10 Th	21 12 52	17 08 26	5♊45 58	12♊03 02	27 53.8	14 29.7	22 35.9	18 51.6	15 40.7	14 31.4	5 06.9	22 55.4	27 16.6	28 41.2
11 F	21 16 49	18 05 59	18 16 25	24 26 36	27 50.1	15 25.3	21 59.7	19 29.4	16 02.9	14 36.2	5 02.7	22 56.3	27 15.4	28 39.9
12 Sa	21 20 45	19 03 34	0♋33 58	6♋38 56	27 43.9	16 18.0	21 22.9	20 07.1	16 25.2	14 40.8	4 58.5	22 57.2	27 14.2	28 38.6
13 Su	21 24 42	20 01 09	12 41 50	18 42 59	27 35.1	17 07.6	20 45.7	20 44.9	16 47.6	14 45.2	4 54.2	22 58.0	27 13.0	28 37.3
14 M	21 28 38	20 58 46	24 42 39	0♌41 05	27 24.3	17 53.9	20 08.5	21 22.8	17 10.0	14 49.4	4 49.9	22 58.8	27 11.7	28 36.0
15 Tu	21 32 35	21 56 24	6♌38 31	12 35 08	27 12.2	18 36.7	19 31.3	22 00.7	17 32.6	14 53.5	4 45.5	22 59.5	27 10.5	28 34.7
16 W	21 36 31	22 54 04	18 31 08	24 26 42	27 00.1	19 15.9	18 54.5	22 38.6	17 55.2	14 57.4	4 41.1	23 00.2	27 09.2	28 33.4
17 Th	21 40 28	23 51 44	0♍22 02	6♍17 19	26 48.8	19 51.2	18 18.2	23 16.6	18 18.0	15 01.0	4 36.7	23 00.9	27 07.9	28 32.2
18 F	21 44 25	24 49 26	12 12 46	18 08 38	26 39.2	20 22.4	17 42.7	23 54.6	18 40.8	15 04.5	4 32.3	23 01.4	27 06.6	28 30.9
19 Sa	21 48 21	25 47 09	24 05 11	0♎02 44	26 32.1	20 49.3	17 08.2	24 32.6	19 03.7	15 07.9	4 27.8	23 02.0	27 05.2	28 29.7
20 Su	21 52 18	26 44 53	6♎01 37	12 02 13	26 27.5	21 11.7	16 35.0	25 10.7	19 26.6	15 11.0	4 23.3	23 02.4	27 03.8	28 28.4
21 M	21 56 14	27 42 39	18 04 59	24 10 21	26D 25.3	21 29.3	16 03.1	25 48.9	19 49.7	15 13.9	4 18.9	23 02.9	27 02.5	28 27.2
22 Tu	22 00 11	28 40 26	0♏18 50	6♏30 58	26 25.0	21 41.9	15 32.9	26 27.1	20 12.8	15 16.7	4 14.4	23 03.3	27 01.1	28 26.0
23 W	22 04 07	29 38 13	12 47 16	19 08 18	26 25.8	21R 49.2	15 04.3	27 05.3	20 36.0	15 19.3	4 09.8	23 03.6	26 59.7	28 24.9
24 Th	22 08 04	0♍36 02	25 34 37	2♐06 43	26R 26.5	21 51.0	14 37.7	27 43.6	20 59.3	15 21.6	4 05.3	23 03.9	26 58.2	28 23.7
25 F	22 12 00	1 33 53	8♐45 04	15 30 04	26 26.4	21 47.2	14 13.0	28 21.9	21 22.6	15 23.8	4 00.8	23 04.1	26 56.8	28 22.5
26 Sa	22 15 57	2 31 44	22 21 59	29 21 00	26 24.6	21 37.6	13 50.5	29 00.2	21 46.0	15 25.8	3 56.2	23 04.3	26 55.3	28 21.4
27 Su	22 19 54	3 29 37	6♑27 05	13♑40 03	26 20.8	21 22.0	13 30.1	29 38.6	22 09.5	15 27.6	3 51.7	23 04.4	26 53.8	28 20.3
28 M	22 23 50	4 27 31	20 59 30	28 24 48	26 15.1	21 00.5	13 12.0	0♎17.1	22 33.0	15 29.2	3 47.2	23 04.5	26 52.4	28 19.2
29 Tu	22 27 47	5 25 26	5♒55 08	13♒29 26	26 08.0	20 33.0	12 56.3	0 55.5	22 56.6	15 30.6	3 42.6	23R 04.5	26 50.8	28 18.1
30 W	22 31 43	6 23 23	21 06 31	28 45 03	26 00.5	19 59.6	12 42.9	1 34.0	23 20.3	15 31.8	3 38.1	23 04.5	26 49.3	28 17.1
31 Th	22 35 40	7 21 21	6♓23 40	14♓00 58	25 53.6	19 20.7	12 31.9	2 12.6	23 44.0	15 32.8	3 33.5	23 04.4	26 47.8	28 16.0

Astro Data Dy Hr Mn	Planet Ingress Dy Hr Mn	Last Aspect Dy Hr Mn	☽ Ingress Dy Hr Mn	Last Aspect Dy Hr Mn	☽ Ingress Dy Hr Mn	☽ Phases & Eclipses Dy Hr Mn	Astro Data
☽0N 9 4:01	♂ ♍ 10 11:41	2 13:34 ♆ □	♑ 2 17:21	1 2:14 ♇ ☌	♒ 1 3:59	3 11:40 ○ 11♑19	1 July 2023
☊D 10 1:58	☿ ♌ 11 4:12	4 16:47 ♇ ☌	♒ 4 17:31	2 21:17 ♀ ☍	♓ 3 3:07	10 1:49 ☾ 17♈36	Julian Day # 45107
☊R 11 1:23	☊ ♈R 17 19:47	6 13:43 ♂ ☍	♓ 6 17:34	5 1:22 ♇ ⚹	♈ 5 3:20	17 18:33 ● 24♋56	SVP 4♓56'02"
♃∠♆ 22 11:48	☉ ♌ 23 1:52	8 18:23 ♇ ⚹	♈ 8 19:20	7 4:14 ♇ □	♉ 7 6:26	25 22:08 ☽ 2♏43	GC 27♐10.0 ⚴ 25♌47.0
♀R 23 1:34	☿ ♍ 28 21:32	10 23:12 ☿ □	♉ 10 23:57	9 10:40 ♇ △	♊ 9 13:06		Eris 25♈13.2 ⚵ 4♋51.8
☽0S 23 15:31		13 6:12 ♇ △	♊ 13 7:27	11 17:28 ♆ □	♋ 11 22:53		⚷ 19♈44.6 ⚶ 3♊24.6
☽0N 5 11:00	☉ ♍ 23 9:02	15 12:37 ♆ □	♋ 15 17:15	14 7:48 ♇ ☍	♌ 14 10:37	1 18:33 ○ 9♒16	☽Mean ☊ 0♉37.1
☊D 7 2:48	♂ ♎ 27 13:21	18 3:07 ♇ ☍	♌ 18 4:41	16 9:39 ☉ ☌	♍ 16 23:15	8 10:30 ☾ 15♉39	
☊R 8 10:37		20 14:10 ♀ ☌	♍ 20 17:14	19 8:52 ♇ △	♎ 19 11:55	16 9:39 ● 23♌17	1 August 2023
⚳0S 9 20:31		23 4:07 ♇ △	♎ 23 5:55	21 20:32 ☉ ⚹	♏ 21 23:23	24 9:58 ☽ 1♐00	Julian Day # 45138
☽0S 19 20:47		25 15:06 ♇ □	♏ 25 16:56	24 5:11 ♇ ⚹	♐ 24 8:09	31 1:37 ○ 7♓25	SVP 4♓55'56"
☿0S 21 3:28		27 22:37 ♇ ⚹	♐ 28 0:25	26 11:57 ♂ □	♑ 26 13:06		GC 27♐10.1 ⚴ 9♍55.7
☊D 21 16:26	♅ R29 2:40	29 23:52 ♀ △	♑ 30 3:45	28 11:50 ♇ ☌	♒ 28 14:33		Eris 25♈15.1R ⚵ 22♋05.7
☿R 23 20:01	♂0S29 22:10			30 3:05 ♅ □	♓ 30 13:58		⚷ 19♈56.0R ⚶ 15♊37.9
☊R 24 9:49	☿0N30 18:51						☽Mean ☊ 28♈58.6

* Posiciones de los planetas diariamente al medianoche, en LONGITUD Greenwich Mean Time (UT) El período retrógrado de cada planeta está sombreado en gris.

2023 EFEMÉRIDES PLANETARIAS

LONGITUDE — Septiembre 2023

Day	Sid.Time	☉	0 hr ☽	Noon ☽	True ☊	☿	♀	♂	⚳	♃	♄	♅	♆	♇
1 F	22 39 36	8♍19 20	21♓35 37	29♓06 27	25♈48.2	18♍36.7	12♌23.4	2♎51.2	24♎07.8	15♉33.6	3♓29.0	23♉04.3	26♓46.3	28♑15.0
2 Sa	22 43 33	9 17 21	6♈32 25	13♈52 41	25R 44.7	17R 48.0	12R 17.3	3 29.8	24 31.7	15 34.2	3R 24.5	23R 04.1	26R 44.7	28R 14.0
3 Su	22 47 29	10 15 24	21 06 36	28 13 46	25D 43.2	16 55.5	12 13.6	4 08.5	24 55.6	15 34.7	3 20.0	23 03.9	26 43.1	28 13.0
4 M	22 51 26	11 13 29	5♉13 57	12♉07 06	25 43.4	15 59.9	12D 12.2	4 47.2	25 19.5	15R 34.9	3 15.5	23 03.6	26 41.6	28 12.1
5 Tu	22 55 23	12 11 36	18 53 20	25 32 55	25 44.6	15 02.4	12 13.3	5 26.0	25 43.6	15 34.9	3 11.1	23 03.3	26 40.0	28 11.1
6 W	22 59 19	13 09 45	2♊06 11	8♊33 34	25R 45.9	14 04.0	12 16.6	6 04.8	26 07.6	15 34.7	3 06.6	23 03.0	26 38.4	28 10.2
7 Th	23 03 16	14 07 56	14 55 33	21 12 39	25 46.4	13 06.0	12 22.3	6 43.7	26 31.8	15 34.3	3 02.2	23 02.5	26 36.8	28 09.3
8 F	23 07 12	15 06 09	27 25 23	3♋34 19	25 45.5	12 09.6	12 30.2	7 22.6	26 56.0	15 33.8	2 57.8	23 02.1	26 35.2	28 08.4
9 Sa	23 11 09	16 04 24	9♋39 59	15 42 52	25 43.0	11 16.3	12 40.2	8 01.6	27 20.2	15 33.0	2 53.4	23 01.6	26 33.5	28 07.6
10 Su	23 15 05	17 02 41	21 43 28	27 42 14	25 38.7	10 27.3	12 52.4	8 40.6	27 44.5	15 32.0	2 49.1	23 01.0	26 31.9	28 06.7
11 M	23 19 02	18 01 00	3♌39 37	9♌35 58	25 33.0	9 43.8	13 06.7	9 19.6	28 08.9	15 30.8	2 44.8	23 00.4	26 30.3	28 05.9
12 Tu	23 22 58	18 59 21	15 31 41	21 27 04	25 26.5	9 06.8	13 22.9	9 58.7	28 33.3	15 29.4	2 40.5	22 59.7	26 28.7	28 05.2
13 W	23 26 55	19 57 44	27 22 24	3♍17 58	25 19.7	8 37.3	13 41.1	10 37.9	28 57.8	15 27.8	2 36.2	22 59.0	26 27.0	28 04.4
14 Th	23 30 52	20 56 09	9♍14 01	15 10 46	25 13.5	8 16.0	14 01.1	11 17.1	29 22.3	15 26.0	2 32.0	22 58.2	26 25.4	28 03.6
15 F	23 34 48	21 54 36	21 08 27	27 07 16	25 08.4	8D 03.6	14 23.0	11 56.3	29 46.8	15 24.0	2 27.9	22 57.4	26 23.7	28 02.9
16 Sa	23 38 45	22 53 04	3♎07 26	9♎09 11	25 04.7	8 00.3	14 46.7	12 35.6	0♏11.4	15 21.8	2 23.7	22 56.6	26 22.1	28 02.2
17 Su	23 42 41	23 51 35	15 12 44	21 18 20	25D 02.7	8 06.4	15 12.0	13 14.9	0 36.1	15 19.4	2 19.7	22 55.7	26 20.4	28 01.6
18 M	23 46 38	24 50 07	27 26 16	3♏36 49	25 02.3	8 22.0	15 38.9	13 54.3	1 00.8	15 16.8	2 15.6	22 54.7	26 18.7	28 00.9
19 Tu	23 50 34	25 48 41	9♏50 18	16 07 02	25 03.1	8 47.0	16 07.5	14 33.7	1 25.5	15 14.0	2 11.7	22 53.7	26 17.1	28 00.3
20 W	23 54 31	26 47 17	22 27 23	28 51 42	25 04.6	9 21.0	16 37.6	15 13.2	1 50.3	15 11.1	2 07.7	22 52.7	26 15.4	27 59.7
21 Th	23 58 27	27 45 54	5♐20 21	11♐53 40	25 06.2	10 03.8	17 09.1	15 52.7	2 15.1	15 07.9	2 03.9	22 51.6	26 13.8	27 59.1
22 F	0 02 24	28 44 34	18 32 00	25 15 37	25R 07.4	10 54.9	17 42.1	16 32.2	2 40.0	15 04.5	2 00.1	22 50.5	26 12.1	27 58.6
23 Sa	0 06 21	29 43 14	2♑04 46	8♑59 33	25 07.7	11 53.7	18 16.4	17 11.8	3 04.8	15 01.0	1 56.3	22 49.3	26 10.4	27 58.1
24 Su	0 10 17	0♎41 57	16 00 03	23 06 11	25 07.0	12 59.7	18 52.0	17 51.5	3 29.8	14 57.3	1 52.6	22 48.1	26 08.8	27 57.6
25 M	0 14 14	1 40 41	0♒17 42	7♒34 15	25 05.1	14 12.2	19 28.9	18 31.2	3 54.7	14 53.3	1 49.0	22 46.8	26 07.1	27 57.1
26 Tu	0 18 10	2 39 27	14 55 18	22 20 09	25 02.6	15 30.5	20 07.1	19 10.9	4 19.8	14 49.2	1 45.4	22 45.5	26 05.5	27 56.7
27 W	0 22 07	3 38 15	29 47 59	7♓17 48	24 59.7	16 54.1	20 46.4	19 50.7	4 44.8	14 44.9	1 41.9	22 44.1	26 03.9	27 56.3
28 Th	0 26 03	4 37 04	14♓48 35	22 19 12	24 57.0	18 22.2	21 26.9	20 30.5	5 09.9	14 40.5	1 38.5	22 42.7	26 02.2	27 55.9
29 F	0 30 00	5 35 55	29 48 32	7♈15 30	24 54.9	19 54.3	22 08.5	21 10.4	5 34.9	14 35.8	1 35.1	22 41.3	26 00.6	27 55.6
30 Sa	0 33 56	6 34 49	14♈39 04	21 58 21	24D 53.8	21 29.7	22 51.2	21 50.3	6 00.1	14 31.0	1 31.8	22 39.8	25 59.0	27 55.2

LONGITUDE — Octubre 2023

Day	Sid.Time	☉	0 hr ☽	Noon ☽	True ☊	☿	♀	♂	⚳	♃	♄	♅	♆	♇
1 Su	0 37 53	7♎33 44	29♈12 33	6♉21 05	24♈53.6	23♍07.9	23♌34.9	22♎30.3	6♏25.2	14♉26.1	1♓28.5	22♉38.3	25♓57.3	27♑54.9
2 M	0 41 50	8 32 41	13♉23 30	20 19 29	24 54.2	24 48.4	24 19.5	23 10.3	6 50.4	14R 20.9	1R 25.4	22R 36.8	25R 55.7	27R 54.7
3 Tu	0 45 46	9 31 41	27 08 56	3♊51 51	24 55.3	26 30.7	25 05.2	23 50.3	7 15.7	14 15.6	1 22.3	22 35.2	25 54.1	27 54.4
4 W	0 49 43	10 30 43	10♊28 23	16 58 48	24 56.5	28 14.5	25 51.8	24 30.4	7 40.9	14 10.1	1 19.3	22 33.5	25 52.5	27 54.2
5 Th	0 53 39	11 29 47	23 23 27	29 42 46	24 57.6	29 59.3	26 39.3	25 10.6	8 06.2	14 04.5	1 16.4	22 31.9	25 50.9	27 54.0
6 F	0 57 36	12 28 54	5♋57 13	12♋07 19	24R 58.2	1♎44.9	27 27.6	25 50.8	8 31.5	13 58.7	1 13.5	22 30.2	25 49.4	27 53.9
7 Sa	1 01 32	13 28 03	18 13 38	24 16 44	24 58.2	3 31.0	28 16.8	26 31.1	8 56.8	13 52.8	1 10.8	22 28.4	25 47.8	27 53.8
8 Su	1 05 29	14 27 14	0♌17 10	6♌15 31	24 57.7	5 17.3	29 06.7	27 11.4	9 22.2	13 46.7	1 08.1	22 26.6	25 46.2	27 53.7
9 M	1 09 25	15 26 28	12 12 19	18 08 05	24 56.8	7 03.8	29 57.4	27 51.7	9 47.6	13 40.4	1 05.5	22 24.8	25 44.7	27 53.6
10 Tu	1 13 22	16 25 43	24 03 21	29 58 34	24 55.7	8 50.2	0♍48.9	28 32.1	10 13.0	13 34.1	1 03.0	22 23.0	25 43.2	27 53.5
11 W	1 17 19	17 25 01	5♍54 11	11♍50 37	24 54.6	10 36.3	1 41.1	29 12.6	10 38.5	13 27.5	1 00.5	22 21.1	25 41.7	27D 53.5
12 Th	1 21 15	18 24 22	17 48 13	23 47 21	24 53.6	12 22.2	2 34.0	29 53.1	11 03.9	13 20.9	0 58.2	22 19.2	25 40.1	27 53.5
13 F	1 25 12	19 23 44	29 48 18	5♎51 19	24 52.9	14 07.6	3 27.5	0♏33.7	11 29.4	13 14.1	0 55.9	22 17.2	25 38.7	27 53.6
14 Sa	1 29 08	20 23 08	11♎56 40	18 04 32	24 52.5	15 52.6	4 21.7	1 14.3	11 54.9	13 07.2	0 53.8	22 15.2	25 37.2	27 53.6
15 Su	1 33 05	21 22 35	24 15 06	0♏28 30	24D 52.3	17 37.1	5 16.5	1 54.9	12 20.5	13 00.2	0 51.7	22 13.2	25 35.7	27 53.7
16 M	1 37 01	22 22 03	6♏44 53	13 04 22	24 52.4	19 21.0	6 11.9	2 35.6	12 46.0	12 53.1	0 49.7	22 11.1	25 34.3	27 53.9
17 Tu	1 40 58	23 21 34	19 27 02	25 52 59	24 52.5	21 04.3	7 07.8	3 16.4	13 11.6	12 45.9	0 47.8	22 09.1	25 32.8	27 54.0
18 W	1 44 54	24 21 07	2♐22 18	8♐55 05	24R 52.6	22 47.0	8 04.4	3 57.2	13 37.2	12 38.5	0 46.1	22 07.0	25 31.4	27 54.2
19 Th	1 48 51	25 20 41	15 31 22	22 11 14	24 52.6	24 29.1	9 01.4	4 38.0	14 02.8	12 31.1	0 44.4	22 04.8	25 30.0	27 54.4
20 F	1 52 47	26 20 17	28 54 43	5♑41 53	24 52.5	26 10.5	9 59.0	5 18.9	14 28.4	12 23.6	0 42.8	22 02.7	25 28.7	27 54.7
21 Sa	1 56 44	27 19 56	12♑32 44	19 27 14	24 52.4	27 51.4	10 57.1	5 59.9	14 54.0	12 16.0	0 41.3	22 00.5	25 27.3	27 55.0
22 Su	2 00 41	28 19 35	26 25 21	3♒26 58	24D 52.3	29 31.6	11 55.7	6 40.9	15 19.7	12 08.3	0 39.9	21 58.3	25 26.0	27 55.3
23 M	2 04 37	29 19 17	10♒31 55	17 40 00	24 52.4	1♏11.2	12 54.7	7 21.9	15 45.3	12 00.6	0 38.6	21 56.1	25 24.7	27 55.6
24 Tu	2 08 34	0♏19 00	24 50 52	2♓04 10	24 52.7	2 50.2	13 54.2	8 03.0	16 11.0	11 52.7	0 37.4	21 53.8	25 23.4	27 56.0
25 W	2 12 30	1 18 44	9♓19 26	16 36 08	24 53.2	4 28.6	14 54.2	8 44.2	16 36.7	11 44.9	0 36.3	21 51.6	25 22.1	27 56.4
26 Th	2 16 27	2 18 31	23 53 38	1♈11 16	24 53.8	6 06.4	15 54.5	9 25.3	17 02.4	11 36.9	0 35.3	21 49.3	25 20.8	27 56.8
27 F	2 20 23	3 18 19	8♈28 20	15 44 06	24 54.4	7 43.7	16 55.4	10 06.6	17 28.1	11 29.0	0 34.4	21 46.9	25 19.6	27 57.3
28 Sa	2 24 20	4 18 09	22 57 48	0♉08 44	24R 54.7	9 20.4	17 56.6	10 47.9	17 53.8	11 20.9	0 33.6	21 44.6	25 18.4	27 57.7
29 Su	2 28 16	5 18 01	7♉16 13	14 19 38	24 54.5	10 56.6	18 58.2	11 29.2	18 19.5	11 12.9	0 32.9	21 42.3	25 17.2	27 58.2
30 M	2 32 13	6 17 54	21 18 29	28 12 19	24 53.7	12 32.3	20 00.2	12 10.6	18 45.2	11 04.8	0 32.3	21 39.9	25 16.1	27 58.8
31 Tu	2 36 10	7 17 50	5♊00 49	11♊43 47	24 52.3	14 07.5	21 02.6	12 52.0	19 10.9	10 56.7	0 31.8	21 37.5	25 14.9	27 59.3

Astro Data	Planet Ingress	Last Aspect	☽ Ingress	Last Aspect	☽ Ingress	☽ Phases & Eclipses	Astro Data
Dy Hr Mn	Dy Hr Mn	Dy Hr Mn	Dy Hr Mn	Dy Hr Mn	Dy Hr Mn	Dy Hr Mn	1 September 2023
☽0N 1 20:26	⚳ ♏ 15 12:51	1 10:37 ♇ ⚹	♈ 1 13:26	30 21:51 ♇ □	♉ 1 1:19	6 22:22 ☾ 14♊04	Julian Day # 45169
☊D 3 7:47	☉ ♎ 23 6:51	3 11:58 ♇ □	♉ 3 15:01	3 1:21 ♇ △	♊ 3 5:04	15 1:41 ● 21♍59	SVP 4♓55'52"
♀D 4 1:21		5 16:47 ♇ △	♊ 5 20:08	5 6:36 ♀ ⚹	♋ 5 12:33	22 19:33 ☽ 29♐32	GC 27♐10.2 ⚳ 24♍10.3
♃R 4 14:12	☿ ♎ 5 0:10	7 22:23 ♆ □	♋ 8 5:01	7 19:13 ♇ ☍	♌ 7 23:26	29 9:59 ○ 6♈00	Eris 25♈07.2R ⚴ 8♌20.2
☊R 6 22:33	♀ ♍ 9 1:12	10 12:48 ♇ ☍	♌ 10 16:37	10 9:38 ♂ ⚹	♍ 10 12:03		⚷ 19♈18.9R ⚵ 26♊15.8
☿D 15 20:22	♂ ♏ 12 4:05	12 15:07 ♅ □	♍ 13 5:19	12 20:12 ♇ △	♎ 13 0:23	6 13:49 ☾ 13♋03	☽ Mean ☊ 27♈20.1
☽0S 16 2:18	☿ ♏ 22 6:50	15 13:51 ♇ △	♎ 15 17:46	15 7:02 ♇ □	♏ 15 11:05	14 17:56 ● 21♎08	
☊D 17 19:21	☉ ♏ 23 16:22	18 1:07 ♇ □	♏ 18 4:59	17 15:45 ♇ ⚹	♐ 17 19:38	14 18:00:41 ● A 05'17"	1 October 2023
☊R 22 19:31		20 10:23 ♇ ⚹	♐ 20 14:07	19 19:03 ☉ ⚹	♑ 20 1:56	22 3:31 ☽ 28♑28	Julian Day # 45199
☉0S 23 6:51	☽0S13 8:55	22 19:33 ☉ □	♑ 22 20:21	22 6:02 ☿ □	♒ 22 6:07	28 20:25 ○ 5♉09	SVP 4♓55'49"
☽0N 29 7:12	☊ D15 1:26	24 20:07 ♇ ☌	♒ 24 23:31	23 19:05 ♅ □	♓ 24 8:34	28 20:15 ◐ P 0.122	GC 27♐10.3 ⚳ 7♎55.0
☊D 30 16:53	☊ R18 12:50	26 12:40 ♅ □	♓ 27 0:19	26 6:40 ♇ ⚹	♈ 26 10:03		Eris 24♈52.4R ⚴ 22♌45.6
☊R 6 14:11	☊ D22 2:44	28 20:59 ♇ ⚹	♈ 29 0:18	28 8:21 ♇ □	♉ 28 11:45		⚷ 18♈08.6R ⚵ 3♋59.2
☿0S 7 9:37	☽0N26 17:08			30 11:37 ♇ △	♊ 30 15:09		☽ Mean ☊ 25♈44.8
♇D 11 1:12	☊ R28 3:11						

* Posiciones de los planetas diariamente al medianoche, en LONGITUD Greenwich Mean Time (UT) El período retrógrado de cada planeta está sombreado en gris.

Noviembre 2023

LONGITUDE

Day	Sid.Time	☉	0 hr ☽	Noon ☽	True ☊	☿	♀	♂	⚳	♃	♄	♅	♆	♇
1 W	2 40 06	8♏17 48	18♊21 09	24♊52 56	24♈50.5	15♏42.2	22♍05.4	13♏33.5	19♏36.7	10♉48.5	0♓31.4	21♉35.1	25♓13.8	27♑59.9
2 Th	2 44 03	9 17 48	1♋19 16	7♋40 23	24R48.6	17 16.4	23 08.5	14 15.0	20 02.4	10R40.4	0R31.1	21R32.7	25R12.7	28 00.6
3 F	2 47 59	10 17 50	13 56 36	20 08 19	24 46.7	18 50.3	24 11.9	14 56.6	20 28.2	10 32.2	0 30.9	21 30.3	25 11.7	28 01.2
4 Sa	2 51 56	11 17 55	26 16 00	2♌20 09	24 45.3	20 23.6	25 15.7	15 38.3	20 53.9	10 24.1	0D30.8	21 27.8	25 10.6	28 01.9
5 Su	2 55 52	12 18 01	8♌21 20	14 20 07	24D44.6	21 56.6	26 19.9	16 20.0	21 19.7	10 15.9	0 30.8	21 25.4	25 09.6	28 02.6
6 M	2 59 49	13 18 09	20 17 06	26 12 55	24 44.7	23 29.2	27 24.3	17 01.7	21 45.4	10 07.8	0 31.0	21 22.9	25 08.6	28 03.4
7 Tu	3 03 45	14 18 20	2♍08 08	8♍03 24	24 45.6	25 01.4	28 29.1	17 43.5	22 11.2	9 59.7	0 31.2	21 20.5	25 07.7	28 04.1
8 W	3 07 42	15 18 32	13 59 16	19 56 19	24 47.1	26 33.2	29 34.1	18 25.3	22 37.0	9 51.6	0 31.5	21 18.0	25 06.8	28 04.9
9 Th	3 11 39	16 18 47	25 55 05	1♎56 04	24 48.8	28 04.6	0♎39.4	19 07.2	23 02.7	9 43.5	0 32.0	21 15.5	25 05.9	28 05.7
10 F	3 15 35	17 19 03	7♎59 43	14 06 26	24 50.3	29 35.6	1 45.0	19 49.2	23 28.5	9 35.5	0 32.5	21 13.0	25 05.0	28 06.6
11 Sa	3 19 32	18 19 21	20 16 35	26 30 26	24R51.2	1♐06.3	2 50.9	20 31.2	23 54.3	9 27.5	0 33.2	21 10.5	25 04.1	28 07.4
12 Su	3 23 28	19 19 41	2♏48 13	9♏10 05	24 51.0	2 36.6	3 57.0	21 13.2	24 20.0	9 19.5	0 33.9	21 08.1	25 03.3	28 08.3
13 M	3 27 25	20 20 03	15 36 07	22 06 19	24 49.6	4 06.6	5 03.4	21 55.3	24 45.8	9 11.7	0 34.8	21 05.6	25 02.5	28 09.3
14 Tu	3 31 21	21 20 27	28 40 38	5♐18 56	24 46.8	5 36.1	6 10.1	22 37.5	25 11.6	9 03.8	0 35.7	21 03.1	25 01.8	28 10.2
15 W	3 35 18	22 20 53	12♐01 02	18 46 42	24 42.9	7 05.3	7 16.9	23 19.7	25 37.3	8 56.1	0 36.8	21 00.6	25 01.1	28 11.2
16 Th	3 39 14	23 21 20	25 35 39	2♑27 33	24 38.3	8 34.0	8 24.0	24 02.0	26 03.1	8 48.4	0 38.0	20 58.1	25 00.4	28 12.2
17 F	3 43 11	24 21 48	9♑22 07	16 18 59	24 33.7	10 02.3	9 31.3	24 44.3	26 28.8	8 40.8	0 39.2	20 55.6	24 59.7	28 13.2
18 Sa	3 47 08	25 22 18	23 17 49	0♒18 20	24 29.7	11 30.1	10 38.9	25 26.6	26 54.6	8 33.3	0 40.6	20 53.1	24 59.1	28 14.3
19 Su	3 51 04	26 22 49	7♒20 12	14 23 11	24 26.8	12 57.5	11 46.6	26 09.0	27 20.3	8 25.9	0 42.1	20 50.6	24 58.5	28 15.4
20 M	3 55 01	27 23 22	21 26 59	28 31 24	24D25.4	14 24.2	12 54.5	26 51.5	27 46.0	8 18.6	0 43.7	20 48.1	24 57.9	28 16.5
21 Tu	3 58 57	28 23 55	5♓36 13	12♓41 13	24 25.5	15 50.4	14 02.7	27 34.0	28 11.7	8 11.4	0 45.4	20 45.7	24 57.4	28 17.6
22 W	4 02 54	29 24 30	19 46 13	26 50 58	24 26.6	17 15.9	15 11.0	28 16.5	28 37.4	8 04.4	0 47.2	20 43.2	24 56.9	28 18.8
23 Th	4 06 50	0♐25 05	3♈55 16	10♈58 52	24 28.1	18 40.6	16 19.5	28 59.1	29 03.1	7 57.4	0 49.0	20 40.8	24 56.4	28 20.0
24 F	4 10 47	1 25 42	18 01 27	25 02 43	24R29.2	20 04.5	17 28.2	29 41.7	29 28.7	7 50.5	0 51.0	20 38.3	24 56.0	28 21.2
25 Sa	4 14 44	2 26 20	2♉02 21	8♉59 56	24 29.1	21 27.4	18 37.1	0♐24.4	29 54.4	7 43.8	0 53.1	20 35.9	24 55.5	28 22.4
26 Su	4 18 40	3 27 00	15 55 08	22 47 31	24 27.3	22 49.3	19 46.2	1 07.2	0♐20.0	7 37.2	0 55.3	20 33.5	24 55.2	28 23.7
27 M	4 22 37	4 27 41	29 36 45	6♊22 26	24 23.4	24 10.0	20 55.4	1 50.0	0 45.7	7 30.7	0 57.6	20 31.1	24 54.8	28 24.9
28 Tu	4 26 33	5 28 23	13♊04 16	19 41 59	24 17.5	25 29.2	22 04.8	2 32.8	1 11.3	7 24.4	1 00.0	20 28.7	24 54.5	28 26.2
29 W	4 30 30	6 29 06	26 15 23	2♋44 20	24 10.2	26 46.9	23 14.4	3 15.7	1 36.9	7 18.2	1 02.5	20 26.3	24 54.3	28 27.5
30 Th	4 34 26	7 29 51	9♋08 49	15 28 50	24 02.2	28 02.7	24 24.2	3 58.6	2 02.4	7 12.2	1 05.0	20 23.9	24 54.0	28 28.9

Diciembre 2023

LONGITUDE

Day	Sid.Time	☉	0 hr ☽	Noon ☽	True ☊	☿	♀	♂	⚳	♃	♄	♅	♆	♇
1 F	4 38 23	8♐30 37	21♋44 33	27♋56 10	23♈54.4	29♐16.5	25♎34.0	4♐41.6	2♐28.0	7♉06.3	1♓07.7	20♉21.6	24♓53.8	28♑30.3
2 Sa	4 42 19	9 31 25	4♌03 59	10♌08 22	23R47.6	0♑27.8	26 44.1	5 24.7	2 53.5	7R00.6	1 10.5	20R19.3	24R53.6	28 31.6
3 Su	4 46 16	10 32 14	16 09 45	22 08 39	23 42.4	1 36.4	27 54.3	6 07.8	3 19.1	6 55.0	1 13.4	20 17.0	24 53.5	28 33.1
4 M	4 50 13	11 33 04	28 05 36	4♍01 13	23 39.2	2 41.7	29 04.6	6 50.9	3 44.6	6 49.6	1 16.3	20 14.7	24 53.4	28 34.5
5 Tu	4 54 09	12 33 56	9♍56 05	15 50 54	23D37.9	3 43.5	0♏15.1	7 34.1	4 10.0	6 44.3	1 19.4	20 12.4	24 53.3	28 35.9
6 W	4 58 06	13 34 49	21 46 17	27 42 56	23 38.2	4 41.1	1 25.7	8 17.3	4 35.5	6 39.3	1 22.5	20 10.2	24D53.3	28 37.4
7 Th	5 02 02	14 35 43	3♎41 30	9♎42 37	23 39.4	5 33.9	2 36.4	9 00.6	5 00.9	6 34.4	1 25.8	20 08.0	24 53.3	28 38.9
8 F	5 05 59	15 36 38	15 46 56	21 55 01	23R40.6	6 21.2	3 47.3	9 44.0	5 26.4	6 29.6	1 29.1	20 05.8	24 53.3	28 40.4
9 Sa	5 09 55	16 37 35	28 07 24	4♏24 32	23 40.7	7 02.4	4 58.3	10 27.4	5 51.7	6 25.1	1 32.5	20 03.6	24 53.4	28 41.9
10 Su	5 13 52	17 38 33	10♏46 49	17 14 30	23 39.1	7 36.6	6 09.4	11 10.8	6 17.1	6 20.7	1 36.1	20 01.5	24 53.5	28 43.5
11 M	5 17 48	18 39 32	23 47 47	0♐26 43	23 35.2	8 03.0	7 20.6	11 54.3	6 42.4	6 16.5	1 39.7	19 59.4	24 53.6	28 45.0
12 Tu	5 21 45	19 40 33	7♐11 13	14 01 05	23 28.7	8 20.7	8 31.9	12 37.9	7 07.8	6 12.5	1 43.4	19 57.3	24 53.8	28 46.6
13 W	5 25 42	20 41 34	20 55 58	27 55 23	23 20.2	8R28.9	9 43.4	13 21.5	7 33.0	6 08.7	1 47.2	19 55.3	24 54.0	28 48.2
14 Th	5 29 38	21 42 36	4♑58 46	12♑05 27	23 10.2	8 26.7	10 54.9	14 05.1	7 58.3	6 05.1	1 51.0	19 53.2	24 54.3	28 49.8
15 F	5 33 35	22 43 39	19 14 43	26 25 47	23 00.1	8 13.5	12 06.5	14 48.8	8 23.5	6 01.7	1 55.0	19 51.2	24 54.6	28 51.5
16 Sa	5 37 31	23 44 42	3♒37 54	10♒50 20	22 50.8	7 48.9	13 18.3	15 32.5	8 48.7	5 58.5	1 59.1	19 49.3	24 54.9	28 53.1
17 Su	5 41 28	24 45 46	18 02 27	25 13 38	22 43.5	7 12.6	14 30.1	16 16.3	9 13.9	5 55.5	2 03.2	19 47.4	24 55.2	28 54.8
18 M	5 45 24	25 46 50	2♓23 25	9♓31 24	22 38.8	6 25.0	15 42.0	17 00.1	9 39.0	5 52.7	2 07.4	19 45.5	24 55.6	28 56.5
19 Tu	5 49 21	26 47 54	16 37 17	23 40 54	22D36.5	5 26.8	16 54.0	17 44.0	10 04.1	5 50.1	2 11.7	19 43.6	24 56.0	28 58.2
20 W	5 53 17	27 48 59	0♈42 06	7♈40 52	22 36.1	4 19.3	18 06.0	18 27.9	10 29.1	5 47.7	2 16.1	19 41.8	24 56.5	28 59.9
21 Th	5 57 14	28 50 04	14 37 10	21 31 01	22R36.5	3 04.4	19 18.2	19 11.9	10 54.1	5 45.5	2 20.5	19 40.0	24 57.0	29 01.6
22 F	6 01 11	29 51 09	28 22 29	5♉11 35	22 36.5	1 44.3	20 30.4	19 55.9	11 19.1	5 43.5	2 25.1	19 38.3	24 57.5	29 03.4
23 Sa	6 05 07	0♑52 15	11♉58 19	18 42 40	22 34.9	0 21.8	21 42.7	20 39.9	11 44.0	5 41.7	2 29.7	19 36.6	24 58.0	29 05.1
24 Su	6 09 04	1 53 21	25 24 37	2♊04 04	22 30.8	28♐59.5	22 55.1	21 24.0	12 08.9	5 40.1	2 34.4	19 34.9	24 58.6	29 06.9
25 M	6 13 00	2 54 27	8♊40 56	15 15 05	22 23.7	27 40.3	24 07.5	22 08.2	12 33.8	5 38.7	2 39.2	19 33.3	24 59.3	29 08.7
26 Tu	6 16 57	3 55 33	21 46 22	28 14 39	22 13.7	26 26.6	25 20.1	22 52.4	12 58.6	5 37.6	2 44.0	19 31.7	24 59.9	29 10.5
27 W	6 20 53	4 56 40	4♋39 49	11♋01 44	22 01.5	25 20.3	26 32.7	23 36.6	13 23.3	5 36.6	2 48.9	19 30.1	25 00.6	29 12.3
28 Th	6 24 50	5 57 47	17 20 20	23 35 36	21 48.0	24 23.1	27 45.3	24 20.9	13 48.1	5 35.9	2 53.9	19 28.6	25 01.3	29 14.1
29 F	6 28 47	6 58 54	29 47 32	5♌56 14	21 34.5	23 35.8	28 58.1	25 05.2	14 12.7	5 35.3	2 59.0	19 27.2	25 02.1	29 15.9
30 Sa	6 32 43	8 00 01	12♌01 51	18 04 36	21 22.2	22 59.0	0♐10.9	25 49.6	14 37.4	5 35.0	3 04.1	19 25.8	25 02.9	29 17.8
31 Su	6 36 40	9 01 09	24 04 48	0♍02 46	21 12.0	22 32.8	1 23.8	26 34.0	15 02.0	5D34.9	3 09.3	19 24.4	25 03.7	29 19.6

Astro Data (Dy Hr Mn)	Planet Ingress (Dy Hr Mn)	Last Aspect (Dy Hr Mn)	☽ Ingress (Dy Hr Mn)	Last Aspect (Dy Hr Mn)	☽ Ingress (Dy Hr Mn)	☽ Phases & Eclipses (Dy Hr Mn)
♄ D 4 7:04	♀ ♎ 8 9:32	1 12:38 ♆ □	♋ 1 21:31	1 13:08 ♇ ☍	♌ 1 16:02	5 8:38 ☾ 12♌40
☊ D 5 8:47	☿ ♐ 10 6:26	4 3:29 ♇ ☍	♌ 4 7:22	4 2:12 ♀ ⚹	♍ 4 3:51	13 9:29 ● 20♏44
♃∠♆ 5 21:05	☉ ♐ 22 14:04	6 7:26 ☿ □	♍ 6 19:40	6 13:51 ♇ △	♎ 6 16:36	20 10:51 ☽ 27♒51
☽0S 9 16:38	♂ ♐ 24 10:16	9 4:56 ☿ ⚹	♎ 9 8:09	9 1:06 ♇ □	♏ 9 3:36	27 9:17 ○ 4♊51
♀0S 11 5:22	⚳ ♐ 25 5:15	11 15:07 ♇ □	♏ 11 18:40	11 8:58 ♇ ⚹	♐ 11 11:12	
☊ R 11 8:49		13 23:05 ♇ ⚹	♐ 14 2:24	13 6:50 ♆ □	♑ 13 15:33	5 5:50 ☾ 12♍49
☊ D 20 10:45	☿ ♑ 1 14:33	15 22:58 ♆ □	♑ 16 7:43	15 16:05 ♇ ☌	♒ 15 17:57	12 23:33 ● 20♐40
☽0N 23 0:26	♀ ♏ 4 18:52	18 8:29 ♇ ☌	♒ 18 11:29	17 12:05 ☉ ⚹	♓ 17 19:59	19 18:40 ☽ 27♓35
☊ R 24 11:03	☉ ♑ 22 3:28	20 10:51 ☉ □	♓ 20 14:30	19 21:05 ♇ ⚹	♈ 19 22:48	27 0:34 ○ 4♋58
☊ D 5 6:03	☿ ♐R 23 6:19	22 15:11 ♂ △	♈ 22 17:21	22 2:48 ☉ △	♉ 22 2:51	
♆ D 6 13:23	♀ ♐ 29 20:25	24 17:42 ♇ □	♉ 24 20:30	24 6:41 ♇ △	♊ 24 8:16	
☽0S 7 0:37		26 21:53 ♇ △	♊ 27 0:41	26 7:57 ☿ ☍	♋ 26 15:16	
☊ R 8 15:25	☽0N20 5:18	29 1:04 ☿ ☍	♋ 29 6:55	28 22:58 ♇ ☍	♌ 29 0:24	
☿ R 13 7:10	☊ R21 13:54			31 5:19 ♂ △	♍ 31 11:54	
☊ D 19 18:34	♃ D31 2:42					

Astro Data

1 November 2023
Julian Day # 45230
SVP 4♓55'45"
GC 27♐10.3 ⚵ 21♎54.6
Eris 24♈34.1R ⚶ 5♍46.1
⚷ 16♈45.8R ⚴ 7♋29.2
☽ Mean ☊ 24♈06.3

1 December 2023
Julian Day # 45260
SVP 4♓55'40"
GC 27♐10.4 ⚵ 4♏59.4
Eris 24♈18.6R ⚶ 15♍36.2
⚷ 15♈45.7R ⚴ 4♋39.3R
☽ Mean ☊ 22♈31.0

* Posiciones de los planetas diariamente al medianoche, en LONGITUD Greenwich Mean Time (UT) El período retrógrado de cada planeta está sombreado en gris.

2023 EFEMÉRIDES ASTEROIDES

Ceres · Pallas · Juno · Vesta — Longitud

2023	Ceres	Pallas	Juno	Vesta
JAN 1	3≏09.3	20R49.3	24H34.1	14H01.2
11	5 01.0	17R28.8	28 57.5	18 01.1
21	6 17.9	14 20.5	3H38.8	22 09.9
31	6 55.3	11 58.2	8 35.5	26 25.9
FEB 10	6R50.0	10 40.3	13 44.9	0T47.4
20	6 01.1	10D29.5	19 05.1	5 13.2
MAR 2	4 32.1	11 20.6	24 34.4	9 42.2
12	2 32.3	13 03.2	0S10.9	14 13.3
22	0 16.1	15 27.0	5 53.3	18 45.8
APR 1	28mp01.3	18 23.3	11 40.4	23 18.8
11	26 05.3	21 44.3	17 30.8	27 51.6
21	24 40.9	25 24.6	23 23.4	2S23.6
MAY 1	23 55.9	29 18.7	29 17.4	6 54.6
11	23D52.5	3S23.9	5π11.5	11 23.5
21	24 28.9	7 37.4	11 05.0	15 50.0
31	25 41.8	11 57.2	16 57.2	20 13.5
JUN 10	27 25.6	16 21.5	22 47.1	24 33.4
20	29 38.4	20 49.3	28 34.2	28 49.1
30	2≏13.6	25 19.8	4S17.7	2π59.8
JUL 10	5 08.0	29 52.1	9 56.9	7 04.7
20	8 18.7	4mp25.8	15 31.5	11 02.8
30	11 43.0	9 00.6	21 00.6	14 52.9
AUG 9	15 18.6	13 35.9	26 23.6	18 33.7
19	19 03.6	18 11.7	1S40.1	22 03.4
29	22 56.6	22 47.6	6 49.0	25 19.8
SEP 8	26 56.0	27 23.2	11 49.9	28 20.6
18	1mp00.7	1≏58.4	16 41.7	1S02.7
28	5 09.8	6 32.8	21 23.3	3 22.3
OCT 8	9 22.2	11 06.1	25 53.5	5 15.4
18	13 37.1	15 37.8	0mp11.0	6 37.1
28	17 53.7	20 07.4	4 13.6	7 22.3
NOV 7	22 11.2	24 34.3	7 59.5	7R26.8
17	26 28.8	28 57.9	11 25.9	6 47.2
27	0✍45.6	3mp17.1	14 29.7	5 23.8
DEC 7	5 00.9	7 31.0	17 07.4	3 22.3
17	9 13.8	11 38.5	19 14.8	0 53.9
27	13 23.3	15 37.9	20 47.3	28π16.1
JAN 6	17≏28.4	19mp22.6	21mp40.5	25π48.1

Psyche · Eros · Lilith · Toro — Longitud

2023	Psyche	Eros	Lilith	Toro
JAN 1	13m58.8	9♒34.5	16m56.9	22m26.3
11	16 40.4	16 26.0	24 43.9	27 01.7
21	19 08.5	23 05.1	24R48.9	1♐26.8
31	21 20.0	29 31.6	24 12.8	5 40.0
FEB 10	23 12.4	5♓45.5	22 54.8	9 39.7
20	24 42.6	11 46.9	21 02.1	13 24.1
MAR 2	25 47.2	17 35.3	18 46.1	16 49.7
12	26 23.3	23 10.4	16 22.6	19 53.2
22	26R28.4	28 31.7	14 07.9	22 29.8
APR 1	26 00.9	3♈38.0	12 16.6	24 32.7
11	25 01.8	8 28.2	10 58.5	25 54.5
21	23 34.2	13 00.8	10 17.9	26 24.9
MAY 1	21 48.6	17 13.1	10D15.6	25R52.3
11	19 43.0	21 02.3	10 49.0	24 06.1
21	17 40.5	24 24.4	11 54.3	20 59.1
31	15 49.1	27 13.8	13 27.7	16 36.8
JUN 10	14 18.6	29 24.2	15 24.7	11 24.1
20	13 15.7	0♉47.1	17 41.8	6 02.6
30	12 44.3	1R12.7	20 15.7	1 20.3
JUL 10	12D45.1	0 32.2	23 03.6	27m51.5
20	13 17.0	28♈38.5	26 03.2	25 50.1
30	14 18.0	25 34.1	29 12.5	25D15.8
AUG 9	15 44.9	21 55.6	2≏29.7	25 58.4
19	17 35.1	17 55.9	5 53.6	27 48.6
29	19 45.7	13 15.4	9 22.8	0♐36.2
SEP 8	22 13.8	10 09.2	12 56.1	4 13.1
18	24 57.4	8 16.4	16 32.8	8 34.2
28	27 54.4	7D42.0	20 11.7	13 35.7
OCT 8	1✍00.8	8 20.0	23 52.0	19 14.3
18	4 21.0	10 01.4	27 32.9	25 28.3
28	7 47.7	12 36.8	1m13.4	1♑59.2
NOV 7	11 21.5	15 57.3	4 52.7	9 30.7
17	14 59.1	19 45.3	8 30.4	17 13.5
27	18 45.9	24 27.8	12 03.6	25 06.5
DEC 7	22 34.3	29 28.0	15 32.9	3♒19.0
17	26 25.6	4♉53.6	18 56.7	12 06.0
27	0♒18.5	10 42.3	22 13.2	22 29.8
JAN 6	4♒12.3	16♉52.0	25m21.0	7♓17.9

Ceres · Pallas · Juno · Vesta — Declinación

2023	Ceres	Pallas	Juno	Vesta
JAN 1	09N39.5	32S02.6	08S26.4	12S09.0
21	09 56.1	29 01.1	05 21.7	08 33.9
FEB 10	11 16.3	25 00.7	01 50.6	04 44.9
MAR 2	13 21.9	20 49.6	01N57.7	00N49.7
22	15 07.8	16 43.4	05 28.9	02 08.6
APR 11	16 14.7	12 36.5	08 45.5	06 07.9
MAY 1	15 35.4	08 47.8	11 43.6	09 35.8
21	13 35.5	05 24.8	14 36.3	12 53.4
JUN 10	10 46.8	03 18.1	16 41.6	14 30.2
30	07 00.7	02 54.9	18 25.8	16 22.1
JUL 20	03 52.6	04 27.0	18 25.1	17 43.2
AUG 9	00N09.6	07 26.0	16 22.1	18 34.3
29	03S53.3	11 33.1	13 06.5	18 53.6
SEP 18	07 09.0	16 27.7	09 04.4	18 33.3
OCT 8	10 32.6	21 34.0	04 27.8	17 19.5
28	13 38.2	26 25.9	00S33.2	15 12.7
NOV 17	16 20.7	00N51.9	05 51.3	12 05.3
DEC 7	18 36.1	04 27.8	10 10.8	08 40.3
27	20S22.0	00N44.6	13 43.7	05S36.2

Psyche · Eros · Lilith · Toro — Declinación

2023	Psyche	Eros	Lilith	Toro
JAN 1	13S47.5	28S44.2	03S29.7	24S50.9
21	15 00.2	30 08.2	04 42.7	27 15.6
FEB 10	15 45.1	30 00.8	04 44.3	29 06.1
MAR 2	15 55.7	28 37.8	03 33.3	30 21.9
22	15 46.4	26 18.8	01 40.4	31 21.9
APR 11	15 03.6	23 23.1	00N04.4	32 01.1
MAY 1	13 59.6	20 08.7	01 05.8	32 22.8
21	12 51.8	16 51.9	01 13.7	31 54.4
JUN 10	11 46.9	13 42.1	00S47.4	30 42.2
30	10 48.8	11 54.3	02 37.9	23 00.0
JUL 20	10 25.8	08 29.1	04 50.2	17 46.1
AUG 9	10 24.3	09 25.1	02 37.9	20 23.0
29	11 01.0	06 28.1	00N11.5	17 46.1
SEP 18	12 22.3	08 07.0	01 27.1	15 12.7
OCT 8	14 48.4	07 34.6	04 58.4	13 40.8
28	17 09.1	06 31.3	14 20.0	11 05.3
NOV 17	20 23.0	04 41.1	17 20.0	11 05.3
DEC 7	21 06.3	01 59.0	19 27.0	08 13.8
27	21S23.1	01N34.0	21S15.8	07S36.2

Saffo · Amor · Pandora · Icarus — Longitud

2023	Saffo	Amor	Pandora	Icarus
JAN 1	2R38.3	3mp26.0	17m22.2	5m12.8
11	1mp42.4	1 23.2	21 47.4	10 57.9
21	0 02.4	28 53.8	26 14.9	17 25.9
31	27m46.0	26 07.2	0mp43.9	24 40.0
FEB 10	25 07.5	23 55.6	5 13.4	3♈11.1
20	22 24.8	9 23.1	9 42.9	13 41.4
MAR 2	19 57.1	15 30.6	14 11.2	21 45.3
12	17 59.5	21 18.6	18 37.7	13R29.6
22	16 41.2	26 48.2	23 01.4	29m58.5
APR 1	16 05.8	1≏59.4	27 21.4	26 27.7
11	16D12.3	6 52.5	1≏36.5	25 30.1
21	16 59.1	11 27.5	5 45.6	25 10.2
MAY 1	18 14.9	15 43.2	9 47.6	24 37.9
11	20 01.7	19 39.2	13 40.5	23 21.9
21	22 12.6	23 14.2	17 22.8	20 54.6
31	24 43.9	26 25.9	20 52.6	17 26.9
JUN 10	27 32.1	29 12.0	24 05.8	14 03.5
20	0mp34.4	1m29.3	27 01.0	2 33.1
30	3 48.6	3 13.8	29 33.9	23π06.4
JUL 10	7 12.6	4 21.3	1♈40.5	14 44.9
20	10 43.4	4 46.9	3 16.5	5 49.4
30	14 24.3	4R28.6	4 15.7	0♈00.3
AUG 9	18 09.4	3 16.9	4R35.6	26π15.4
19	21 59.5	1 19.6	4 12.8	24 14.7
29	25 52.8	28Ω35.5	3 08.0	23 53.9
SEP 8	29 51.0	25 33.5	1 27.3	23D59.2
18	3≏51.0	22 16.4	29♓22.2	25 10.1
28	7 52.9	19 10.4	27 09.8	26 58.3
OCT 8	11 56.0	16 33.3	25 08.9	29 15.7
18	15 59.7	14 36.0	23 35.7	1♉57.1
28	20 03.1	13 26.4	22 42.1	4 57.0
NOV 7	24 05.7	13 01.6	22D32.8	8 17.5
17	28 06.5	13D19.8	23 08.2	11 51.9
27	2m04.5	14 18.4	24 25.1	15 40.6
DEC 7	5 58.6	15 41.0	26 19.8	19 42.8
17	9 47.8	17 35.2	28 46.3	23 58.0
27	13 30.4	19 51.3	1♈44.0	28 29.3
JAN 6	17mp04.9	22♓28.1	4♈56.5	3♊15.0

Diana · Hidalgo · Urania · Chiron — Longitud

2023	Diana	Hidalgo	Urania	Chiron
JAN 1	23♑40.5	24m56.1	1R03.5	11D58.1
11	26 35.8	25 53.3	0D50.1	11T05.3
21	29 49.0	26 43.1	1♈27.3	12 18.4
31	3♒17.6	27 22.2	2 50.4	13 34.1
FEB 10	6 59.3	27 50.2	4 51.3	12 56.3
20	10 52.3	28 05.9	7 29.1	13 24.5
MAR 2	14 55.0	28R08.5	10 32.1	13 53.9
12	19 05.9	27 57.7	13 56.8	14 25.8
22	23 23.4	27 34.7	17 38.1	14 59.4
APR 1	27 48.6	27 00.4	21 35.5	15 34.5
11	2♓18.1	26 07.5	25 43.0	16 09.5
21	6 52.5	25 09.2	29 59.6	16 44.7
MAY 1	11 30.9	24 03.7	4♉22.2	17 19.5
11	16 12.9	22 55.4	8 51.0	17 53.2
21	20 57.1	21 43.9	13 20.6	18 25.0
31	25 41.9	20 36.1	17 49.1	18 54.0
JUN 10	0♈33.3	19 34.0	22 38.8	19 20.4
20	5 23.5	18 40.2	27 04.2	19 42.2
30	10 14.9	17 56.7	1♊59.8	19 59.3
JUL 10	15 06.7	17 26.0	6 39.5	20 11.2
20	19 58.6	17 05.9	11 20.3	19R56.7
30	24 49.5	16 59.5	16 00.8	19 50.8
AUG 9	29 39.9	17D00.6	20 39.9	19 39.9
19	4♉28.3	17 23.4	25 17.3	19 23.7
29	9 09.3	17 42.1	29 53.1	19 04.8
SEP 8	13 47.4	18 31.9	4♋26.8	18 41.9
18	18 16.7	19 14.6	8 57.0	18 16.5
28	22 42.9	20 16.6	13 23.9	17 51.5
OCT 8	26 55.2	21 19.5	17 46.5	17 26.4
18	0♊53.6	22 27.9	22 04.0	17 02.6
28	4 34.1	23 40.8	26 15.3	16 41.5
NOV 7	7 52.8	24 58.7	0♌19.5	16 24.2
17	10 44.2	26 12.6	4 14.6	16 11.6
27	13 02.1	27 29.7	7 59.4	15 38.3
DEC 7	14 40.4	28 45.8	11 31.9	15 38.3
17	15R32.5	1♐09.3	14 49.0	15 38.3
27	14 40.9	2♐13.9	20≏28.9	15D29.8

Saffo · Amor · Pandora · Icarus — Declinación

2023	Saffo	Amor	Pandora	Icarus
JAN 1	00S38.9	16S31.5	27S28.0	30S26.0
21	00 44.7	15 20.5	25 53.8	26 13.5
FEB 10	00N32.4	13 06.1	23 49.5	19 11.0
MAR 2	02 43.7	10 04.8	21 14.7	04 21.2
22	04 56.6	07 06.1	18 31.2	06 24.8
APR 11	06 32.1	03 57.0	15 31.7	09 35.0
MAY 1	07 16.9	01 24.8	12 29.6	13 43.6
21	07 12.1	00N28.8	09 34.1	16 24.3
JUN 10	06 41.7	03 24.0	06 54.8	27 46.4
30	06 02.9	04 27.6	04 39.4	38 48.4
JUL 20	04 43.8	04 27.0	02 17.3	43 02.2
AUG 9	04 00.5	01 41.4	02 17.3	39 49.3
29	04 06.2	02 41.4	04 49.9	28 38.6
SEP 18	05 04.2	05 43.4	02 17.3	19 03.9
OCT 8	07 28.7	06 51.8	03 53.3	13 15.2
28	10 17.0	08 50.0	00N17.9	09 02.9
NOV 17	13 44.2	10 39.3	02 05.5	05 53.8
DEC 7	15 20.4	09 48.9	00 00.7	04 03.2
27	17S22.5	07S25.7	02N33.7	31S05.7

Diana · Hidalgo · Urania · Chiron — Declinación

2023	Diana	Hidalgo	Urania	Chiron
JAN 1	02N28.2	39S54.7	22N59.1	06N21.4
21	04 52.1	41 18.6	22 30.6	06 39.3
FEB 10	07 42.9	42 41.2	22 40.6	06 58.6
MAR 2	10 52.1	43 56.9	21 11.9	07 22.3
22	14 11.0	44 58.1	23 43.3	07 48.7
APR 11	17 25.3	45 42.7	23 58.0	08 15.7
MAY 1	20 44.2	45 44.3	23 40.7	08 43.7
21	23 41.5	45 09.1	22 28.7	09 11.3
JUN 10	26 14.2	44 22.3	21 16.7	09 36.5
30	28 04.4	42 49.7	19 36.5	09 58.2
JUL 20	29 17.6	41 47.7	11 02.4	10 13.3
AUG 9	30 19.2	41 49.4	17 36.0	10 23.4
29	28 05.4	41 40.3	02S41.6	07 03.4
SEP 18	27 37.9	41 46.7	10 49.1	06 45.3
OCT 8	28 29.9	42 34.7	00 30.8	08 00.2
NOV 17	25 43.1	43 22.8	02S41.6	07 42.3
DEC 7	24 48.6	43 54.2	08 25.2	07 20.0
27	24N22.0	45S33.3	08S25.2	07N20.8

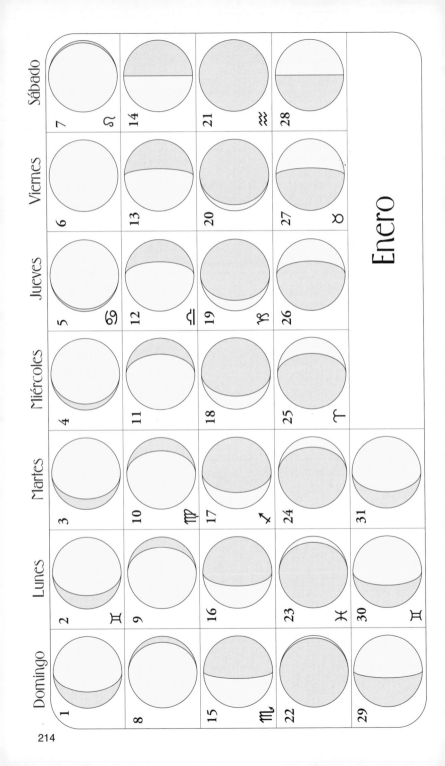

Domingo	Lunes	Martes	Miércoles	Jueves	Viernes	Sábado
1	2 ♊	3	4	5 ♋	6	7 ♌
8	9	10 ♍	11	12 ♎	13	14
15 ♏	16	17 ♐	18	19 ♑	20	21 ♒
22	23 ♓	24	25 ♈	26	27 ♉	28
29	30 ♊	31				

Enero

214

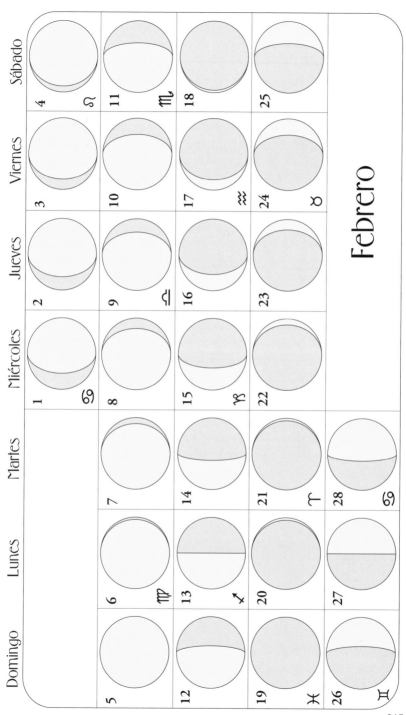

Febrero

Domingo	Lunes	Martes	Miércoles	Jueves	Viernes	Sábado
			1 ♋	2	3	4 ♌
5	6 ♍	7	8	9 ♎	10	11 ♏
12	13 ♐	14	15 ♑	16	17 ♒	18
19 ♓	20	21 ♈	22	23	24 ♉	25
26 ♊	27	28 ♋				

215

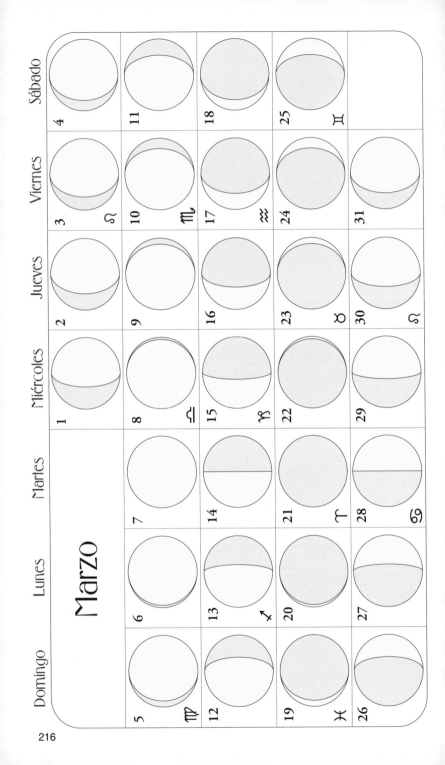

Domingo	Lunes	Martes	Miércoles	Jueves	Viernes	Sábado
Marzo			1	2	3 ♌	4
5 ♍	6	7	8 ♎	9	10 ♏	11
12	13 ♐	14	15 ♑	16	17 ♒	18
19 ♓	20	21 ♈	22	23 ♉	24	25 ♊
26	27	28 ♋	29	30 ♌	31	

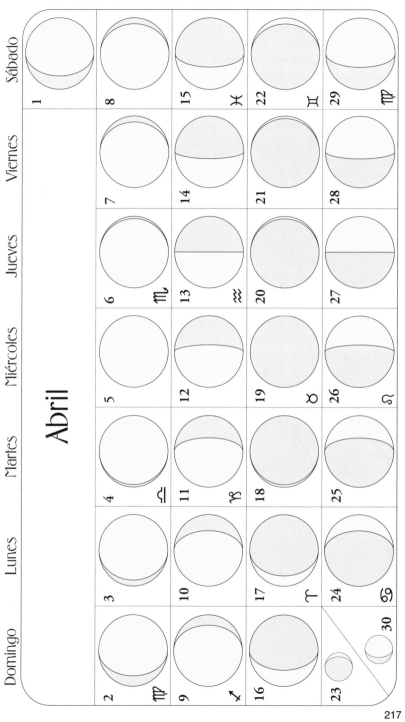

Abril

Domingo	Lunes	Martes	Miércoles	Jueves	Viernes	Sábado
						1
2 ♍	3	4 ♎	5	6 ♏	7	8
9 ♐	10	11 ♑	12	13 ♒	14	15 ♓
16	17 ♈	18	19 ♉	20	21	22 ♊
23	24 ♋	25	26 ♌	27	28	29 ♍
30						

217

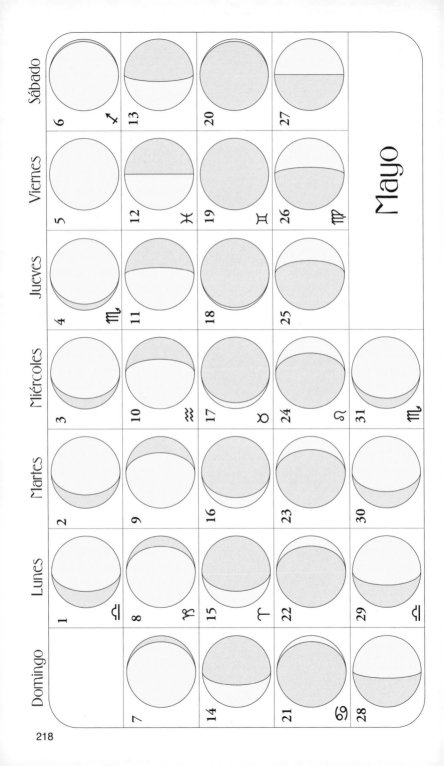

Mayo

218

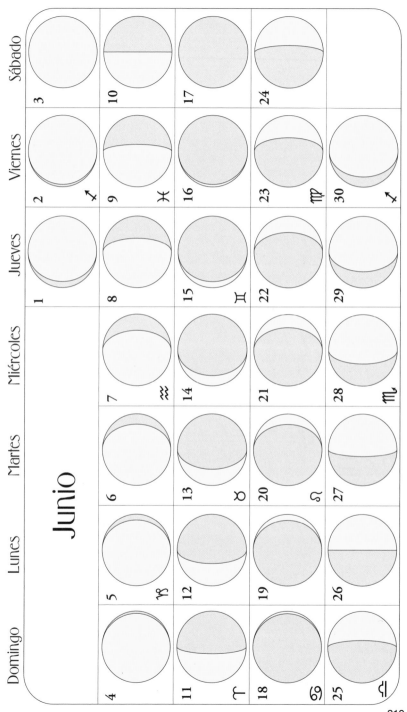

Junio

Domingo	Lunes	Martes	Miércoles	Jueves	Viernes	Sábado
				1	2 ♐	3
4	5 ♑	6	7 ♒	8	9 ♓	10
11 ♈	12	13 ♉	14	15 ♊	16	17
18 ♋	19	20 ♌	21	22	23 ♍	24
25 ♎	26	27	28 ♏	29	30 ♐	

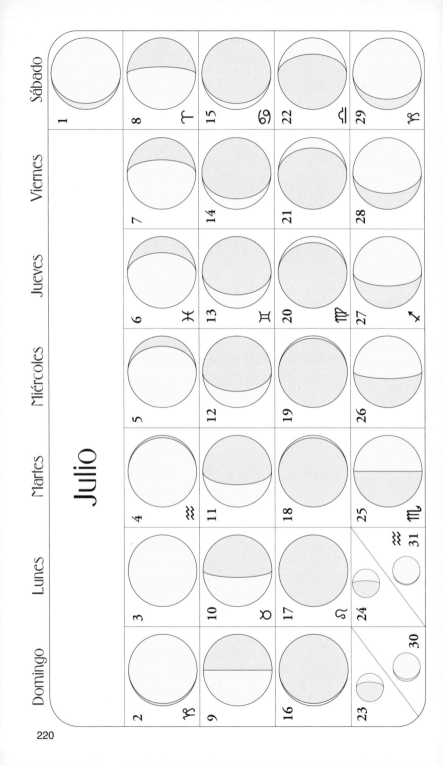

Julio

Domingo	Lunes	Martes	Miércoles	Jueves	Viernes	Sábado
						1
2 ♑	3	4 ♒	5	6 ♓	7	8 ♈
9	10 ♉	11	12	13 ♊	14	15 ♋
16	17 ♌	18	19	20 ♍	21	22 ♎
23	24	25 ♏	26	27 ♐	28	29 ♑
30	31 ♒					

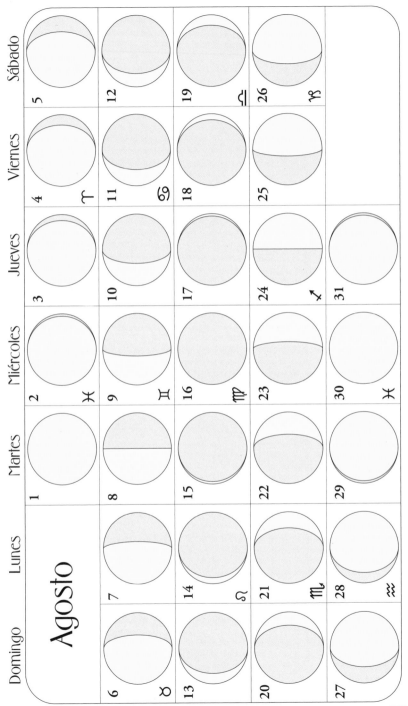

Agosto

Domingo	Lunes	Martes	Miércoles	Jueves	Viernes	Sábado
		1	2 ♓	3	4 ♈	5
6 ♉	7	8	9 ♊	10	11 ♋	12
13	14 ♌	15	16 ♍	17	18	19 ♎
20	21 ♏	22	23	24 ♐	25	26 ♑
27	28 ♒	29	30 ♓	31		

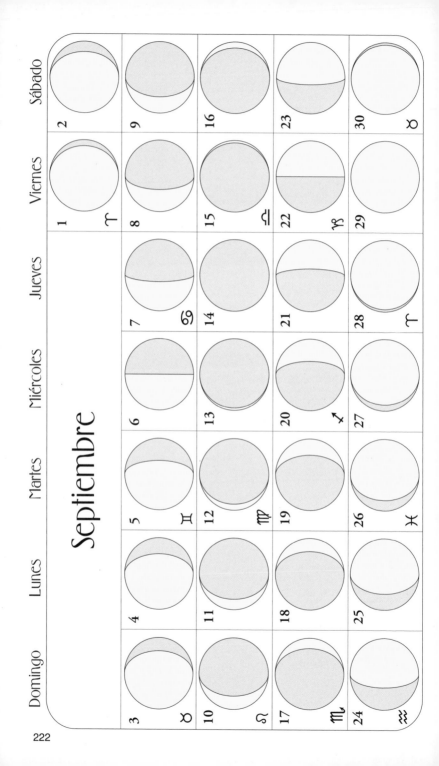

Septiembre

Domingo	Lunes	Martes	Miércoles	Jueves	Viernes	Sábado
					1 ♈	2
3 ♉	4	5 ♊	6	7 ♋	8	9
10 ♌	11	12 ♍	13	14	15 ♎	16
17 ♏	18	19	20 ♐	21	22 ♑	23
24 ♒	25	26 ♓	27	28 ♈	29	30 ♉

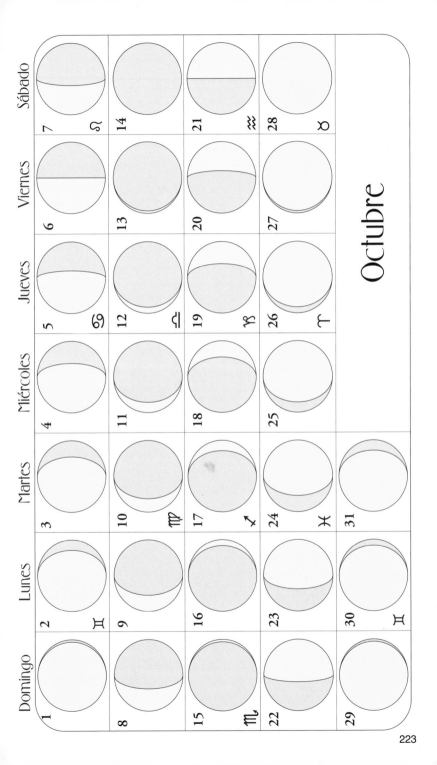

Octubre

223

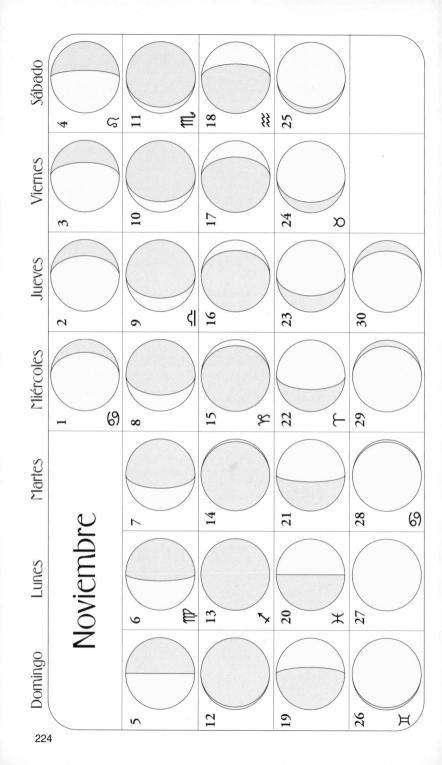

Noviembre

Domingo	Lunes	Martes	Miércoles	Jueves	Viernes	Sábado
			1 ♋	2	3	4 ♌
5	6 ♍	7	8	9 ♎	10	11 ♏
12	13 ♐	14	15 ♑	16	17	18 ♒
19	20 ♓	21	22 ♈	23	24 ♉	25
26 ♊	27	28 ♋	29	30		

Diciembre

Domingo	Lunes	Martes	Miércoles	Jueves	Viernes	Sábado
					1 ♋︎	2
3 ♍︎	4	5	6 ♎︎	7	8 ♏︎	9
10	11 ♐︎	12	13 ♑︎	14	15 ♒︎	16
17 ♓︎	18	19 ♈︎	20	21 ♉︎	22	23
24 ♊︎	25	26 ♋︎	27	28 ♌︎	29	30
31 ♍︎						

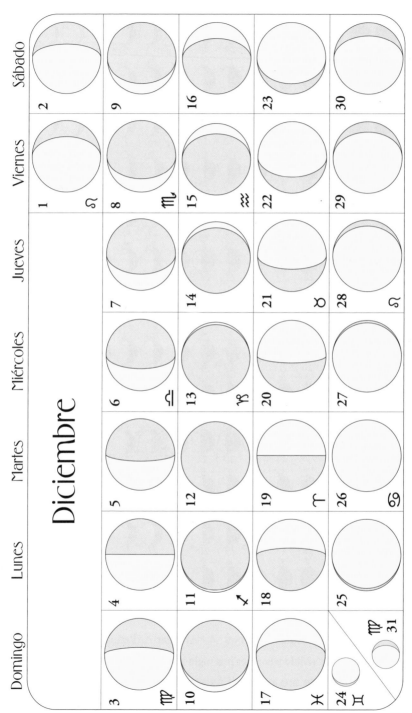

225

Eclipse Key:

☽ = Solar ☾ = Lunar T = Total A = Annular n = Penumbral P = Partial

Lunar Eclipses are visible wherever it is night and cloud free during full moon time.

Times on this page are in EST (Eastern Standard Time -5 from GMT)
or DST, Daylight Saving Time (Mar 12 - Nov 5, 2023)

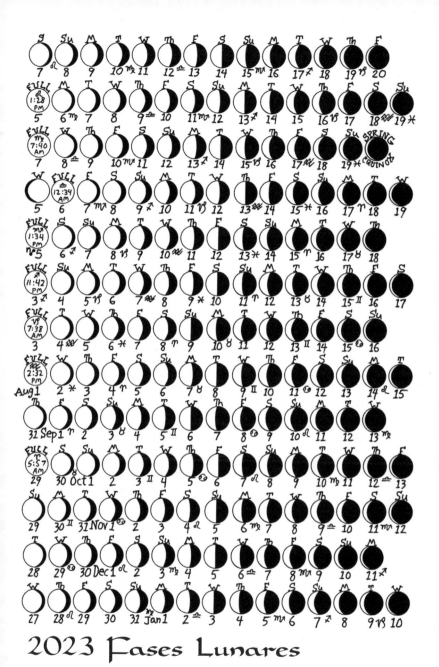

2023 Fases Lunares

Snake and Snake Productions
3037 Dixon Rd, Duhram, NC 27707 USA

Enero 1	Día de año nuevo*
Enero 17	Día de Martin Luther King Jr.
Enero 22	Año nuevo chino/lunar
Febrero 14	El día del amor y la amistad*
Febrero 20	Día del presidente en EE UU
Febrero 22	Miércoles de ceniza
Marzo 8	Día internacional de la mujer*
Marzo 12	Año nuevo mexika*
Marzo 12	Empieza el horario de verano
Marzo 17	Día de San Patricio*
Marzo 23–Abril 21	Ramadán
Abril 2	Domingo de ramos
Abril 6–13	Pascua judía
Abril 2–8	Semana santa
Abril 7	Viernes santo
Abril 22	Día de la Tierra*
Mayo 5	Cinco de mayo*
Mayo 14	Día de la madre EE UU
Mayo 29	Día conmemorativo EE UU
Junio 18	Día del padre
Junio 19	Juneteenth*
Julio 4	Día de la independencia* EE UU
Septiembre 4	Labor Day/Día del trabajador EE UU
Septiembre 16–17	Rosh Hashanah
Septiembre 25	Yom Kippur
Octubre 9	Día de los pueblos indígenas
Octubre 31	Día de las brujas*
Noviembre 1	Día de todos los santos*
Noviembre 2	Día de los muertos*
Noviembre 5	Finaliza el horario de verano
Noviembre 11	Día de los veteranos EE UU*
Noviembre 23	Día de acción de gracias
Diciembre 8–15	Chanukah/Hanukkah
Diciembre 25	Día de navidad*
Diciembre 26	Día de San Esteban/Boxing Day*
Dic. 26–Enero 1	Kwanzaa*
Diciembre 31	Vispera de año nuevo*

*La misma fecha cada año

LAS ZONAS HORARIAS DEL MUNDO

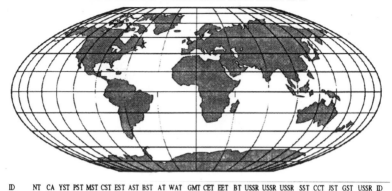

ID LW	NT BT	CA HT	YST	PST	MST	CST	EST	AST	BST	AT	WAT	GMT	CET	EET	BT	USSR Z3	USSR Z4	USSR Z5	SST	CCT	JST	GST	USSR Z10	ID LE
-12	-11	-10	-9	-8	-7	-6	-5	-4	-3	-2	-1	0	+1	+2	+3	+4	+5	+6	+7	+8	+9	+10	+11	+12
-4	-3	-2	-1	0	+1	+2	+3	+4	+5	+6	+7	+8	+9	+10	+11	+12	+13	+14	+15	+16	+17	+18	+19	+20

Zonas Estandard de Tiempo de Oeste a Este calculadas con el PST como el Punto Cero

IDLW:	International Date Line West	-4
NT/BT:	Nome Time/Bering Time	-3
CA/HT:	Central Alaska & Hawaiian Time	-2
YST:	Yukon Standard Time	-1
PST:	Pacific Standard Time	0
MST:	Mountain Standard Time	+1
CST:	Central Standard Time	+2
EST:	Eastern Standard Time	+3
AST:	Atlantic Standard Time	+4
NFT:	Newfoundland Time	+4 1/2
BST:	Brazil Standard Time	+5
AT:	Azores Time	+6
WAT:	West African Time	+7
GMT:	Greenwich Mean Time	+8
WET:	Western European Time (England)	+8
CET:	Central European Time	+9
EET:	Eastern European Time	+10

BT:	Bagdhad Time	+11
IT:	Iran Time	+11 1/2
USSR	Zone 3	+12
USSR	Zone 4	+13
IST:	Indian Standard Time	+13 1/2
USSR	Zone 5	+14
NST:	North Sumatra Time	+14 1/2
SST:	South Sumatra Time & USSR Zone 6	+15
JT:	Java Time	+15 1/2
CCT:	China Coast Time	+16
MT:	Moluccas Time	+16 1/2
JST:	Japanese Standard Time	+17
SAST:	South Australian Standard Time	+17 1/2
GST:	Guam Standard Time	+18
USSR	Zone 10	+19
IDLE:	International Date Line East	+20

CÓMO CALCULAR LAS ZONAS CORRECCIONES A LA ZONA HORARIA PARA TU ÁREA:

SUMA si estás al este de la hora estándar del Pacífico (PST, Pacific Standard Time), RESTA si estás al oeste de ésta en este mapa (ver la columna de la derecha del mapa).

Todas las horas de este calendario han sido calculadas para la costa Oeste de Norte América, donde se hace We'Moon. La hora estándar del Pacífico (zona 8 de la PDT) es el punto cero de este calendario, excepto durante la época de ahorro de tiempo durante el día (12 de marzo a 5 de noviembre de 2023, en la cual se dan las horas para la zona 7 de la PDT). Si en tu zona no se cambia la hora, añade una hora a nuestra corrección estándar durante ese periodo. Al final de cada página encontrarás también las horas EST/EDT (hora estándar del este o época de ahorro de tiempo) y GMT (siguiendo el meridiano de Greenwich). Para el resto de zonas horarias, calcula a partir de este mapa y anótalas en el interior de la tapa para tenerlas a mano.

2024

ENERO

D	L	M	M	J	V	S
	1	2	3	4	5	6
7	8	9	10	**11**	12	13
14	15	16	17	18	19	20
21	22	23	24	○25	26	27
28	29	30	31			

FEBRERO

D	L	M	M	J	V	S
				1	2	3
4	5	6	7	8	**9**	10
11	12	13	14	15	16	17
18	19	20	21	22	23	○24
25	26	27	28	29		

MARZO

D	L	M	M	J	V	S
					1	2
3	4	5	6	7	8	9
●10	11	12	13	14	15	16
17	18	19	20	21	22	23
24	○25	26	27	28	29	30
31						

ABRIL

D	L	M	M	J	V	S
	1	2	3	4	5	6
7	●8	9	10	11	12	13
14	15	16	17	18	19	20
21	22	○23	24	25	26	27
28	29	30				

MAYO

D	L	M	M	J	V	S
			1	2	3	4
5	6	●7	8	9	10	11
12	13	14	15	16	17	18
19	20	21	22	○23	24	25
26	27	28	29	30	31	

JUNIO

D	L	M	M	J	V	S
						1
2	3	4	5	●6	7	8
9	10	11	12	13	14	15
16	17	18	19	20	○21	22
23	24	25	26	27	28	29
30						

JULIO

D	L	M	M	J	V	S
	1	2	3	4	●5	6
7	8	9	10	11	12	13
○21	15	16	17	18	19	20
21	22	23	24	25	26	27
28	29	30	31			

AGUSTO

D	L	M	M	J	V	S
				1	2	3
●4	5	6	7	8	9	10
11	12	13	14	15	16	17
18	○19	20	21	22	23	24
25	26	27	28	29	30	31

SEPTIEMBRE

D	L	M	M	J	V	S
1	●2	3	4	5	6	7
8	9	10	11	12	13	14
15	16	○17	18	19	20	21
22	23	24	25	26	27	28
29	30					

OCTUBRE

D	L	M	M	J	V	S
		1	●2	3	4	5
6	7	8	9	10	11	12
13	14	15	16	○17	18	19
20	21	22	23	24	25	26
27	28	29	30	31		

NOVIEMBRE

D	L	M	M	J	V	S
				●1		2
3	4	5	6	7	8	9
10	11	12	13	14	○15	16
17	18	19	20	21	22	23
24	25	26	27	28	29	●30

DICIEMBRE

D	L	M	M	J	V	S
1	2	3	4	5	6	7
8	9	10	11	12	13	14
○15	16	17	18	19	20	21
22	23	24	25	26	27	28
29	●30	31				

● = LUNA NUEVO, PST/PDT

Owning My Story
(Ser dueño de mi historia)
□ *Suzanne Grace Michell 2016*

○ = LUNA LLENA, PST/PDT

PreacherWoman for the Goddess:
Poems, Invocations, Plays and Other Holy Writ

Un festín de palabras con alma que nos plantea algunos misterios relacionados con la vida y la muerte con una amplia variedad de metáforas, sorpresas y pasión terrenal. Poeta, dramaturga y editora de la agenda We'Moon desde hace mucho, Bethroot Gwynn, escribe partiendo de la experiencia de décadas entre mujeres que construyen sus propias casas, entierran a sus muertas e inventan sus propias ceremonias. La voz de Bethroot se expresa con reverencia hacia lo sagrado en sus muchas formas femeninas a la vez que muestra sus desencuentros con ello.

Libro de bolsillo, 6x9, 120 páginas, $16

In the Spirit of We'Moon
Celebrating 30 Years:
An Anthology of We'Moon Art and Writing

¡Está de nuevo disponible tanto en papel como en formato electrónico en iTunes y Amazon!
Esta antología única presenta tres décadas de dibujos y textos de las We'Moon publicadas desde 1981 hasta 2011.

Libro de bolsillo, 256 páginas, 8x10, $26.95

The Last Wild Witch
por Starhawk, ilustraciones de Lindy Kehoe

*En el mismo centro del último bosque mágico habitaba la última bruja salvaje...*Esta historia cuenta cómo las niñas del pueblo perfecto dejaron que lo salvaje entrara un poco en su interior, encontraron la alegría y el valor y salvaron de la destrucción a la última bruja salvaje y al último bosque mágico. El primer libro para niñas de Starhawk, escritora visionaria y activista ecologista, con las mágicas ilustraciones de la pintora Lindy Kehoe, *The Last Wild Witch* es un cuento para nuestra época.

Libro de bolsillo, 34 páginas, 8x10, $9.95

Un eco-cuento para niñs y otros espíritus libres.

We'Moon 2023:
Luz de Esperanza

• **La Agenda** icónica feminista, un renombrado calendario lunar astrológico, un manual inspirado por la tierra y sus ritmos naturales, es una colección visionaria de obras creativas de mujeres. Formato de semana a semana. Opción de 3 encuadernaciones: espiral, encuadernado resistente de tapa blanda o sin encuadernar. En Español, tambien! 8x5¼, 240 páginas, $22.95

• **Póster de la portad** con arte de Cathy McClelland: *"Ancient Angel"*, una meditación sobre las posibilidades infinitas y la divinidad interior. 11x17, $10

• **We'Moon en la pared**
Un bello calendario de pared en color presentando las inspiradoras obras y escritos de *We'Moon 2023*. Con información astrológica clave, artículos interpretativos y signos. 12x12, $17.95

• **Bolsas de mano** 100% algodón orgánico, orgullosamente mostrando la portada de *We'Moon 2023*. Perfecto para guardar sus cosas con estilo.
Ch: 13x14x3", $13 & Gr: 18x13x6", $15

•**Tarjetas de felicitación** Una selección de seis hermosas tarjetas presentando el arte de *We'Moon 2023*, con escritos de cada artista en la parte de atrás. Maravilloso para enviarlo en cualquier ocasión: días sagrados, cumpleaños, aniversarios, condolencia o simplemente para decir hola. Vacíos por dentro, 5x7, $13.95

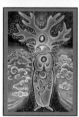

¡Más ofertas!
Consulte la página 231 para obtener detalles sobre estos libros:

• *The Last Wild Witch* por Starhawk, ilustraciones de Lindy Kehoe.

• *In the Spirit of We'Moon ~ Celebrating 30 Years: An Anthology of We'Moon Art and Writing*

• *Preacher Woman for the Goddess: Poems, Invocations, Plays and Other Holy Writ* por la editora especial de We'Moon Bethroot Gwynn.

Todos los productos están impresos en color en papel reciclado
con tinta con base de soya bajo en VOC.

¡Tus Colaboraciones Son Bienvenidas!
El plazo está abierto para
We'Moon 2025
¡Nuestra 44ª edición!

Plazo de presentación de contribuciones: primavera 2023
Fecha límite de entrega para arte y escritos: 1 agosto 2023

Nota: es demasiado tarde para contribuir en:
We'Moon 2024: Atreverse a tener esperanza

¡We'Moon está formado por escritoras y artistas como tú! Nosotras queremos darte la bienvenida al trabajo creativo de mujeres de todas partes del mundo We'Moon se dedica a la inclusión de minorías y amplifica imágenes y voces de mujeres desde diversas perspectivas. Buscamos tener un espacio de bienvenida y celebración para todas las mujeres, y esperamos publicar *más* obras que representen a las mujeres Negras, Morenas, Indígenas, Asiáticas y de minorías *creadas por* mujeres que comparten esas experiencias de vida ¡Al nutrir un espacio para que todas las mujeres compartan sus talentos, logramos brindarle al mundo visión, sabiduría y bendiciones, lo cual es también una bendición para todas nosotras!

¡Te invitamos a colaborar con tu arte y escritos en la próxima edición!

Cómo hacerlo:

Primer paso: Visita wemoon.ws y descárgate *Call for Contributions* (Llamado a Contribuyentes) o envía tu solicitud con un sobre autodirigido y con sello (tamaño legal) a We'Moon Submissions, **PO Box 187, Wolf Creek, OR 97497.** (Si no estás en Estados Unidos, no es preciso enviar el sobre pagado). Este documento contiene información actualizada sobre el tema, instrucciones para enviar tu arte y escritos, así como las condiciones de pago. Los seleccionadores no cobran. El plazo de solicitud se abre en la primavera cada año.

Segundo paso: Llena el documento *Contributor's License* (Licencia de la Contribuyente), aportando toda la información solicitada, y envíala junto con tu arte/escrito y un sobre autodirigido y con sello antes de la fecha límite.

¡No se aceptan colaboraciones sin el documento de licencia firmado!

Paso tercero: ¡Planea con tiempo! Para asegurarte que tu trabajo pueda ser seleccionado para *We'Moon 2025,* envía tu solicitud antes del 1 agosto del 2023.

NOTAS

Esperanza
© Koco Collab 2021

Diosa de la Luna
© Kay Kemp 2018

Michif Horse Women
(Yegua Mujeres Michif)
© Leah Marie Dorion
2012

Stardust
(Polvo de estrellas)
¤ *D. Woodring—*
Portrait Priestess 2020

Promise of Spring
(Promesa de primavera)
© *Lindy Kehoe 2020*

**Passage Between
Worlds**
*(Conductos
entre los mundos)*
© *LorrieArt 2019*